2023 라틴아메리카

부상하는 제2의 좌파 물결

2023 라틴아메리카

부상하는 제2의 좌파 물결

서울대학교 라틴아메리카연구소/한·중남미협회(편)
임태균 대표편역

SNUILAS
서울대학교 라틴아메리카연구소
한·중남미협회
KOREAN COUNCIL ON LATIN AMERICA & THE CARIBBEAN

2023 라틴아메리카를 발간하며

2022년 라틴아메리카는 지난 몇 년간 세계를 뒤덮은 COVID-19로부터 완연한 회복세를 나타냈다. COVID-19로 인해 차단되었던 일상은 하나둘 제자리를 찾아갔고, 지역 경제도 팬데믹 이전으로 서서히 회복해갔다. 하지만 악화하는 사회적 불평등과 치안 불안에 대한 국민들의 불만은 정치적 변화와 소요로 표출됐고 라틴아메리카의 한 해를 달구기에 충분했다.

먼저, 2022년 라틴아메리카 지역 경제는 전년도에 이은 경기 회복세로 COVID-19 팬데믹 이전 수준으로 서서히 복귀하는 양상을 보였다. 지역 평균 GDP 성장률은 3.7%로 2021년도의 6.7% 보다는 낮지만 여전히 세계 GDP 성장률(3.4%)을 상회했다. 대외적으로 러시아-우크라이나 전쟁 장기화에 따른 글로벌 경제 성장 둔화, 미국의 금리 인상 여파에 따른 글로벌 금융시장의 불안, 대내적으로는 높은 인플레이션의 지속에 따른 금리 인상과 이로 인한 소비 및 투자 성장세 둔화, 수입가격 증가에 따른 교역조건 악화 등의 부정적인 영향들이 존재했지만, 농업, 전력·가스·수자원, 교통 및 통신 등의 산업이 라틴아메리카 경제의 성장을 견인했다. 지역 평균 실업률도 2021년 9.3%에서 2022년 7.0%로 팬데믹 이전 수준을 회복했다. 반면, 인플레이션은 식품 및 에너지 가격 상승으로 인해 2021년보다 0.2% 포인트 증가한 6.8%를 기록했으며, 특히 아르헨티나는 94.8%로 베네수엘라 다음으로 역내 두 번째로 높은 인플레이션을 기록했다.

정치적으로, 라틴아메리카는 “제2의 핑크 타이드”라 일컬어질 정도로 좌파 물결이 확산했다. 2021년 페루와 칠레에서 차례로 좌파 후보가 대통령에 당선된데 이어, 2022년에는 콜롬비아와 브라질에서 좌파 후보가 대선에서 승리를 거두었다. 사회경제적 불평등 심화, 부정부패 확산으로 인한 우파 정권 재창출에 대한 경계가 좌파의 회귀를 촉진한 것이다. 콜롬비아에서는 좌파 연합 '역사적 조약(Pacto Histórico)'의 후보 구스타보 페트로가 대통령으로 당선되며 콜롬비아 역사상 최초의 좌파 정부를 탄생시켰다. 브라질에서는 좌파 노동자당(PT) 후보인 전(前)대통령(2003년~2010년) 루이스 이나시우 룰라 다 시우바가 대선에서 승리하며 세 번째 임기에 오르게 됐다. 콜롬비아와 브라질에서 좌파 대통령이 등극하면서 마침내 라틴아메리카의 6대 경제 대국(브라질, 멕시코, 아르헨티나, 콜롬비아, 칠레, 페루) 모두에서 좌파 또는 중도좌파 성향의 정부가 창출됐다. 하지만, 2000년대 초반 "핑크 타이드" 당시 좌파 정부에 대한 지지가 사회 전반적으로 압도적이던 상황과는 달리, 이들 현 좌파 정부들은 사회·정치적으로 극심한 분열과 양극화를 배경으로 정권을 시작하고 있다.

이 책은 최근 라틴아메리카를 둘러싼 이러한 국내외 정세 변화에 대한 분석과 전망을 제공하고자 했다. 동시에 라틴아메리카의 내부적인 정치·경제·사회적 주요 이슈들에 관한 분석과 비판을 제공하고자 했다. 또한 2022년 라틴아메리카 경제지표를 부록으로 수록하여 지역 경제 추이에 대한 전반적인 식견을 제공하고자 했다. 물론 여전히 유동적인 국제정세와 라틴아메리카 내부적 혼란으로 인해 분석에 어려움이 존재하는 것이 사실이다. 하지만 이 책을 통한 연구와 시도가 라틴아메리카를 좀 더 올바르게 이해하는 데에 기여하리라 의심치 않는다. 아울러 연구와 교육으로 바쁜 가운데서도 성심을 다해 이 책에 실린 글을 집필 또는 번역해주신 여러분께 감사의 인사를 드린다.

2023년 6월

서울대학교 라틴아메리카연구소장

김창민

감사 인사

이 책을 위해 옥고를 투고해주신 분, 해외 논문을 번역해주신 분, 글의 전재를 허락해준 해외 저널 관계자 여러분에게 깊은 감사를 표합니다.

| 집필자, 번역자, 편집자(가나다 순) |

강정원(성균관대학교 강사)

권기수(한국외국어대학교 교수)

박경은(한국외국어대학교 중남미연구소 HK연구교수)

박도란(경희대학교 비교문화연구소 전임연구원)

박병규(서울대학교 라틴아메리카연구소 HK교수)

우석균(서울대학교 라틴아메리카연구소 HK교수)

이성훈(서울대학교 라틴아메리카연구소 HK교수)

이은아(서울대학교 라틴아메리카연구소 HK교수)

임태균(서울대학교 라틴아메리카연구소 HK교수)

정동희(서울대학교 강사)

조혜진(고려대학교 강사)

| 해외협력 저널 |

Revista *Nueva Sociedad*

목 차

제1부 부상하는 제2의 좌파 물결

제2부 혼돈의 중앙아메리카

제3부 정치

부록

제1부 부상하는 제2의 좌파 물결

새로운 신좌파

호세 나탄손

『르몽드 디플로마티크』 남아메리카 코노수르 지역 국장

원제와 출처: José Natanson, "La nueva nueva izquierda",
Nueva Sociedad, No. 299, mayo–junio de 2022, pp. 25–34.

핵심어: 냉전, 좌파, 개혁, 라틴아메리카

세계 다른 지역에서와 마찬가지로, 현재까지 소수 지식인과 예술가 집단의 다소 추상적인 제언에 그치고 있는 라틴아메리카 좌파는 볼셰비키가 차르 군대를 패배시키고 러시아에 혁명 정권을 수립한 1917년부터 엄청난 추진력을 얻었다. 70년 동안 흥망성쇠를 거치며 존재하게 될 라틴아메리카 혁명 운동의 출현이 가장 명백한 결과였지만, 1917년 멕시코 헌법부터 1918년 아르헨티나 대학 개혁이나 1925년 브라질 콜루나 프레스테스까지 겉보기에는 덜 직접적으로 연관되어 있는 다른 사건들도 볼셰비키 승리의 영향을 고려하지 않고는 이해할 수 없다. 알레호 카르펜티에르의 낭만주의에서 호르헤 아마도의 사회적 사실주의까지 라틴아메리카의 지적 논쟁과 예술도 20세기 전반기의 혁명적 기후에 둘러싸여 있었다.

하지만 투쟁과 권력의 장악이라는 구체적인 정치의 측면에서 라틴아메리카 좌파의 첫 번째 물결은 1960년대가 되어서야 나타났다. 20세기의 좌파나 포퓰리즘에 대한 논의 없이도, 확실한 라틴아메리카의 혁명인 1959년 쿠바혁명의 승리는 라틴아메리카 좌파로 하여금 상승 동력과 세계적인 명성을 얻게 할 것임에 분명했다. 에릭 홉스봄은 쿠바혁명의 매력을 이렇게 요약했다. "쿠바혁명은 낭만적인 정신, 산속의 의협심, 젊음의 이타적인 관대함을 지닌 전직 학생 지도자들, 그리고 룸바의 리듬에 고동치는 열대 관광 천국의 즐거운 마을, 이 모든 것을 가지고 있었다."[1)]

쿠바를 필두로 라틴아메리카 전역에서 혁명의 시도가 확산했다. 아르헨티나 태생의 게릴라 요원인 에르네스토 체 게바라의 거점이론(foquismo)이 그가 무명의 볼리비아 부사관에 죽임을 당함과 함께 모든 곳에서 실패했다는 것이 확실하다면, 반란에 있어서 농촌의 구성요소가 도시의 구성요소를 압도하는 국가들에서 더욱 확산한 봉기들로 인해 혁명의 물결이 실질적으로 라틴아메리카 전역을 뒤덮었다는 것 또한 사실이다. 도시의 익명성이 게릴라가 번성하여 눈에 띄는 정치적 타격을 발생시키기 위해, 또는 종종 실패하기 위해, 지역 주민의 지지를 필요로 하지 않기 때문에, 도시의 게릴라는 조직하기가 더 쉬운 것으로 알려져 있다. 반면 농촌에 기반을 둔 게릴라는 콜롬비아 무장혁명군(FARC)과 중앙아메리카 게릴라들의 경험에서 알 수 있듯이 더 오래 지속되고 효과적인 경향이 있다.

1960년대와 1970년대 좌파의 정치이론 논의는 부르주아 세력 및 포퓰리즘과의 타협을 포함한 점진적이고 선거주의 방법을 옹호하는 사람들과 무력을

1) E. Hobsbawm: *Historia del siglo xx*, Crítica, Barcelona, 2005, p. 439.

통한 총체적 변화를 주장하는 사람들 사이의 개혁-혁명 긴장을 중심으로 조직됐다. 역설적인 것은 쿠바가 라틴아메리카 좌파 최초의 거대한 추진체 역할을 했지만 역내 다른 게릴라 운동이 쿠바의 권력 장악 모델을 성공적으로 복제하지 못했다는 점입니다. 사실 비슷한 시기에 집권한 다른 라틴아메리카의 좌파는 완전히 다른 방식으로 집권을 했다. 민주적 선거를 통한 칠레 살바도르 아옌데의 민주사회주의 말이다. (니카라과의 산디니즘은 반란의 길을 따랐지만, 쿠바 모델과는 매우 달리, 가톨릭과 중요한 부르주아 분파를 포함한 광범위한 다계급 전선을 형성했다). 결국 아옌데이즘-카스트로이즘 논의를 해결한 사람은 아우구스토 피노체트였다. 아옌데가 충성을 다할 것이라는 확신을 가지고 육군 총사령관으로 임명한 피노체트는 대통령이 시도한 마지막 타협안이 실패했음을 보여주었다. 아옌데가 소수의 측근들과 함께 대통령궁에서 몇 시간 동안 저항한 후 결국 피델 카스트로가 선물한 소총으로 자살했다는 사실은 라틴아메리카 첫 번째 좌파 물결의 궁극적인 역설을 내포한다.

2000년대 좌파로의 선회

좌파의 새로운 물결은 1999년 우고 차베스의 승리로 시작하여 루이스 이나시우 룰라 다 시우바, 네스토르 키르츠네르, 에보 모랄레스, 타바레 바스케스, 라파엘 코레아, 페르난도 루고의 승리로 계속되었다. 여기에 칠레의 중도좌파 정부들을 추가할 수 있다.

이런 좌파 물결의 조건은 베를린 장벽의 붕괴, 즉 미국의 지정학적 정적으로서의 소련의 소멸이었다. 그러나 그 전에 좌파 진영 내에서 또 다른 논쟁이 해결되어야 했다. 1960년대와 1970년대의 개혁-혁명 논쟁처럼 이 또한 혹독한 사건들을 통해 매듭지어졌다. 이는 1994년 1월 1일, 즉 사파티스타 민족해방군(EZLN)이

치아파스의 7개 도시에 대한 장악을 시도하고, 멕시코 정부에 전쟁을 선포한 것으로 유명한 라칸돈 정글 선언을 발표하면서 시작되었다. 대학교수 같은 부드러운 목소리에, 검은색 방한모를 쓰고, 헤드폰을 목에 걸고 있던 마르코스 부사령관은 수백 년 동안의 원주민의 외침들을 일련의 연구된 상징적 행위들과(예를 들어, 사파티스타 운동의 반란이 미국과의 자유무역협정이 발효된 날에 일어났다) 농촌의 우화, 미화된 촌스러움의 이미지, 그리고 소비사회, 국가 억압, 자본주의에 대한 예리한 비판 모두를 하나의 연설로 표현하는 문학적 재능과 결합할 줄 알았다. 사파티스타의 열풍 속에서, 글로벌 금융거래에 세금을 제안한 금융거래평가 및 시민행동을 위한 협회(ATTAC), 다보스포럼에 대응하여 만들어진 정당과 사회운동의 만남인 세계사회포럼(World Social Forum), 그리고 마이클 하트와 안토니오 네르기의 저서들 및 나오미 클라인의 반세계화 베스트셀러들을 필두로 한 일련의 새로운 이론적 관점들과 같은 이니셔티브들이 등장했다.[2] (이러한 반항적인 움직임의 대부분은, 그 시절 프랑스계 스페인 예술가 마누 차오의 사운드트랙처럼, 제1세계 국가들에서 비롯됐다는 점을 유의해야한다.)

그러나 사파티스타는 강령은 고사하고 가야할 방향조차 제공하지 않았다. 마르코스의 문구들로 목적의 부재를 덮는 유기적이지 못한 문화적 선봉대로서만 기능했으며, 마음을 동요시키는 낭만적인 울림을 가지고 있었지만 정치적인 면에서는 전혀 쓸모가 없었다. “권력을 장악하지 않고 세상을 바꾸자”는 사파티스타의 제안 앞에서, 당시의 진짜 좌파는 적어도 보다 구체적인 선거의 길에 반대했다. 브라질 노동당, 우루과이 광역전선, 칠레 사회주의, 볼리비아 사회주의 운동과 같이 어떤 경우에 좌파는 수년간 끈기 있게 당과 영토를 건설한 후에 정권

2) M. Hardt y A. Negri: *Imperio*, Paidós, Barcelona, 2000; N. Klein: *No logo*, Paidós, Barcelona, 2000.

을 잡았다. 다른 경우에는 우고 차베스, 라파엘 코레아, 그리고 부분적으로 네스토르 키르츠네르처럼 예상치 못한 번개처럼 곧장 정권을 잡기도 했다. 그리고 에보 모랄레스 같은 일부 좌파 운동과 지도자들은 거리에서의 직접적 행동을 고전적인 선거 경쟁과 결합했다.

어떠한 경우든지 간에 콜롬비아와 페루를 제외한 모든 남아메리카 국가에서 정권에 오른 "신좌파"는 추상적인 토론보다 권력에 도달하는 것은 우선시했다. 이제 신좌파는 원자재 가격 상승으로 인한 확실히 유리한 상황에서 다음 세 가지를 결합할 수 있는 일련의 정책을 전개했다. 거시경제적 지속가능성(베네수엘라와 부분적으로 아르헨티나를 제외하고 거시경제의 운영이 양호했다); 포용에 대한 엄청난 추진을 가능케 한 광범위한 소득 이전 정책(특히 볼리비아 고원과 브라질 북동부와 같은 가장 불우한 지역에서); 그리고 긴 개혁 주기를 가능케 한 정치-제도적 연속성. 좌파의 다양한 구성원을 가른 실질적인 논쟁은 제안된 변혁들을 진전시키기 위한 최선의 방법에 관한 것이었다. 즉, 차베스, 모랄레스, 코레아처럼 국가를 새로 시작하기 위해 제도적으로 재설정하는 헌법 개정을 추진할 것인가, 아니면 룰라 다 시우바, 키르츠네르 또는 타바레 바스케스의 방식대로 주요 연속성을 보장할 것인가에 대한 문제였다. 차베스주의와 룰라주의의 이분법으로 압축되는 이 논의는, 1960년대의 논쟁과 달리, 개혁의 깊이를 언급하지도(실제로 룰라 다 시우바가 코레아보다, 키르츠네르가 에보 모랄레스보다 덜 개혁적이었다고 주장할 방법이 없다), 개혁을 실행할 가장 좋은 방법을 언급하지도 않았다.

진짜 좌파가 실질적으로 전술을 논의하고 전진하는 동안, 사파티스타는 일련의 이니셔티브를 통해 초기에는 엄청난 열광을 불러일으켰지만 구체적인 결과를 낳지 못하고 결국 실망을 안겨주며 무너져갔다. 안드레스 마누엘 로페스 오브라도르(AMLO)가 이끄는 좌파와 터무니없는 경쟁관계를 구축하였는데, 2006년 대선에서는 보이콧을 선언하여 민주혁명당(PRD) 후보인 AMLO가 우파에 패배하는 데에 일조했다. 오늘날 AMLO 정권에서 사파티스타는 "좋은 정부 위원회"를 통해 정부군이 용인하는 치아파스 주의 작은 지방자치단체들을 통치하고 있으며, 계속 유럽 배낭 여행자들의 마음을 사로잡고 있다.

어떤 좌파가 돌아오는가?

라틴아메리카에서 가장 길고 찬란했던 좌파 물결의 결말은 이미 알려져 있습니다. 국제 환경의 변화, 10년 넘게 지속되어온 정권의 자연적 탈진, 승계의 어려움, 그리고 우파 블록의 강화 가운데에 좌파는 아르헨티나, 우루과이, 칠레처럼 공정한 선거를 통해서, 또는 파라과이, 브라질, 볼리비아처럼 쿠데타나 준(準)쿠데타를 통해서 정권에서 물러났다. 정권을 유지했을지라도 베네수엘라, 니카라과처럼 권위주의적 국면을 희생해야 했다. 하지만 1990년대 신자유주의와 달리 긴 정치 생명을 공고히 하지 못한 우익 실험들의 실패는 좌파의 귀환을 위한 기회를 만들었다. 그렇다면 귀환하는 좌파는 과연 어떤 좌파인가?

이전 시기와 마찬가지로 좌파는 동질적인 것과는 거리가 멀다. 새로운 시대에는, 완전한 범주를 이루지도 않고 두세 가지 직관을 기반으로 한 그룹도 아닌, 세 개의 다른 그룹이 있다.

첫 번째 그룹은 베네수엘라와 니카라과의 권위주의적 좌파다. 우고 차베스와 다니엘 오르테가가 처음에 민주적인 방식으로 선출되어 그들을 민주적 좌파라는 포괄적인 범주에 포함시키는 것이 적절했지만, 두 정권 모두 점점 더 권위주의 체제로 변해갔다. 이들은 오늘날 라틴아메리카에서 유일하게 정치 포로가 존재하고 야권 지도자들이 수감되는 국가들로, 국제적 감시 없이 선거를 치르고 결정적으로 무기한 재선을 시행하고 있다.(동일인의 권력 행사에 대한 시간적 제한은 대통령 민주주의의 기본 조건이다.)

가장 새롭고 어떤 의미에서는 흥미로운 두 번째 그룹은 멕시코, 온두라스, 페루, 그리고 콜롬비아와 같이 좌파가 통치하지 않던 국가에서 통치하게 된 좌파다. 이들 국가 사이에는 엄청난 차이가 있지만, 이민(멕시코, 온두라스), 무역(모두 미국과 자유무역협정 시행 중) 또는 안보의(콜롬비아와 페루는 세계 양대 코카인 생산국으로 미국의 고정적인 우려 대상) 이유로 모두 미국과 가까운 나라들로 여겨진다.

페루의 페드로 카스티요의 승리와 콜롬비아의 구스타보 페트로의 부상(어떤 의미에서 온두라스의 시오마라 카스트로의 승리 역시)은, 두 나라 모두에서 오랫동안 행해져온 게릴라들의 납치와 암살의 전력을 감안할 때, 좌파적 대안이 낳은 거부감을 극복했다는 공통점이 있다. 카스티요는 구조적 요인(경제의 개방적 성향과 역사적으로 강성한 우파)과 함께 페루가 이전의 급진주의 물결에서 예외였던 이유인 페루사회의 완고한 반공주의를 극복해야 했다(페트로도 마찬가지였는데, 그는 선거 결과를 넘어 콜롬비아 좌파를 역사상 최고의 위치에 올려놓았다). 이 두 국가에서 좌파 대통령들의 승리는 더 빡빡하고 자유의 범위는 더 좁으며 걸림돌은 더욱 크다. 그 승리는 감히 예단을 내리기에는 너무 최근의 일이다. 높은 지지율로 이미 임기의 절반을 넘겼고 2022년 4월 재신임 투표를 성공적으로 통과한 로페스 오브라도르의 경우는 다르다. 멕시코가 지정학적 위치나 규모, 역사에서 페루, 온두라스 또는 콜롬비아와 너무 다르기 때문에 모방의 대상이 되기는 어렵지만, 멕시코의 경험은 제2의 좌파 물결에서 진보적인 대통령이 거시 경제적 안정을 보증하는 동시에 대중과의 유대를 유지하면서 계속 권력을 유지할 수 있다는 것을 보여주는 유용한 사례다.

세 번째 그룹은 아르헨티나의 알베르토 페르난데스, 볼리비아의 루이스 아르세, 칠레의 가브리엘 보리치, 그리고 예측이 맞으면, 브라질의 룰라 다 시우바로 구성된 돌아온 좌파다. 이들 정당이나 지도자들의 집권은 무엇보다 단기간 우파의 실정 때문이다. 20세기 말 길었던 신자유주의 하에서 일어났던 것과 달리, 최근의 자유주의 보수 정부들은 마우리시오 마크리, 세바스티안 피녜라, 자이르 보우소나루, 그리고 볼리비아 정부에서처럼 재선이나 수용 가능한 후계자를 통한 연속을 이루어내지 못했다. 또한, 1990년대의 신자유주의와 달리, 우파로의 전향은 포퓰리즘의 종식이라는 막연한 약속을 넘어서는 명확한 경제 프로그램을 동반하지 않았고, 개혁에 대한 무능함으로 인해 권력을 지속할 수 있을 만큼 충분히 폭넓은 사회적 기반을 구축하지 못했다.

2000년~2010년에 대한 긍정적인 기억도 복귀의 길을 열었다. 당시 좌파는 자신의 권력으로의 행보가 단순히 원자재 가격 상승 덕에 일어난 일련의 우연들이 아니라 견고한 토대를 가진 사회적 대표의 표현임을 보여주었다. 그렇다면 이번 권력으로의 귀환은 어떠한 형태를 취하는가? 전반적인 온건의 형태다. 불안정한 원자재 가격과 부실한 국고로 인해 약해진 변화에 대한 열망이 이전 시기에는 생각할 수 없던 경제적 제약들의 틀 안에서 국가를 운영하게 만들었다. 풍요보다는 결핍의 좌파다. 그리고 힘의 상관관계도 변했다. 보수 진영이 쪼개지고 방향성도 상실했던 이전 시기와 달리, 비록 선거에서는 졌지만 큰 승리를 거둘 수 있음을 알고 있으며 많은 경우 극단적인 파시즘까지 경험한 우파가 야권을 이끌고 있다. 세 번째 좌파는 온건한 좌파다. 알베르토 페르난데스의 중도주의와 루이스 아르세의 온건주의는, 선거나 사법적 목적으로는 입후보할 수 없으나 해당 국가에서 공적인 삶은 영위하는 정치적 지도자들과의 동맹으로 권력을 잡았다는 사실에 의해서 만큼이나, 위에서 언급한 여건들에 의해 설명될 수 있습니다. 선거 또는 사법은 나타날 수 없지만 해당 국가의 공적 생활에 계속해서 존재합니다. 보수 성향의 헤랄두 알크민 전 상파울루 주지사가 부통령 후보로 룰라와 동행한 것은 노동당의 지도자도 중도로 향하고 있음을 시사한다.

이 잠정적인 좌파 분류에서 보리치는 특별한 위치에 있다. 한편으로, 보리치를 좌파가 새로운 국가들의 하위 유형에 포함하는 것은 올바르지 않다. 피노체트 독재가 끝난 이래로 진보주의는 기독교 민주주의와 연합하여 세 차례, 즉 리카르도 라고스와 두 차례의 미셸 바첼레트 임기 동안 칠레를 통치했다. 그러나 그는 피노체트가 무자비하게 구축한 경제 모델, 제도적 틀, 사회 체제와 명확한 단절을 이루지 못했다. 그래서 자신이 부상하는 계기가 된 준(準)반란의 순간들을 포함하는 수준의 사회적 동원이 보리치 정부를 알베르토 페르난데스, 아르세, 그리고 궁극적으로 룰라 다 시우바와는 다른 위치에 놓는다. 보리치는 카스티요나 페트로, 또는 2006년의 에보 모랄레스와 유사한 변화로서 취임했으며, 실제로 칠레는 역내 여러 국가에서 10년 전 일어났던 방식대로 제헌 과정을 진행하고 있다. 차이점은, 베네수엘라, 볼리비아, 에콰도르의 헌법 개혁이 지도자들이 독자적으로 제안하여 거의 손수 작성하고 대중적 정통성을 인증하는 방법으로 사용됐던 것과 대조적으로, 칠레의 헌법 개정은 보리치 이전에 전개된 것이며, 그가 지휘하지도 않는다. 칠레의 도전의 복잡성은 변화와 지속의 매우 섬세한 혼합을 필요로 하며, 그 성공은 보리치의 양방면 모두에 관한 능력에 달려 있다.

우울의 위험

개별적으로 각 국가가 하나의 세계로 여겨지지만, 라틴아메리카는 큰 파도처럼 진행된다. 지난 30년에 걸쳐 라틴아메리카는 신자유주의 헤게모니에서 좌파로 전환했고 거기에서 짧은 우파의 시기를 거쳐 다시 막 시작되었지만 이미 완전히 구분되는 좌파로 회귀했다.

이러한 패턴은 미국과 연관하여 지정학적으로 설명할 수 있다. 1960년대와

70년대 라틴아메리카 좌파의 급진화는 냉전의 정치 이데올로기적 경쟁 구도에 새겨졌다. 당시 좌파 부상의 틀이 냉전이었다면, 2000년 좌경화의 틀은 베를린 장벽 붕괴 후 생성된 온전한 미국 주도권의 단극 세계였다. 21세기 첫 10년간의 진보주의들을 동일한 것으로 간주한 첫 번째 책인 『신좌파』는 소련의 붕괴가 라틴아메리카 좌파들이 더 이상 존재하지 않는 사회주의 블록을 형성할 가능성을 제거했고 이전에는 생각할 수 없던 지정학적 자유를 부여했다고 주장했다.[3] 미국이 공산주의를 대체한 테러리즘이라는 새로운 적, 특히 2001년 이래로 중동에 초점을 맞추면서, 라틴아메리카, 특히 남아메리카 국가들은 10~20년 전에는 CIA 작전이나 단순한 쿠데타를 통해 미국에 의해 차단되었던 좌파 지도자와 정당들을 선출할 수 있었다.

진보주의자들의 재집권, 또는 늦은 집권에 대한 현 배경은 미국과 중국 간의 양극 경쟁이다. 마치 배타성을 요구하듯 두 블록 중 오직 한 블록에 대한 지지를 규정한 냉전 시대와 달리, 현 경쟁은 더 모호한 방식으로 전개된다. 첫째, 두 경쟁자가 불가분의 관계에 있기 때문이다. 미국 기업들은 값싼 중국 노동력 없이는 단 하루도 버틸 수 없으며, 중국 기업들은 미국 시장이 폐쇄되면 도산할 것이다. 둘째, 중국은 스왑 허용, 차관 제공, 또는 댐 건설에 앞서 자신도 거의 실천하지 않는 마오쩌둥 사상으로의 이데올로기적 전환을 요구하지 않는다. 즉, 아무것도 공짜는 없다는 인식은 심어주지 않는다. 에스테반 악티스와 니콜라스 크레우스가 주장하는 것처럼,[4] 미국과 중국의 관계는 다차원적 경쟁에서 대립을 상호의존과 결합시킨다. 무역 분야에서 요란하게 나타나지만, 군사적 측면도

3) J. Natanson: *La nueva izquierda. Triunfos y derrotas de los gobiernos de Argentina, Brasil, Bolivia, Venezuela, Chile, Uruguay y Ecuador*, Debate, Buenos Aires, 2012.

4) Leandro Darío: 《Esteban Actis y Nicolás Creus: 'La relación entre Estados Unidos y China es el termómetro del mundo'》 en *Perfil*, 1/1/2021.

있고 결정적으로 기술적 대결을 감추고 있다.

좌파의 새로운 부상을 위한 여건을 만드는 것이 바로 이 모호한 갈등이다. 냉전시대 국제관계 연구의 고전적인 시계 추 모형을 넘어서, 두 거대국과 방향성이 같은 의제들을 구축하는 것이 문제된 것이다. 미국과는 마약과 테러와의 전쟁에 관한 협력이라는 고전적인 서구의 의제, 그리고 오늘날 거의 모든 라틴아메리카 국가들의 첫 번째 또는 두 번째 경제 파트너인 중국과는 투자, 인프라 및 무역 관련 의제. 후안 토카틀리안은 라틴아메리카의 전략을 "등거리 외교"로 정의했는데,[5] 칠레 국제주의자인 카를로스 오미나미, 호르헤 에이네, 카를로스 포르틴은 이를 "적극적 비동맹"이라는 이론으로 설명한다.[6]

결론을 지어보자. 자유주의 세력과 보수주의 세력이 1990년대 신자유주의의 방식으로 헤게모니를 구축하는 데 실패한 짧고 격동의 시기를 지나, 좌파는 다시 한 번 라틴아메리카 정치의 중심에 서게 되었다. 국제 상황이 바뀌었고 여건은 이전 시대보다 여의치가 않다: 파괴적인 전염병의 여파, 잠복해있는 우파, 그리고 혁신적이지 않은 회복 프로그램을 제공할 위험. 이 어려운 환경에서 "새로운 신좌파"의 성공은 무엇보다 서로 다른 사회집단 간의 이익을 조정하는 역량, 다양성, 페미니즘, 환경보호와 관련된 새로운 관심을 고려한 사회경제적 개혁 프로그램을 제공하는 능력, 그리고 중국과 미국 간의 분쟁으로 열린 지정학적 기회를 활용할 가능성에 달려있다.

임태균 옮김

5) J. Tokatlian: 《La diplomacia de equidistancia, una propuesta estratégica》 en *Clarín*, 10/2/2021.

6) C. Fortín, J. Heine y C. Ominami (coords.): *El no alineamiento activo y América Latina: una doctrina para el nuevo siglo*, Catalonia, Santiago de Chile, 2021.

라틴아메리카: 반짝인다고 모두 하나의 '주기'는 아니다

마누엘 카넬라스

전(前) 볼리비아 하원의원

원제와 출처: Manuel Canelas, "América Latina: no todo lo que brilla es un 'ciclo'", *Nueva Sociedad*, No. 299, mayo-junio de 2022, pp. 35-43.

핵심어: 주기, 좌파로의 전환, 진보주의, 라틴아메리카

상당수 국가들에서 정치 스펙트럼상 좌파에 위치한 세력들이 선거에서 승리하고 정권을 잡는 현상은 진보주의 정치 주기에 돌입했다는 평가를 내리기 위한 필요조건이지만 절대 충분조건이 될 수는 없다. 언젠가부터 일부 진보주의 세력들 사이에는 라틴아메리카가 '좌파로의 두 번째 전환'을 경험하고 있다는 확신들이 자리 잡기 시작했다. 그리고 이처럼 단언하는 근거로 최근 선거에서 거둔 일련의 승리들을 일반적으로 제시해왔다. 지난 2년간 좌파가 선거에서 의미심장한 승리들을 거두었다는 사실에는 의심의 여지가 없다. 단적으로 볼리비아에서 사회주의운동당(MAS)이 에보 모랄레스에 반대하는 쿠데타 이후 재집권에 성공한

사례, 칠레 가브리엘 보리치 당선, 아르헨티나 중도좌파 페론주의의 승리, 멕시코 안드레스 마누엘 로페스 오브라도르의 승리를 들 수 있다. 하지만 지나치게 성급하게 이념적인 단정을 내리기에 앞서 이 정보들을 보다 면밀히 살펴보고 신중하게 분석할 필요가 있다.

최근 라틴아메리카에서는 좌와 우를 가릴 것 없이 선거 결과가 기정사실화된 이념적 방향성을 결정할 수 없음을 보여주는 다양한 사례들이 등장하고 있는데, 심지어 이 방향성은 애초 기대와는 실제로 상당한 괴리를 보이기도 한다. 두 가지 사례가 가장 전형적이라고 볼 수 있는데, 바로 콜롬비아의 후안 마누엘 산토스와 에콰도르의 레닌 모레노다. 이런 점에서 주기라는 관점에서의 분석은 때로는 그 경향성을 과장하게 하고, 더 나아가 라틴아메리카 정치를 관통하는 긴장감을 포착할 능력을 잃게 하는 인식을 초래하기도 한다. 좌파뿐만 아니라 우파에서도 최근 수년간의 권력승계는 다양한 국가들의 정책뿐만 아니라 각 부문 '본연의' 리더십이 갖는 단선적 연속성을 침해했다.

깨지는 작은 달걀들

알바로 우리베가 2010년 후안 마누엘 산토스에게 정권을 이양할 때 그는 그의 유명한 "세 개의 작은 달걀들"로 대변되는, 즉 민주적 안보, 투자자 신뢰, 사회 통합이라는 유산을 넘겨주었다. 이 승계는 그의 유산을 상징할 뿐만 아니라 자신의 후계자이자 전 국방부 장관에게 통치권을 이양한다는 의미였다. 이 작은 달걀들은 산토스가 할 수 있는 일들을 경계 지었고, 우리베주의 주도권의 주축들이 투명 잉크로 새겨져 산토스에게 부합해 보이는 강인함의 징후와 선거 승리를 안겨 주었다. 그렇지만 우리베가 상상했던 각본과 후견인 지위는 이 상징적 행위 이후 오래 지속되지 않았다. 우리베에게 닥친 가장 큰 시련은 바로 산토스로부터 비롯됐는데, 산토스는 강경파의 일원이었음에도 불구하고 이내 정치적으로나 공식적으로나 우리베에게 도전장을 던졌고, 그들의 관계는 요란하게 파국을 맞은 채 결국 산토스는 공공연한 정치적 적이 되었다. 2014년 초반 한 공개 행사에서 우리베는 세 개의 깨진 달걀이 담긴 그릇을 올려두고, 작위적 몸짓을 숨기지 않은 채 청중에게 산토스 정부가 이 달걀들을 다룰 줄 아는지 물었다. 이에 청중은 단호히 "아니요"를 외쳤고, 우리베는 "그자들이 모조리 깨트렸습니다. 이제 토르티야 한 장 구울 한 알조차도 남지 않았습니다."라고 응답했다. 산토스는 한때 자신도 일원이었던 콜롬비아 강경 우파들과는 상당히 거리가 먼 독자적 이상과 목표를 가지고 있었는데, 여기에는 콜롬비아 무장혁명군(FARC)과의 평화협정에서 의미 있는 진전을 거두고, 전임자들이 총력전을 선언했던 각 지역 좌파 세력들과 관계를 재정립하는 것이 포함되어 있었다. 그가 평화협정을 위한 국민투표를 추진하고 실행에 옮기자, 우리베주의는 이반 두케를 선두에 내세워 호전적인 '반대' 캠페인을 고강도로 전개했다. 결국 근소한 표차로 '반대'가 승리했고, 우리베는 자신의 위대한 경쟁자에게 패배를 안길 수 있었음에 자축했다. 그렇지만 자신의 승리가 국가적 차원에서는 어떠한 기회들을 앗아갔는지 이 점에 대해서는 그다지 개의치 않았다. 산토스는 투표 패배에도 불구하고 이번 기회를 놓쳐서는 안 된다는 사실을 자각하고 있었고, 복잡한 절차를 거쳐서라도 어떻게든 협정을 강행해야한다는 입장을 고수했다. 그리고 마침내 산토스는 긍정적인 해결에 도달했으며, 그 결과 노벨평화상을 수상하기에 이르렀다. 이는 콜롬비아의 폭력 종식에 있어 중대한 성과를 의미했다.

레닌 모레노는 국가연합당(Alianza País) 창당 초기부터 정당의 핵심 구성원이었을 뿐만 아니라 라파엘 코레아 정부의 부통령이었다. 2017년 대선에서 모레노는 가까운 친구이자 마찬가지로 코레아 정부에서 부통령직을 역임했던 호르헤 글라스를 러닝메이트로 공식 지명했다. 이 둘의 조합은 코레아 집권 후반기 불만을 표출했지만 자치에의 열망을 더욱더 강하게 드러내던 특정 부문들을 포섭할 만한 대중적 정치 경력의 소유자와 당시 대통령에게 전적으로 충성하는 인물의 결합으로 여겨졌다. 하지만 두 사람 모두 자신들이 소속된 정당, 그리고 그들과 더불어 한 길을 걷던 역사적 지도자의 업적을 대체로 공유하고 있다는 사실에는 그다지 의심할 여지가 없었다. 그들 모두 그 시대의 주역들이었다. 라틴아메리카의 우파 후보들과 마찬가지로 에콰도르 우파 후보들 역시 팽팽한 긴장감 속에 1차와 2차 투표를 치렀고, 모레노의 승리를 목적으로 선거 부정이 있었다는 의혹을 제기하는 선거운동을 강력히 펼쳤다. 우파 세력으로부터의 공세는 내부의 차이를 결속시키는 역할을 했고, 그 결과 이후 노출될 수 있었을 유형의 분열로는 나가지 않게 하는 듯 했다. 모레노의 승리는 코레아의 승리가 될 것이라는 인식이 당연시되었고, 이는 에콰도르로 볼 때는 진보주의 주기의 연속이었고 동시에 라틴아메리카 지역 차원에서는 일종의 신호로 해석되었다. 사실 코레아, 모레노, 글라스가 한 무대에 서서 러닝메이트를 공식 발표하던 자리에서 당시 대선 후보였던 모레노는 청중에게 글라스와 함께 한다는 것이 자신에게 얼마나 소중한 의미인지 언급했다. 그는 자신과도 친분이 있던 한 청년으로부터 에콰도르를 통치한다는 복잡한 과제를 어떻게 수행할 것인가 질문을 받자, 호르헤 글라스가 자신과 함께 하기 때문에 훨씬 확고하고도 강한 확신을 가지고 도전에 직면하겠다고 여러 차례 대답했다.

하지만 두 사람의 결별, 이어 모레노의 행보에 극단적 변화가 나타나는데 그다지 오랜 시간이 소요되지 않았다. 모레노 집권을 지역 진보주의 강화로 여겼던 이들은 이내 실망했다. 수차례 감찰을 거쳐 글라스는 직위에서 파면되었고, 바로 수감되었다. 모레노는 신자유주의로 선회하는 과정에서 코레아와 그의 핵심 참모들에 대한 강도 높은 공세를 이어갔고, 지난 10여 년간 이루어진 가장 중요한 결정들에서 자신 역시 부차적인 인물이 아니었음에도 그 결정들을 문제 삼았다. 지역 정치에서 그는 좌파 정부들에 맞섰고, 남미국가연합(UNASUR)을 철수하게 했을 뿐만 아니라 키토 주재 본부를 폐쇄했고, 더 나아가 미국 그리고 국제통화기금(IMF)과 다시 긴밀한 관계를 맺었다. 다양한 기관들에서 집계한 모레노 정부에 대한 꾸준하고도 장기적인 불만 여론, 그리고 2021년 대선에서 최소한의 경쟁력을 갖춘 후보도 배출하지 못한 모레노와 그 측근들의 무능을 감안하면 모레노 정부는 산토스의 경우와는 달리 그 평가가 긍정적이거나 유의미한 측면이 거의 없다. 그럼에도 불구하고 코레아주의에 그가 가한 타격은 의미 있었고, 코레아주의 대선 후보와 러닝메이트는 2021년 1차 투표에서 1위를 달렸음에도 2차 투표에서 기예르모 라소에게 패배했다. 어쨌든 비록 다른 이유에서였지만 이들은 아르헨티나의 페론주의나 볼리비아의 MAS와는 달리 영향력을 충분히 만회하지 못했고, 결국 정권 탈환에 실패했다.

페루에서는 최근의 전례로 오얀타 우말라를 들 수 있는데, 그는 비슷한 강도의 파장을 불러일으키며 앞서 언급한 사례들과 유사한 전환을 가져왔다. 그의 승리는 페루를 좌파로 이끄는 듯했고, 우말라 행정부는 페루 좌파들 사이에서는 상당한 중량감을 갖는 인물들로 첫 내각을 꾸렸다. 하지만 그가 다른 길을 선택하기까지는 그다지 오랜 시간이 걸리지 않았다. 최근 페루 좌파들의 상당수는 페드로 카스티요 정부의 행보를 당혹감과 두려움을 갖고 지켜보고 있다. 그 이유는 벌써 일종의 기시감을 자아내기 때문이며, 심지어 더 큰 불확실성을 내포하고 있기 때문이다. 소설가 후안 마누엘 로블레스는 트위터에 "우리는 카스티요가 오얀타 버전 2가 될까 두려웠다. 하지만 실상은 오얀타 나쁜 버전 0.2인 것으로 드러났다."라고 언급했다.

게이코 후지모리에 맞서 카스티요가 불과 44,000표라는 근소한 차이로 거둔 승리는 페루 정부에서 카스티요의 등장, 다시 말해 불과 몇 달 전까지도 국민 대다수에게 무명의 시골 교사에 불과했던 인물이 전국적인 더 나아가 지역 전반에서 좌파 세력들의 지지를 받고, 천연자원에 대한 주권 회복을 담론으로 내세우고, 헌법 개정을 추진하겠다고 나선 사건이 갖는 역사적 의미에 작은 서사를 부여했다. 루이스 이나시우 룰라 다 시우바부터 에보 모랄레스에 이르기까지 역내 가장 영향력 있는 진보주의 정치인들과 정당들이 그를 환영했고, 그의 승리에 대해 지역에서 두 번째 진보주의 주기가 시작됐음을 알리는 신호로 찬사가 쏟아졌다. 그렇지만 취임 9개월 만에 카스티요는 이미 네 차례나 내각을 교체했고, 그가 초기에 주창했던 심도 깊은 변화들은 뒷전으로 밀려났으며, 베로니카 멘도사와 아벨리노 기옌을 비롯한 좌파 세력 상당수와의 관계는 이미 단절되었다.

그들 다수에게 있어 카스티요 정부는 더 이상 분명한 진보주의로 거론될 수 없다. 심지어 정부를 지지하거나 행정부에 관련된 인물들조차도 카스티요 정부의 의미는 논란의 대상이며, 이 싸움을 내부에서부터 해나가는 편이 낫다고 언급한다. 어떻게 봐도 처음 내렸던 정의는 더 이상 유효하지 않다. 페드로 프랑케를 대신해 재정경제부 장관으로 지명된 오스카 그라함의 경우처럼 카스티요 정부에서 가장 최근에 임명된 일부 인사들의 면면을 보면 보다 중도적이거나 심지어 보수적인 색채로 변하고 있음을 확인할 수 있다. 국제무대에서 페루는 볼리비아, 멕시코, 또는 아르헨티나와는 달리 미주기구와 그리고 사무총장 루이스 알마그로와 원만한 관계를 유지해왔다. 또한 태평양동맹과 포괄적 점진적 환태평양동반자협정(TPP-11) 참여의사도 명확히 밝혀왔다. 리마그룹 탈퇴 의사를 밝혔음에도 카스티요 정부는 니콜라스 마두로 정부와는 거리를 유지해왔다. 한편 국내적으로는 그 어떤 협상을 이끌어낼 능력도 부족함에 따라 시위가 꾸준히 확산되어 왔다.

정부와 주도권?

이 좌파 세력들을 전부 하나의 진보주의 물결에 포함시킬 수 있을지, 아니면 그들 각자의 입장에 미묘하고도 중대한 차이가 존재하기 때문에 하나의 범주로 분류하기란 훨씬 어렵고 복잡한 일인지 판단하기 위해서 최근 선거에서 승리했거나, 또는 승리할 가능성이 높은 일부 좌파 세력들 간의 관계를 살펴볼 필요가 있다.

칠레 대선에서 당선되기 한참 전에도 가브리엘 보리치는 이미 마두로 정부에 대해 비판적 입장을 견지해왔다. 이런 점에서 당선 후 그의 태도는 놀라울 것은 없다. 하지만 향후 변화할 가능성이 아주 높다. 대통령 신분으로서, 정치적으로 좌파 성향을 명확히 드러낸 상황에서, 더 나아가 베네수엘라가 상대적으로 안정과 회복의 시간을 보내왔음을 고려하면 그가 비판의 수위를 낮추려는 유혹을 느끼리라고 기대하는 의견도 가능하다. 최근 라틴아메리카 전반에서는 다양한 국제 감시단체들이 참가하는 가운데 여러 선거들이 치러졌고, 이 중에는 차베스주의 세력이 패배한 선거들도 포함되어 있었다. 차베스주의자들은 일부 예상과는 반대로 선거 패배를 즉각적으로 인정했고, 이는 바리나스 주와 같은 역사적 경합지에서도 예외가 아니었다. 미국 정부조차도 우크라이나 전쟁 여파라는 맥락에서 베네수엘라에 석유 제제 문제를 논의할 의사가 있음을 일부 시사했고, 교섭 담당자들을 파견한 상황이다. 하지만 보리치는 대통령에 당선된 후에도 하원의원 시절부터 견지해왔던 입장을 바꾸지 않았다. 그는 자신에게 있어 베네수엘라는 단순히 하나의 체제 유형이라는 의미를 넘어서며, 마두로 정부가 심각한 인권 침해를 저질렀고, 5백 만 명 이상의 난민 사태를 초래한 책임에서 자유로울 수 없다는 비판적 견해를 아주 분명하게 밝혔다. 이 난민들의 상당수가 칠레로 이주해 왔으며, 이는 칠레의 정치적 긴장과 북부 지역에서 외국인 혐오증 확산의

원인이 되고 있다.

예상대로 여기에 대해 지역 정계 곳곳에서 반응했다. 에콰도르 전 대통령 라파엘 코레아, 아르헨티나 지식인이자 현재 공산당 당대표인 아틸리오 보론, 베네수엘라 전 외교부장관이자 우고 차베스의 사위인 호르헤 아레아사는 이 젊은 칠레 수장을 비판했다. 보론은 그가 기초 역사 수업을 다시 들을 필요가 있다고 일갈했고,[1] 아레아사는 트위터에 "과도한 망상에 빠진 좌파들이 있는데, 미국에 가장 시달려온 민중들의 저항과 용기가 없었다면 그들은 아무것도 아닌 존재와 하등 다를 바 없으리라는 점을 망각한다."라고 썼다. 아레아사의 트윗에, 칠레 공산당에서 가장 영향력 있는 인물이자 급진좌파연합(Apruebo Dignidad) 예비선거에서 보리치와 경쟁했던 다니엘 하두에는 "전적으로 맞는 말입니다. 당신의 향후 행보에 응원과 지지를 보냅니다."라고 동조했다.

베네수엘라인들이 페루, 콜롬비아, 칠레 등 인근 국가들에 대거 이주함에 따라 기존에는 서로 다른 국가들의 정치 엘리트들 간 이념적 논쟁에 불과했을 사안들이 이제는 중요한 국내 정치 사안이 되었다. 수만에서 수십만에 달하는 베네수엘라인들의 존재는 이 국가들의 국내 정치 이슈를 바꿔놓았고, 베네수엘라인 이웃, 고객, 동료들로부터 직접 증언을 들은 광범위한 층위의 국민들 사이에 베네수엘라의 위기를 '대중화시킨다.'

베네수엘라 정부와 원칙적으로 같은 궤도에 있는 정부들조차도 보다 엄격한 태도를 취하는 현상은 이런 사실에서 일부 설명할 수 있다. 이 현상은 일시적인 것이 아니며, 사실상 보다 장기적으로 나타나는 속성이 있다. 라틴아메리카 지역 차원에서 새로운 진보주의 주기의 시작을 언급하고자 한다면 당연히 우리는 이 현상을 우선적으로 다루어야 한다.

1) 아틸리오 보론, "긴급: 미숙한 대통령은 라틴아메리카의 문화 식민주의, 제국주의, 국제관계사에 대한 수업을 다시 들을 필요가 있다."라고 2022년 1월 22일 트위터에 게시.

오늘날 보리치, 카스티요, 알베르토 페르난데스가 마두로 정부뿐만 아니라 쿠바 정부, 니카라과 정부와 많은 일을 아니 몇 가지 일이라도 함께 하는 상황을 떠올리기란 쉽지 않다. 이런 점에서는 콜롬비아도 마찬가지 상황인데, 구스타보 페트로는 비록 보리치만큼 혹독하게는 아닐지라도 베네수엘라 정부와의 차별성을 명확하게 밝혔다. 마두로가 보리치와 카스티요를 좌파 겁쟁이의 대표 주자들이라고 비난했을 때 콜롬비아 핵심 좌파 정당인 인간다운 콜롬비아당(Colombia Humana) 대표는 트위터에 "마두로는 비난을 중단하라고 충고하고 싶다. 겁쟁이들은 민주주의를 포용한 이들이 아니다. 베네수엘라를 석유에서 구원해 보다 성숙한 민주주의로 이끌기 바란다. 회피해야 한다면 그렇게 해라."라고 적었다.

첫 번째 '좌파로의 전환'에서도 각자 상이한 전략적 입지와 정치 문화 그리고 감수성들이 존재했었다고 반문하는 이들도 있을 것이다. 하지만 진보주의 정부들 간에는 좀 더 '사회민주적'이거나 '민중주의적'으로 경도되는 정도를 넘어서는 공통의 장과 긴밀한 결속력이 존재했고, 남아메리카의 경우 브라질의 '룰라주의자'와 베네수엘라의 '차베스주의자' 간에 그랬듯 지역 통합의 차원에서든 정당과 활동네트워크에서든 일정한 분업도 존재했다는 사실 역시 부정할 수 없다. 두 좌파들 사이에 중복되는 지점들이 바로 2000년대 중반부터 2010년 중반까지 이어졌던 진보주의 주기를 규정하는 특징들이며, 각 국가별로 그 세부적인 발생 시점에서는 차이를 보였다. 오늘날 우리는 확장력은 보다 축소된 가운데 볼리바르 혁명의 담론들이 더욱 완고하게 자리 잡은 상황을 볼 수 있으며, 종종 상당한 내부적 차이를 가진 집단들의 연합체로 구성된(아르헨티나, 볼리비아, 페루, 그리고 현재로서는 더 낮은 강도로 칠레 등) 다양한 변이의 (중도)좌파들의 등장을 목격하고 있다.

'두 번째 주기'가 존재한다는 증거로 여러 선거 승리를 내세우는 것이 그나마 유일한 공통점으로 보인다. 그렇지만 선거 이후나 각 정부의 구체적 국정운영에 대해서는 좀처럼 언급하지 않는다. 일정 시기에 걸쳐 콜롬비아의 이반 두케, 아르헨티나의 마우리시오 마크리, 칠레의 세바스티안 피녜라와 같이 우파가 수차례 선거에서 승리를 거두기도 했지만, 이런 사실이 지역 내 보수주의 주기의 도래를 입증한다고 보기에는 사실상 충분치 않았다. 특히 이 정부들이 내부적으로 실패했고, 그 이념적 조력자들 사이에서 뿐만 아니라 외부적으로도 의욕이 별로 없었으며, 그다지 조화롭지 않은 방식으로 행동했다는 점들을 고려한다면 말이다.

이 주기가 제대로 실현되지 못하게 한 요인들을 몇 가지 들 수 있는데, 먼저 도널드 트럼프[2)]의 정책 효과로 인해 '세계화'가 시대와 동떨어지게 되는 상황이 펼쳐졌고, 사회단체들은 지난 주기에서 강화된 역량을 바탕으로 과도하게 '신자유주의적'인 조치들에 대해 거부권을 행사할 능력을 보유하게 되었으며, 좌파 세력들은 여전히 경쟁력을 유지할 수 있을 만큼의 선거에서의 자원을 지니고 있었다. 게다가 여러 국가들에서 사회운동이 전개되었는데, 이 현상은 칠레에서 가장 두드러졌다.

근본적 변화를 경험하지 않은 예외적 사례가 있다면 바로 베네수엘라의 '정권교체'를 들 수 있으며, 지역 통합이라는 측면에서는 남미국가연합(UNASUR) 해체를 위한 공동 대응을 들 수 있다. 그 외에는 주목할 것이라고는 없었고, 남미발전포럼(PROSUR)은 그저 열망을 담은 명칭만으로 남아있었다. 이 외에 일부 정부들은 다소 상승한 지지율로 버텼고(피녜라 정부와 두케 정부), 어떤 정부는 재선의 의지조차 꺾어버린 경제 위기를 겪어냈다(마크리 정부).

차베스, 모랄레스, 코레아, 룰라 다 시우바와 지우마 호세프, 키르츠네르 부부

2) José A. Sanahuja y Jorge D. Rodríguez: "Veinte años de negociaciones Unión Europea–Mercosur. Del interregionalismo a la crisis de la globalización", Documento de Trabajo No 13/2019 (segunda época), Fundación Carolina, Madrid, 2019.

정부들은 재임에 성공했을 뿐만 아니라 상당수는 국회에서도 압도적으로 과반 의석을 확보하는 승리를 쟁취했다. 한마디로 그들은 사회적으로 분명한 지배권을 행사했고, '포스트 신자유주의' 시대라는 환경을 조성했다. 하지만 이런 일이 현재는 전혀 일어나고 있지 않는 듯하다. 과거 국회 과반 확보와 같은 일은 더 이상 존재하지 않으며, 역사적 지도자들 중 일부는 그들 정부에서 더 이상 공식적인 지도력을 행사하지 않고 있다(크리스티나 페르난데스 데 키르츠네르, 에보 모랄레스). 특히 중요한 점은 진보주의 집권당 내부의 갈등이 이제는 공공연한 사실이라는 것이다. 룰라 다 시우바와 같은 역사적 지도자들의 경우에도 우리는 이 같은 현상을 목격하고 있다. 그가 10월 대선에서 승리하게 된다면, 좌파는 남아메리카에서 가장 큰 국가에 복귀하는 셈이 된다. 그럼에도 룰라는 이전 노동자당(PT)에게도 골칫거리였던, '생리학적' 정치와 후견주의가 관통하고 통제가 불가능한 브라질 국회에서 과반 의석을 확보하지 못할 것이다. 또한 생물학적 이유로 이 야금술사 같은 전직 대통령이 한 번 더 집권하기란 불가능할 것이다. 여전히 위기와 강력한 저항에 시달리는 노동자당은 만일 집권에 성공한다면 그 기회를 활용해 룰라 다 시우바를 넘어서는 권력의 대안을 찾기 위해 힘을 키워야 한다는 사실을 자각해야 하는 도전에 직면할 것이다.

마지막이지만 마찬가지로 중요한 점은 팬데믹의 여파로 시민들은 국가의 핵심 지도층을 향한 요구 수위를 높여 왔으며, 투표의 충성도는 더 취약해졌다는 것이다. 이런 점에서 지금은 지역 통합에 모험을 걸 상황이 아니다. 사실상 지난 2년 간 칠레, 페루, 또는 콜롬비아에서 베네수엘라 이주민과 관련한 외국인으로 성과를 창출하기 힘든 정상회담이나 모임을 주선하는 행위가 강력한 사회적 지지를 유발하기 어렵다. 이처럼 국가적으로 기복이 존재하는 상황에서 우루과이 대통령 루이스 라카예 포우가 국익이라는 명목으로 얼마 남지 않은 안정적인 남아메리카 기구인 남미공동시장(Mercosur) 유연화를 추진하는 의도도 설명이 가능하다. 사실 멕시코가 팬데믹 기간 라틴아메리카 카리브 국가공동체(CELAC)의 의장국 지위를 맡지 않았다면, 이 기구도 살아남았으리라 믿기 힘들다. 멕시코 정도의 규모를 갖춘 국가만이 자원 투입 역량과 정치적으로나 제도적으로 강력한 통솔력을 발휘해 지역적으로 분명한 의미를 갖는 이런 조직에 주도권을 행사할 수 있기 때문이다. 이 같은 맥락은 잠재적인 '두 번째 진보주의 주기'의 타당성과 공고화라는 측면에서는 더 불리한 조건이다. 낙담할 이유는 없다. 그렇지만 이념적인 검증을 위해서는 어느 정도의 신중함을 견지할 필요가 있다.

첫 번째 '주기'에 비해 좌파는 더 많은 정부들을 포함시킬 수 있게 될지 모른다. 그럼에도 불구하고 정부와 주도권 사이에는 간극이 확산되고 있고, 연속적인 위기로 글로벌 환경은 불확실성에 사로잡혀 있으며, 자신만의 프로젝트를 재구성하고 사회적 동원을 위해 새로운 스토리를 창출해야하는 지역 진보주의의 상상력, 담론, 지도력은 약화되고 있다.

강정원 옮김

로페스 오브라도르 멕시코 대통령의 모순

움베르토 벡 / 패트릭 아이버

멕시코 콜레히오 데 메히코 역사학과 교수 / 위스콘신 대학교 역사학과 교수

원제와 출처: Humberto Beck y Patrick Iber "AMLO y sus contradicciones", *Nueva Sociedad*, No. 285, mayo–junio de 2022 , pp. 57–69.

핵심어: 민주주의, 리더십, 개혁, 안드레스 마누엘 로페스 오브라도르, 암로(AMLO), 멕시코

2021년 12월 1일, 멕시코시티의 중앙 광장인 소칼로는 안드레스 마누엘 로페스 오브라도르[1] 대통령의 지지자들로 가득 찼다. 이런 규모의 대중 집회는 2년 만이었다. 전국에서 버스가 도착했는데, 일부는 여당 국가재건운동(Morena)이[2] 집권한 지자체에서 동원했고, 일부는 노조가 동원했다. 몇 시간에 걸친 뮤지컬

1) 멕시코에서는 안드레스 마누엘 로페스 오브라도르(Andrés Manuel López Obrador)의 머리글자만 따서 암로(AMLO)라고 부르기도 한다. 필자들이 언급하는 집회를 일러 2021년 암로페스트(AMLOFest 2021)라고 하는데, 이때 25만 명이 운집했다(역주).

2) 모레나(Morena)는 현 집권당인 국가재건운동(Movimiento Regeneración Nacional)의 약자이다(역주).

공연이 끝나자 로페스 오브라도르 대통령이 등장했다. 지지자들은 정치적으로나 도덕적으로 우러러보는 대통령이 나타나자 환호했다. 대통령은 연설에서 대표적인 정책과 미래 계획을 강조했다. "지난 3년 동안 국민의 사고방식이 획기적으로 바뀌었는데, 이것이 무엇보다 중요합니다"라고 말했다.[3)]

지지자들이 환호하고 대통령은 헌법을 존중한다고 자랑하는 동안, 소칼로에서 16킬로미터 떨어진 곳에서는 이보다 훨씬 작은 규모의 집회가 열리고 있었다. 경제연구교육센터(Centro de Investigacion y Docencia Economicas: CIDE) 학생들이 2021년 11월 정부가 임명한 총장에게 항의하려고 정문 앞에 모인 것이다. 경제연구교육센터는 사회과학 교육에 특화된 명문 공립 대학이다. 국립멕시코대학교(UNAM)의 재학생은 20만 명을 상회하지만, 경제연구교육센터 재학생은 400명에 불과하다. 이 기관은 1974년 좌파 민족주의 대통령인 루이스 에체베리아가 경제 경책을 조언할 전문가를 양성하려고 설립했다. 그러나 1990년대에 들어와 해외에서 박사 학위를 받은 교수들 덕분에 명성을 얻게 되었고, 가끔 시장경제학도 교육했다.[4)] 로페스 오브라도르 대통령은 신자유주의 시대에 경제연구교육센터이 "공공 서비스를 포기했다"고 주장했다.[5)]

경제연구교육센터 학생들은 그렇게 보지 않는다. 그리고 2021년 가을에 취임한 총장이 교수 승진과 교수직 유지에 관한 관행을 무시하자 수업 거부에 돌입했다. 대통령이 공공서비스를 정부 지지와 동일시하는 분위기에서는 정부 계획이나 정책과 어긋나는 연구를 하거나 주장을 하는 사람들의 학문적 자유가 실

3) 《Discurso del presidente Andrés Manuel López Obrador a 3 años de gobierno 2018-2021》, disponible en 〈https://lopezobrador.org.mx/2021/12/01/discurso-del-presidente-andres-manuel-lopez-obrador-a-3-anos-de-gobierno-2018-2021/〉.

4) Mauricio Tenorio Trillo: 《¿Por qué la inquina contra el cide?》 en *Reforma*, 21/11/2021.

5) Eduardo Dina: 《Los neoliberales hicieron del CIDE una versión 'hasta de segunda' del ITAM: AMLO》 en *El Universal*, 28/1/2022.

질적으로 위협을 받고 있다고 우려하는 사람들이 많다. 이러한 두려움은 학계에 대한 또 다른 공격과 관련이 있다. 2021년 초, 멕시코 정부는 국가 지원을 받은 몇몇 과학자의 연구비 횡령 사건 처리로 국제적인 비난을 샀다. 정부는 과학자들에게 유리한 법원의 결정을 무시하고 마약 밀매자에게나 적용하는 엄격한 법에 따라 처리하겠다고 위협했다.[6] 경제연구교육센터 학생들과 교수진은 로페스 오브라도르 정부가 학계를 공격 대상으로 삼고 있으며, 긴축 정책을 이용하여 적대적이라고 여기는 기관을 옥죄고 있다고 우려했다.

로페스 오브라도르 지지자 집회(AMLOFest)와 경제연구교육센터 학생 집회는 규모 면에서 큰 차이가 있는데, 이런 차이는 로페스 오브라도르 정권의 성격을 시사한다. 비록 로페스 오브라도르 대통령이 60% 안팎의 지지율을 누리고 있지만, 부정 평가도 2019년 14%에서 2022년 2월에는 39%로 증가했다.[7] 로페스 오브라도르 정부는 광범위한 국민에게 인기가 있어도 대통령의 행동은 점점 더 많은 유권자들과 멀어지고 있다. 로페스 오브라도르 대통령은 모든 사안을 자신의 이미지에 어떤 영향을 줄까라는 관점에서 판단한다. 언젠가 아침 기자회견에서 지지율이 나렌드라 모디(Narendra Modi) 인도 총리에 이어 전 세계에서 두 번째라고 자랑했는데, 이는 적절하지 않은 비교라는 점을 의식하지 못한 것이다. 누가 진정한 국민이고 누가 이기적인 엘리트인지는 대통령이 결정한다. '동지가 아니면 적'이라는 대통령의 논리로 보면, 비평가들(학자뿐만 아니라 언론인과 다양한 활동가들)은 기득권과 구(舊)정권을 옹호하는 사람들이다. 많은 대통령 지지

6) Christine Murray: 《Mexican President's War on 'Neoliberalism' Moves on to Campus》 en *Financial Times*, 4/11/2021. 필자들이 인용한 이 기사는 이렇게 쓰고 있다. "판사가 증거 부족을 이유로 [21명의 과학자들에 대한] 영장을 기각하지 않았더라면 [...] 마약왕 '엘 차포' 구스만을 포함하여 중범죄자들이 수감된 경비가 삼엄한 교도소에 수감되었을 것이다(역주)."

7) Datos disponibles en Javier Márquez: 《Aprobación presidencial》 en *Oraculus*, 5/4/2022, 〈https://oraculus.mx/aprobacion-presidencial/〉. 이 사이트에 따르면 2022년 2월 현재, 부정 평가는 39%가 아니라 37%이다. 이때 긍정 평가는 59%이다(역주).

자들 역시 이런 비판을 되풀이하고 있다. 친여 언론인 히브란 라미레스는 경제연구교육센터 농성을 "소풍"이라고 일축했다.[8)]

로페스 오브라도르는 1990년대 말 멕시코가 경쟁 민주주의(competitive democracy)로 전환한 이후 좌파로서는 처음 집권한 대통령이다. 2018년 대선에서 당선되었을 때, 많은 사람들은 로페스 오브라도르가 공약한 대로 극심한 불평등을 완화하고 부패를 척결함으로써 임기 중에 민주주의가 심화되고 확장되기를 바랐다. 일부에서는 '포퓰리스트' 자질에 대해 우려를 표명했지만, 포퓰리즘 운동이 민주주의에 유해한 것만은 아니다. 정치권에 참신한 목소리가 등장할 수 있는 기회이고, 또 소외된 그룹이 제도권으로 들어와서 권한을 행사하고 특권 네트워크를 해체할 수 있다. 그러나 포퓰리즘 운동은 카리스마 있는 지도자들에게 상징적인 힘을 불어넣고, 독립적인 기관과 사회 운동을 공격하며, 충성에 기반한 새로운 특권 네트워크를 구축할 수도 있다. 로페스 오브라도르가 집권한 이후 몇 년 동안 멕시코에서는 이처럼 상반된 포퓰리즘 경향이 공존했다. 하지만 지난 1년 동안 로페스 오브라도르 대통령은 심각하다 싶을 정도로 민주적 리더십의 한계를 넘어선 경우가 많았다. 그리고 개인적인 권위만이 자신의 정치적 계획을 추진할 수 있는 최선의 방법이라고 여기고 있다.

조금 나아진 노동자들

2021년 6월에 실시된 중간 선거(로페스 오브라도르 정부에 대한 신임 투표로 간주하는 사람이 많았다)는 여권 연합(집권 여당 국가재건운동은 두 개의 작은 정당과 제휴했다)이 주지사직에 도전할 수 있는 첫 기회였다. 여권 연합은 15개

8) 《Gibrán Ramírez se burla de protesta en el CIDE: 'Es un picnic de juventudes neoporfiristas'》 en *Reporte Índigo*, 2/12/2021.

주 가운데 11개 주에서 승리했다. 반면에 하원에서는 밀렸다. 로페스 오브라도르 집권 이전의 주요 정당, 즉 장기 집권하던 제도혁명당(PRI), 우파인 국민행동당(PAN), 중도 좌파인 민주혁명당(PRD) 계열이 야권을 형성했다. 야권의 선전으로 국가재건운동은 다른 정당의 협조 없이 헌법을 개정할 수 있는 절대 다수 의석을 확보하는 데는 실패했다.[9] 그럼에도 불구하고, 국가재건운동은 2024년에 치를 차기 대선에서 절대적 우위를 점하고 있으며, 마르셀로 에브라르드 외교부 장관이나 클라우디아 세인바움 멕시코시티 시장이 차기 대선 후보로 선출될 가능성이 있다.(멕시코 헌법은 대통령 임기를 단임제로 제한하고 있으며, 로페스 오브라도르 대통령은 이를 존중하겠다고 약속했다.)

멕시코시티의 지방 선거 결과를 보면 대통령 지지층에 일부 변화가 있었음을 엿볼 수 있다. 2018년 대선 승리는 계층을 초월한 지지의 결과였다. 그러나 2021년 여당은 멕시코시티 선거구 중 절반 이상에서 패배했는데, 이는 명목상 좌파 정당으로는 2000년 이후 처음 있는 일이었다. 인구가 8백만 명이 넘는 멕시코시티는 오랫동안 좌파 정당의 거점이었다. 로페스 오브라도르와 에브라르드는 모두 멕시코시티 시장을 역임했다. 하지만 2012년 5월 중간 선거 운동 기간에 발생한 멕시코시티 지하철 붕괴 사고로[10] 에브라드와 세인바움은 정치적 타격을 받았다. 부실 공사를 하고 유지 보수를 등한시했다는 것은 승객의 안전보다 정치적 편의를 앞세운 결과임을 시사하기 때문이다. 부자 동네가 있는 멕시코시티 서부에서 여당이 패배했다는 것은, 로페스 오브라도르 대통령이 '잘난쟁이'(fifí)

9) 멕시코 헌법 개정은 하원 재적 의원 3분의 2 이상이 찬성이 있어야 한다. 2021년 총선에서 여권 연합은 하원 의석 500석 가운데 278석을 얻었고, 야권 연합은 199석을 얻었다(역주).

10) 2021년 5월 3일 22시 22분(현지 시간 기준)에 멕시코시티 지하철 12호선의 고가 구간이 붕괴하여 열차에 타고 있던 승객을 포함하여 총 27명 사망하고, 79명이 부상을 입었다. 12호선은 2012년에 개통했는데, 이때 멕시코시티 시장은 마르셀로 에브라르드였고, 사고가 발생한 2021년 시장은 클라우디아 세인바움이었다(역주).

라고 조롱하는 부유층의 예상 가능한 적대감이 드러난 것일 뿐만 아니라 고등교육을 받은 전문가들의 지지도도 하락했다는 뜻이다. 반면, 가난한 사람들이 사는 멕시코시티 동부에서의 강세는 지지 기반의 충성도를 보여준다.

멕시코시티 동부 지역이 이런 충성도를 보인 이유 가운데 일부는 로페스 오브라도르 정부가 추진하는 신(新)사회 프로그램이 비록 제한적이지만 실제 성과를 거두었기 때문이다. 멕시코는 2019년 평균 노동 소득이 2005년보다 실질적으로 낮은 국가인데, 로페스 오브라도르 정부는 최저 임금을 의미 있는 수준으로 인상했다. 여당은 2022년도 22% 인상안을 포함하여 일련의 인상안을 의회에서 통과시킴으로써 실질 임금의 65%를 인상했다.[11] 여러 집단 중에서 학생층과 노령층에 대한 현금 이전을 통해 불평등과 빈곤을 타개하겠다는 로페스 오브라도르 정부의 대표적인 정책도 선거에서 지지를 얻는 데 도움이 됐다. 2018년과 2020년 사이에 멕시코의 빈곤 인구는 7% 증가했는데,[12] 이는 팬데믹의 영향으로, 예상보다 다소 낮은 수치다. 동 기간에 사회 프로그램의 수혜자는 56% 증가했다. 이런 차이가 나타난 원인 가운데 하나는 현금 이전이다.[13]

여당이 추진한 노동 개혁은 긍정적인 효과를 내기 시작했다. 북미자유무역협정(NAFTA, 현 USMCA)의 요구에 따라, 여당은 새 규정을 마련했다. 이로써 노동자들은 불만을 제기할 수 있게 되었고, 허위 계약을 파기할 수 있으며, 더 유리한 조건에서 독립 노조를 설립할 수 있게 되었다.[14] 이는 의미 있는 개혁이고,

11) Jon Martín Cullell: 《El salario mínimo en México subirá un 22% en 2022》 en *El País*, 2/12/2021.

12) Datos disponibles en Consejo Nacional de Evaluación de las Políticas de Desarrollo Social (Coneval): 《Medición de la pobreza. Pobreza en México . Resultados de pobreza en México 2020 a nivel nacional y por entidades federativas》, 〈www.coneval.org.mx/medicion/mp/paginas/pobreza_2020.aspx〉.

13) Rodolfo de la Torre: 《Avanza la pobreza y retrocede la política social》 en *El Gatopardo*, 10/8/2021.

14) Joyce Sadka: 《Hearing on "Mexico's Labor Reform: Opportunities and Challenges for an Improved NAFTA》, 2019, disponible en 〈https://waysandmeans.house.gov/sites/democrats.waysandmeans.house.gov/files/documents/Sadka%20Testimony.pdf〉.

민주적인 개혁이다. 20세기에 줄곧 정권을 장악한 제도혁명당의 반(半)권위주의 정권에서 강력한 노조는 정치적 충성의 대가로 주요 부문에서 특권적 지위를 누렸다. 노조는 정권의 중요한 기둥이었다. 노조 지도자들은 부를 축적했지만, 혜택을 받은 노동자는 소수에 불과했다. 이제 한층 민주적인 노조 대표성은 새로운 노동 문화를 창출할 수 있는 잠재력을 지니게 되었다.

예를 들어, 2022년 2월, 쉐보레(Chevrolet)와 GMC 픽업트럭을 조립하는 실라오(Silao) 시의 제너럴 모터스(GM) 공장의 노동자들은 압도적 찬성표로 독립 노조에 가입함으로써 제도혁명당 시절부터 공룡으로 군림한 노조와[15] 결별했다. 예전 협약에서 임금은 일당 23달러가 정점이었고, 노동자들의 얘기에 따르면, 화장실에 가는 것조차 막는 등 일상적인 학대가 있었다. 독립 노조 설립자들은 협박과 위협을 극복하고 승리했다. 이러한 성공은, 개정된 노동법에서는 노동자들이 힘을 가질 수 있는 가능성(특히 민간 부문에서)을 상징적으로 보여준다. 개정된 노동법이 장려하는 노동 세력화가 확립된다면 멕시코에서 지속적으로 부가 재분배될 수 있다는 확실한 희망이 될 것이다.

다른 분야에서는 행정부의 권력 집중화와 투명성 부족이 개혁의 잠재력을 약화시키고 있다. 사회 정책에서는 수혜자 등록부터 현금 이전의 사회적 효과에 이르기까지 모든 것이 모호하다. 정부의 말과는 정반대로, 사회적 지출은 사실 전임 대통령 시절보다 더 적으며, 그보다 진보적이지도 않다.[16] 주요 공공 부문 노조의 발전 역시 고무적이지 않다. 국영석유회사 페멕스(Pemex)의 노동조합은 수십 년 동안 부패로 악명이 높았다. 노조 지도부는 마이애미와 칸쿤에 있는 콘도에서 보란 듯이 즐겼다. 2019년에는 장기 집권하던 노조위원장을 압박하여

15) 여기서 공룡이란 멕시코노조연맹(CTM) 소속 노조를 가리킨다(역주).

16) Máximo Ernesto Jaramillo–Molina: 《Los mitos de la política social de la 4T》 en *Nexos*, 29/6/2021.

사임하게 했지만, 검찰청(공식적으로는 독립 기관이지만 대통령과 한편으로 인식한다)은 명확하고 구체적인 피의 사실에도 불구하고 수사를 중단하거나 질질 끌었다. 많은 사람은 페멕스 노조가 전략적으로 중요하기 때문에 우호 세력으로 남겨두고자 로페스 오브라도르 대통령이 노조 지도부의 비민주적 관행을 용인한 것이 아닌지 의심한다. 실라오의 GM 공장 노동자들과 거의 동시에 투표한 페멕스 노동자들은 정반대의 결과를 낳았다. 페멕스 노동자들은 사임한 위원장의 측근을 선출했다. 독립 노조 후보자들은 노조위원장 선거에서 협박 전술과 후견주의(clientelismo)를 동원했다고 폭로했다.[17)]

에너지 개혁

페멕스는 가난한 남동부 지역 개발하려는 로페스 오브라도르 대통령 계획의 핵심이자 '에너지 주권'이라는 목표의 핵심이다 이 목표를 달성하기 위해, 로페스 오브라도르 정부는 부채가 많은 페멕스에 자본을 투입하고, 신용을 확대하고, 예산을 대폭 증액했다.[18)] 이와 더불어 연방 정부는 오래된 정유공장을 복구하고, 새로운 정유공장을 건설하기 시작했으며, 텍사스에 있는 정유공장을 매입하기도 했다.[19)]

에너지 주권의 목표는 민간 기업의 역할을 최소화하고 국영전력회사인 연방전력공사(Comisión Federal de Electricidad: CFE)를 강화하는 것으로, 전력 시장

17) Carlos Montesinos: 《STPRM: de vuelta al mismo lugar de Romero Deschamps》 en *Reporte Índigo*, 2/2/2022.

18) 《Pemex y CFE, las mayores apuestas del gobierno pierden 319,734.5 mdp en 2021》 en *El Ceo*, 4/3/2022.

19) Francesco Manetto: 《López Obrador persigue su sueño petrolero con un plan de soberanía energética para México》 en *El País*, 29/12/2021.

을 근본적으로 변화시킬 헌법 개혁안을 로페스 오브라도르 대통령이 제안한 배경이기도 한다. 정부의 견해로, 기존 에너지법(2013년 헌법 개정의 결과)이 "규제 혼란"을[20] 야기하고, 민간 기업에 보조금을 지원하느라 수십억 달러의 보조금을 낭비하고 있다.[21] 로시오 날레 에너지 장관은 에너지 시장을 민간 기업이 통제함으로써 소비자들은 시장의 변동에 무방비 상태가 되었다고 주장했다.[22] 에너지 개혁안은 국가가 다시 전기를 관리하고, 모든 소비자에게 안정적인 공급을 보장하며, 국가 안보 위험을 줄이려는 것이다.[23]

현재 의회에 계류 중인 에너지 개혁안이 통과되면 송전망 접속에서 연방전력공사 산하 발전소가 민영 발전소보다 우선권을 갖게 될 것이다. 이로써 대부분 민간 기업이 소유한 재생에너지 발전소가 타격을 받을 것이다.[24] 게다가, 이 개혁안에 따르면, 연방전력공사는 적어도 멕시코 전체 발전량의 54%(현재는 38%)를 책임져야 한다. 기존 발전소는 이런 필요를 충족시키기에 충분하지 않으므로, 화석 연료에 더 많이 의지할 개연성이 농후하다. 국제 환경 단체인 기후행동추적(Climate Action Tracker)은 온실 가스 배출량 감축을 위한 멕시코의 정책과 조치를 "매우 불충분"한 것으로 평가하고 있다. 로페스 오브라도르 대통령의 비재생 에너지 도박은 상황을 더 악화시킬 뿐이다.[25]

20) Rodrigo Benedith: 《La reforma eléctrica de amlo busca arreglar la reforma fallida de EPN》 en *The Washington Post*, 5/10/2021.

21) Oriol Malló: 《Industria eléctrica y soberanía energética: lo que está en juego》 en *Jornada*, 12/4/2021.

22) Javier Lafuente y Sonia Corona: 《Rocío Nahle: 'No nos va a venir nadie de fuera a decir si la reforma energética está bien o mal'》 en *El País*, 17/10/2021.

23) 《CFE: falacias y realidades》 en *Jornada*, 1/2/2021.

24) Isabella Cota y J.M. Cullell: 《La iniciativa energética de López Obrador margina a las renovables en favor de la CFE》 en *El País*, 2/2/2021.

25) Información disponible en 〈https://climateactiontracker.org/countries/mexico/targets/〉.

또 에너지 개혁안은 에너지 생산을 조정하는 기관을 폐지하고(정부는 대통령 권한을 제한하는 것으로 인식하고 있다), 매장량이 상당한 리튬 개발을 국가가 독점할 것이다.[26] 이러한 변화 추구는 권력이 갈수록 연방 정부로 집중되고 있다는 것을 보여줄 뿐만 아니라 대통령이 직접 통제하지 않는 공공 기관, 기업 및 정치 행위자에 대한 로페스 오브라도르 대통령의 불신이 드러난 대표적인 사례다. 2022년 4월 18일 멕시코 하원에서 에너지 개혁안이 부결된 후, 로페스 오브라도르 대통령은 반대표를 던진 야당 의원을 "매국노"라고 불렀다.

자주론

국제 관계 학자 나탈리아 살탈라막치아는 에너지 정책에 대한 로페스 오브라도르 대통령의 접근 방식을 자주론(autonomism)이라고 기술했다. 이는 약소국이 외국의 이익이 아니라 자국의 목표를 추구하려면 자주권 확장에 집중해야 된다는 신념이다. 동일한 사고가 로페스 오브라도르 정부의 외교 정책에도 적용된다. 로페스 오브라도르 대통령은 19세기 자유파 정치인 베니토 후아레스의 말을 자주 인용한다. 후아레스는 "타인의 권리를 존중하는 것이 평화다"라고 말했다. 이 말이 의미하는 바는 사실상 다른 나라의 내부 사정에 대한 무관심이다. 무관심은 이념적이지 않다. 로페스 오브라도르 대통령은 트럼프가 쿠바 지도자들과 좋은 관계를 추구하는 것처럼 트럼프와 좋은 관계를 추구했다. 결과적으로 현재 멕시코의 외교 정책은, 예전에 라틴아메리카 지역 분쟁을 중재하려던 제도혁명당 정부와 유사한 스탠스를 취하고 있다.

26) J.M. Cullell: 《Reforma eléctrica: López Obrador concentra el poder en la Comisión Federal de Electricidad》 en *El País*, 1/10/2021.

지난 1년 동안 멕시코는 유엔 안전보장이사회 순환 의장국을 맡았고, 라틴아메리카 국가 공동체(CELAC) 정상회의를 개최했다. 라틴아메리카 국가 공동체는 일부 국가, 특히 베네수엘라, 니카라과, 쿠바와 같은 비민주적인 국가가 일종의 '미국 없는 미주 기구(OAS)'가 되기를 희망하는 기구이다. 로페스 오브라도르 대통령은 2021년 9월 라틴아메리카 국가 공동체 정상회담 연설에서 "봉쇄와 열악한 대우 정책"을 끝내고, "우리의 주권을 침해하는 일 없이 아메리카의 이익을 위해 함께하자"라고 촉구했다. 또 "현 유럽 연합의 기원이 된 경제 공동체"와 유사한 기구를 설립하자고 호소했다. 그러나 유럽 연합은 가입 조건으로 법률 구조와 경제 정책에 상당한 제한을 가한다. 전 주미 대사인 마르타 바르세나 코키가[27] 지적했듯이, 유럽 연합은 "국가 주권을 초국가 기구에 양도한 둘도 없는 예다."[28]

미국의 제재는 사실 쿠바와 베네수엘라 국민의 고통을 야기했다. 그리고 쿠바와 베네수엘라 정부를 약화시키는 커녕 강화한 것이 틀림없다. 이론적으로는 멕시코와 같은 국가가, 베네수엘라의 정부와 야당 간 협상과 같은 민감한 협상을 주최하는 것이 유익하다. 그러나 로페스 오브라도르 대통령은 민주주의를 지키려는 노력을 종종 내정 간섭으로 해석한다.[29] 예를 들어, 2021년 11월 부정 선거를 치른 대(對)니카라과 제재에 우려를 표명했고, 우크라이나 침공 이후 러시아 관영 매체를 차단하려는 노력에 동의하지 않았다. "우리는 모든 나라와 좋은 관계를 유지하고 있다"고 천명했다.

27) 마르타 바르세나 코키는 2018년 12월부터 2021년 2월까지 로페스 오브라도르 정부의 주미 대사를 역임했다(역주).

28) M. Bárcena Coqui: 《¿Es posible la unión latinoamericana?》 en *El Heraldo*, 3/8/2021.

29) 《Mexico Declines to Impose Economic Sanctions on Russia》 en *Reuters*, 2/3/2022.

멕시코 외교부의 최근 대응은 로페스 오브라도르 대통령을 비판하는 사람들까지도 칭찬했다.[30] 2021년 8월 멕시코 외교부는 멕시코 내 폭력과 불안정의 한 원인을 제공한 미국 총기 제조업체들을 상대로 소송을 제기할 것이라고 발표했다. 2014년부터 2018년까지 멕시코에서 사용된 총기를 추적한 결과 70%가 미국에서 들여온 것이었다. 매사추세츠주 연방지방법원이 받아들인 이 소송은 멕시코라는 시장과 범죄 단체의 구미에 맞춰 무기를 제조한 미국 총기 업체들을 겨냥하고 있다. 총기 구매자들과 밀수업자들은 매우 느슨한 미국 총기법을 이용하여 무기를 구입한 다음 멕시코로 운반한다. 소장에 따르면, "피고인들이 멕시코인을 독살할 목적으로 유독성 폐기물이나 다른 오염물질을 국경 넘어로 버릴 수 없는 것과 마찬가지로, 반복적이고 심각한 피해를 야기하는 전쟁 무기를 마약 카르텔의 손에 넘기고 나서 책임 면제를 주장할 수 없다."[31] 법률 전문가들은 이 소송이 성공할 것으로 기대하지 않지만, 멕시코의 무장 폭력에 대한 공동 책임이라는 인식을 제고할 수 있으며, 아마도 상업적, 정치적 압력으로 작용할 수 있을 것으로 보고 있다.

이른바 "보수 세력"에 대한 반대

로페스 오브라도르 대통령은 국가를 국민보다는 정부와 동일시하는 경향이 있는데, 여기서 우리는 멕시코에 대한 로페스 오브라도르 대통령의 생각을 엿볼 수 있다. 때때로, 로페스 오브라도르 대통령은 리더십이 민주주의의 제도나

30) Natalie Kitroeff y Oscar Lopez: 《Mexico Sues Gun Companies in us, Accusing Them of Fueling Violence》 en *The New York Times*, 4/8/2021.

31) Zach Murdock: 《Mexico Sues us Gun Manufacturers, Including Colt's Manufacturing in Connecticut, over Weapons Trafficking that Arms Dangerous Drug Cartels》 en *Hartford Courant*, 24/8/2021

원칙보다 상위에 있는 것처럼 얘기한다. 이것은 로페스 오브라도르 대통령이나 멕시코가 권위주의라는 의미는 아니다. 당내에는 로페스 오브라도르 대통령이 통제할 수 없는 분파가 있고, 로페스 오브라도르 대통령의 법안 중 일부는 의회에 묶여있다. 그리고 로페스 오브라도르 정부에 대한 갖가지 실망에도 불구하고 로페스 오브라도르 대통령의 인기는 여전히 엄청나다. 그럼에도 불구하고, 로페스 오브라도르 대통령의 리더십 스타일은 일정 부분 구태의연하고 비민주적인 전통, 특히 국가 원수만인 국가적인 문제를 해결할 수 있는 유일한 사람이라는 믿음과 연관이 있다.

2022년 3월의 여론 조사에 따르면, 로페스 오브라도르 대통령의 지지율이 54%로 떨어졌는데, 이는 어떤 기준에서 보더라도 높은 수준이다. 그러나 로페스 오브라도르 대통령과 정부가 이전 통치자들과 "같지 않다"는 주장은 최근 스캔들 때문에 손상되었다.[32] 지난 2022년 1월, 한 언론은 로페스 오브라도르 대통령의 자식 중 한 명이 미국 휴스턴의 큰 집으로 이사하면서 중산층 생활 방식에서 벗어나 사치스러운 생활 방식으로 바뀌었다고 보도했다.[33] 이 아들은 현재 로페스 오브라도르 대통령의 대규모 인프라 사업 중 하나인 트렌 마야(Tren Maya)[34] 건설을 감독하는 사업가의 자녀가 소유한 회사에서 일하고 있는 것으로 드러났다. 이에 대응하여 로페스 오브라도르 대통령은 기자의 개인 정보를 공개하고, 수입과 재산 및 사업 파트너와 가족에 대해 상세하게 조사하라고 관계 기관에

32) Alejandro Moreno: 《Casa Gris le 'cuesta' a amlo: Aprobación baja a 54% en febrero》 en *El Financiero*, 1/3/2022.

33) Carlos Loret de Mola: 《Los lujos que sataniza AMLO, su hijo mayor los goza》 en *El Universal*, 28/1/2022.

34) '트렌 마야'은 유카탄 반도의 주요 도시(팔렝케, 캉쿤 등)를 잇는 철도 건설 사업명이다. 총 연장 1,554km에 달한다(역주).

요청했다.[35] 이같은 언론에 대한 적대감은 로페스 오브라도르 대통령 취임 이후 꾸준히 증폭되고 있으며, 멕시코는 이미 언론인들에게 가장 위험한 나라가 되었다.

집권 후 3년 동안 로페스 오브라도르 대통령의 정치 담론은 미묘하게 바뀌었다. '권력 마피아'를[36] 겨냥한 반(反)과두적 논의는 점차 줄어들고, 그 대신에 보수 세력을 언급하기 시작했다. 로페스 오브라도르 대통령이 언급하는 보수 세력이란 기업인, 언론인, 지식인, 페미니스트, 인권 운동가, 심지어 '중산층'까지 포함하는 막연한 집단이다. 이들의 유일한 공통점은 로페스 오브라도르 대통령이 '정부의 적'으로 인식한다는 것뿐이다. 로페스 오브라도르 대통령은 '민중'(pueblo)이라는 포괄적인 개념으로 유명하지만, 집권 이후 이 민중의 범주는 점점 줄어들고 있다.

이런 경향의 극단적인 예는 로페스 오브라도르 대통령과 멕시코 중앙선거관리위원회(INE)의 갈등이다. 조작 선거는 20세기 내내 멕시코 정치의 일부였지만, 1990년대에 들어와서 개혁 조치의 일환으로 멕시코 민주화에서 중요한 역할을 담당한 중앙선거관리위원회가 설치되었다. 그런데 로페스 오브라도르 대통령은 이 기관을 걸림돌 취급하다가 이제는 멕시코 민주주의의 적이라고 부른다. 이런 로페스 오브라도르 대통령의 적대감에 대해 멕시코 중앙선거관리위원회의 고위 관료들은 민주주의의 적은 포퓰리즘(로페스 오브라도르 대통령과 집권 여당을 이르는 완곡한 표현)이라는 말로 응수했다.

로페스 오브라도르 대통령과 멕시코 중앙선거관리위원회의 불화는 2006년

35) 로페스 오브라도르 대통령이 요청한 관계 기관은 멕시코 개인정보보호 감독기구(INAI: Información y Protección de Datos Personales)이다(역주). (https://politica.expansion.mx/presidencia/2022/02/15/amlo-pide-al-inai-investigar-riqueza-de-loret-de-mola-y-familiares)

36) 독점 재벌과 부패 정치인의 동맹을 이르는 로페스 오브라도르 대통령의 용어.

으로 거슬러 올라가는데, 그때 대통령 선거에 처음 출마한 로페스 오브라도르는 1% 미만의 차이로 패배했다. 그후 로페스 오브라도르는 중앙선거관리위원회(당시에는 IFE라고 불렀다)가 부정 선거를 획책했다고 확신하는데, 증거는 불충분하다. 이런 논리라면, 멕시코 중앙선거관리위원회는 로페스 오브라도르 대통령을 포함하여 여당이 승리한 2018년 이후의 여러 선거를 조작한 책임도 있다고 해야 할 것이다.

멕시코 중앙선거관리위원회는 상당 부분 로페스 오브라도르 대통령의 권한 범위 밖에 있다.(1996년 이래 헌법상 독립기관이다.) 하지만 로페스 오브라도르 정부의 긴축 정책으로 멕시코 중앙선거관리위원회 예산이 대폭 삭감되었다. 이 문제는 2021년 4월에 실시된 초유의 대통령 신임 투표(revocación de mandato)를 앞두고 정점에 달했다. 대통령 신임 투표는 2019년 집권 여당이 도입한 것으로, 국민이 로페스 오브라도르 대통령을 '불신'하는지 판단하려는 직접 민주주의 수단이다. 로페스 오브라도르 대통령의 인기를 고려할 때, 투표 결과는 의심할 여지가 없다.[37] 하지만 이번 투표로 로페스 오브라도르 대통령은 2021년 6월 지방선거와 2024년 대선을 앞두고 자신과 당의 이미지를 높일 수 있는 절호의 기회를 얻게 되었다.

예산이 빠듯한 멕시코 중앙선거관리위원회로서는 재신임 투표도 상당한 부담이다. 2020년 12월, 멕시코 중앙선거관리위원회 총회는 재무부가 소요 자금을 지급할 때까지 재신임 투표 준비를 일시 중단하기로 의결했다. 이에 대해 집권 여당의 중진들은 검찰 총장에게 선관위 위원들을 구속하고, 향후 선거는 연방정부가 준비하라고 요구했다.[38]

37) 반대파가 대부분 기권함으로써 투표자의 91%가 AMLO의 "계속 집권"에 찬성했다.

38) M. Albert Hernández: 《Mario Delgado considera que hay que 'exterminar' al INE tras cancelación de candidaturas de Morena》 en *El Financiero*, 29/3/2021.

멕시코 중앙선거관리위원회를 둘러싼 주요 쟁점 중 하나는 위원과 직원의 급여와 혜택이다. 삭감된 예산으로 재신임 투표까지 실시하라는 것은 급여를 삭감하라는 간접적인 압력이지만, 멕시코 중앙선거관리위원회는 양보하지 않았다. 재무부가 추가 재원 지원을 거절하자 멕시코 중앙선거관리위원회는 재신임 투표에 필요한 투표소의 3분의 1만으로 투표를 치르기로 결정했다. 로페스 오브라도르 대통령은 "그 사람들은 즐겁게 일하지 않는다. 민주주의를 좋아하지 않아서 그런다"라면서 "이 모두는 지금과 같은 수준의 월급을 받으려는 것이다. 앞으로도 떵떵거리며 살고 싶은 것이다."라고 말했다.[39] 그러나 멕시코 중앙선거관리위원회의 결점이 무엇이든 간에 연방 정부가 선거를 관리하다면, 다가오는 투표의 공정성을 정말 의심스럽게 만들 것이다.

줄타기

로페스 오브라도르 대통령은 임기 초반에 민주적 포용력 확대와 리더십 강화(민주적 제도를 희생한 대가)라는 포퓰리즘의 상반된 경향 사이에서 균형을 잡으며 줄타기를 했는데, 이제는 흔들리기 시작했다. 로페스 오브라도르 정부의 긍정적인 요소들(사회 프로그램, 새로운 노동법, 총기 제조업자들에 대한 소송)은, 다른 정부가 했더라도 그보다 못하지는 않았겠지만, 그래도 칭찬할 만하다. 다른 요소들은 문제없다고 할 수는 없으나 민주적인 의견 차이의 범주 내에 있다. 그러나 투명성과 철저한 조사에 대한 로페스 오브라도르 대통령의 저항과 대통령의 통제를 선호하는 것은 우려할 만한 일이다.

39) 《López Obrador afirma que el ine realiza la consulta de revocación 'a regañadientes'》 en *El Sur*, 23/2/2022.

로페스 오브라도르 대통령은 재신임 투표가 진정한 참여 민주주의의 상징이라고 말했다. "진정한 민주주의에서는 민중이 다스립니다." 이어 로페스 오브라도르 대통령은 누가 민중이고 누가 아닌지 밝혔다. 민주주의는 "민중의 권력입니다. 지식인의 권력이 아닙니다. 정치인의 권력도 아니고, 언론인의 권력도 아니고, 전문가의 권력도 아니고, 재벌의 권력도 아닙니다. 모두의 권력입니다."[40)]

박병규 옮김

40) 《AMLO insistió que el INE sí tiene presupuesto para la Revocación de Mandato: 'El pleito no es conmigo'》 en *Infobae*, 17/1/2022.

콜롬비아 좌파 승리에서 세 개의 순간들

이반 올라노 두케

미겔 데 우나무노상 수상 작가

원제와 출처: Iván Olano Duque, "Tres momentos en el triunfo de la izquierda colombiana", *Nueva Sociedad*, No. 300, julio–agosto de 2022, pp. 4–13.

핵심어: 민주주의, 좌파, 프란시아 마르케스, 구스타보 페트로, 콜롬비아

구스타보 페트로 정부는 콜롬비아 역사상 최초의 민중 정부이자 좌파 정부다. 이에 대해 그 누구도 반박하지 않는다. 200년의 콜롬비아 공화국 역사에서 일부 개혁적 시도들이 있었다. 예를 들어 알폰소 로페스 푸마레호의 1934년 1기 정부, 또는 한 세대에 걸친 평화프로세스와 노력의 결과물인 1991년 헌법처럼 말이다. 하지만 권력은 항상 소수의 가문과 부유층 그리고 그 친인척들로 구성된 과두지배층의 손아귀에 있었다. 간헐적인 민중의 반란이 제도 내 이러한 틀을 깨지는 못했다. 현재까지는 말이다.

구스타보 페트로와 프란시아 마르케스의 승리는 이러한 역사적 관성과의

명징하고도 극단적인 단절이다. 하지만 요행수나 선거에서의 성공적 결과로만 볼 수는 없다. 이보다는 투쟁이 누적된 결과이자 상서로운 일들이 중첩됨에 따라 달성한 성과다. 더 나아가 일종의 정치적 굴곡이라고 이해할 수도 있는데, 이 굴곡은 지난 반세기 콜롬비아의 거대한 폭력의 순간(마약-무장단체의 증가와 2002년 알베로 우리베의 집권)의 일부였다가, 후안 마누엘 산토스와 콜롬비아 무장혁명군(FARC)의 평화협정 과정에서 수많은 대중 조직들의 재개를 거쳐, 마침내 2018년부터 2021년에 걸친 보다 거대한 사회운동과 충돌로 귀착되었다. 구(舊)체제는 돌아올 수 없는 지점에 이르렀다. 여기에는 구스타보 페트로 대통령와 프란시아 마르케스 부통령의 공이 적지 않은데, 그들은 말 한 마디마다 기존과 차별화되는 담론의 준거를 제시했고, 이를 통해 페미니즘, 반인종차별주의, 연금, 보건체계, 수자원관리, 환경, 채굴주의 한계, 재정정의, 토지소유권, 식량주권 등의 변화에 대한 요구들을 명쾌하게 전달해왔다. 그들이 의제와 토론 용어를 정하면, 다른 후보들과 시스템 자체가 여기에 복속했다.

폭력과 불확실성이 관통하는 나라에서 프란시아 마르케스는 "풍미 있게 산다."는 것에 대해 말했고, 이는 존엄하고, 자유롭고, 두려움 없는 삶에 대한 포괄적 개념이다. 굶주림과 극심한 불평등에 시달리는 나라에서 페트로는 화해와 대화에 대해, 진정한 민주주의 구축을 향한 전환의 필요성에 대해 끊임없이 말하고 있으며, 1948년 암살당했던 자유당 민중 지도자 호르헤 엘리에세르 가이탄이 말했듯 평화는 다름 아닌 사회정의를 의미한다는 점을 줄곧 상기시켜 왔다.

하지만 낡은 과두체제의 위기에도 불구하고 토론의 언어들을 규정하고, 화해에 호소하는 행위만으로 대통령직에 선출되기에는 충분하지 않다. 승리의 기저에는 일련의 문화적 긴장, 서사적 논쟁, 집단적 기억의 작동이 모두 자리하고 있다. 이 모두를 직관하고 묘사하기란 불가능하다. 따라서 일화처럼 보일지라도 권력 관계에 뿌리내리고 있고, 파급력을 가지며, 그 역동성을 보여주는 특정 상황들을 선별하여 세밀하게 살펴보는 것도 의미가 있을 것이다.

이런 점에서 페트로와 마르케스의 도발적인 연설을 넘어서 일반적 의미에서 사회변화라 규정할 만한 현상을 압축적으로 보여주는 세 개의 순간들을 살펴보도록 하겠다.

거리를 쓸고 있는 한 청소부

1차 투표를 한 주 앞두고 메데진의 한 중상류층 주거지에서 있었던 일이다. 한 남자가 후면유리에 페데리코 구티에레스(우리베주의자들의 지지를 받던 우파 유력 대선 후보)의 홍보물을 부착한 고급 승용차를 몰고 가던 중 길거리에서 공공청소업체 소속의 한 여성 청소부를 보게 되었다. 그녀가 끌고 다니던 쓰레기 이동수거함에는 구스타보 페트로와 프란시아 마르케스의 작은 홍보물이 부착되어 있었다. 남자는 차를 세우고, 그저 거리를 쓸고 있을 뿐이었던 여자의 앞을 막아섰다. 그리고는 마치 자신의 행위가 정당함을 전적으로 확신하는 듯한 태도로 핸드폰을 꺼내들고 동영상을 찍기 시작했다. 그리고 공격적인 말투와 위압적인 자세로 그녀를 힐난하기 시작했다. "누가 당신에게 이 홍보물을 붙이고 다니라고 했어요?" 형광밴드로 장식된 주황색 작업복을 입은 여자는 거리를 계속 쓸며 답했다. "아무도요, 선생님." "당신 뜻으로 이런 겁니까?" 남자가 멸시하듯 물었다. 여자는 바닥에 떨어진 마른 나뭇잎을 쓸며 여러 차례 머리를 끄덕였다. "이봐요, 이거 아주 불법적인 거에요." 남자는 이렇게 말하며 이른바 범죄라고 주장하는 현장의 증거를 선명히 찍기 위해 다가갔고, 배경에는 빗자루 소리가 계속 들렸다. 이 여성은 바리아스사(社)의 이동수거함에 이 홍보물을 붙이고 다녔다.

이 장면은 너무나 대조적이어서 마치 패러디를 연상시켰다. 큰 차를 타는 우파 남자는 대놓고 자신의 정치 성향을 드러낼 모든 권리가 있다고 느끼는 반면, 그녀 또는 '여자애'(니냐 niña, 가부장제와 엘리트주의가 접목된 콜롬비아에서 일상적으로 사용하는 용어)는 노동계급 여성으로서 자신에게 부과된 비가시성과 침묵이라는 자연스러운 위치를 넘어서는 행동을 하고 있었다. 큰 집들과 가로수길이 들어선 자신의 거주지에서 그는 분노와 공격성에 사로잡혔고, 이 여자의 뻔뻔함을 모두에게 보여주기 위해 현장을 녹화했다. 그녀는 매일 그랬던 것처럼 거리를 쓸고 있었고, 위협에도 품위 있게 대응했으며, 자신의 작업 용품에 구겨진 이 두 장의 홍보물을 스스로의 확신에 근거해 테이프로 직접 붙였다고 답했다.

이 동영상은 소셜 미디어에 급속도로 퍼졌다. 이 장면은 식민시대 카스트제도에 여전히 짓눌려있는 국가의 자화상이었고, 특정 집단들에게는 민중의 목소리가 분출되는 것만큼이나 절망적인 일이 없다는 사실을 보여주었다. 선거를 한 주 앞두고 수천 명의 사람들이 그 장면을 정치적 상황의 상징으로 간주했고, 그 여성은 사회 대다수의 존엄을 대표하는 인물로 여겨졌다. 구스타보 페트로도 동영상에 답변을 달았는데, 그는 자신의 감정을 숨기지 않은 채 "이 여성이 바로 내가 내 생명까지 바칠 민중이다."라고 말했다.

하지만 이야기가 여기에서 끝나는 건 아니다. 그 다음 날은 1차 투표가 있기 전 마지막 대규모 선거 운동이 예정되어 있었다. 보고타의 볼리바르 광장은 인파로 가득 차 있었고, 도처에서 변화가 임박했음을 감지할 수 있는 분위기였다. 연설 도중 페트로는 여성노동자를 조롱하던 부자 남자에 대한 동영상을 언급했다. 그는 그녀를 알지 못했다고 말하며, 이렇게 덧붙였다.

> 민중정부를 쟁취하는 날 저는 그녀를 제 옆에 세우고 싶습니다. 그녀가 귀빈으로 우리와 함께 서길 바랍니다. 그녀는 노동자 민중의 존엄, 이마를 조아리지 않는

자의 존엄, 무릎 꿇지 않는 자의 존엄, 자유롭고 자율적이며 권리의 주체인 현대적 시민, 이 나라의 건국을 도왔던 친애하는 폴리카르파(Policarpa)[1]처럼 유능하고, 현명하고, 근면한 여성을 대변하기 때문입니다.

여기까지는 엘리트주의 질서, 하층민들에게 고질적으로 가해지던 배제와 치욕의 질서에 반대하는 강력한 정치적 메시지가 담겨 있었다. 하지만 페트로는 한 발 더 나아갔다. 아마도 해방신학에 대한 그의 친밀감과 빈민을 우선하는 성향 그리고 그것이 정의를 위한 최소한의 행동이라는 생각 때문이었을 것이다. 그는 대선 1차 투표를 하루 앞둔 5월 28일 토요일, 이 여성 노동자, 켈리스 가르세스와 그녀의 아들 후스틴과 저녁식사를 위해 방문했다. 이 행위는 구체제를 향한, 더 나아가 에두아르도 갈레아노가 만든 개념으로 선거운동에서 제법 호응을 얻었던 용어인 '아무도 아닌 자들(los nadies)'을 향한 직접적 메시지였다. 한 장의 사진만이 공개되었는데, 멀리 떨어져 찍은 사진 속 그들은 대화하며 미소짓고 있었다.

가족 그리고 일상의 정치화

지난 수년 간 콜롬비아에는 너무도 많은 정치적 변화와 사건들이 있었다. 그 여파로 우리는 페트로가 정치를 대중의 광장에 돌려놓았다는 사실을 간과하곤 한다. 언제부터인가 정치와 선거 관련 토론은 거대 언론사들 관할로 축소되었다. 그리고 콜롬비아의 독점 언론사들에게 치안, 무장분쟁, 부패를 넘어서는 주제에 대한 논의가 비집고 들어갈 틈은 별로 없었다.

1) 재봉사로서 콜롬비아 독립운동에 투신하다 처형된 여성(역주).

2013년 페트로는 시장으로 재임 중 시행한 공공서비스의 부분적 국유화 조치에 대한 보복으로 극우파 행정 관료에 의해 보고타 시장 직위를 박탈당하게 됐는데, 이 일을 계기로 그는 대중의 의장이자 대변자 그리고 지도자로 부상했다.[2) 볼리바르 광장을 가득 채운 시민들이 민중의 투표를 존중하라고 요구하고, 야심찬 사회정책을 추진하던 시장을 복귀시키라고 외쳤던 바로 그 3일간의 순간이었다. 시사저널 『세마나』(*Semana*)의 첫 면에 제도권의 초초함이 묘사되어 있는데, 바로 페트로가 시장실에서 발언하는 사진에 "발코니는 이제 그만!"이라는 제목이 달려 있었다.

이러한 소통능력과 대중적 매력이 우연히 알려진 덕분에 2018년 페트로와 인간다운 콜롬비아당(Colombia Humana)의 정치 프로젝트가 전국의 광장들을 가득 채우기 시작했다. 하루에 한두 번, 아니 세 번까지도 말이다. 거대 언론들은 그 현장을 전달하지 않았다. 하지만 소셜 네트워크가 그 역할을 했고, 사회정의에 대한 그의 연설이 너무도 큰 파급력을 일으킴에 따라 다른 후보들 역시 그를 언급하며, 그의 주변을 맴돌게 되었다.

이번 2022년 선거 운동에서, 이제는 더 이상 인간다운 콜롬비아당뿐만 아니라 보다 광범위한 전선을 형성하려는 시도인 역사적 협약(el Pacto Histórico)과 함께 하면서도 그의 전략은 마찬가지였다. 다름 아닌 민중의 광장, 거대한 군중, 중소규모 도시, 길고 교육적인 연설들이었다. 더 나아가 그는 새로운 주류를 형성하고, 새로운 상식이 자리 잡게 하기 위해서 사람들에게 그를 듣게 하고, 그렇게 광장에서 언론 장악력을 무력화시키는 것으로 충분하다는 확신을 가지고 4년 전 지원이 부족했던 전국 각 지역에 더 많이 방문하기로 결심했다.

이런 식으로 선거를 앞둔 마지막 몇 달에 걸쳐 페트로는 콜롬비아 전국의 약

2) Arturo Wallace: "Destituyen e inhabilitan por 15 años al alcalde de Bogotá, Gustavo Petro", en *BBC Mundo*, 9/12/2013.

130개 광장을 채웠고, 그곳에서 연설을 했다. 일종의 마라톤이었고, 고단한 여정이었다. 하지만 독점 언론들과의 긴장감도 조성되었는데, 거대 언론들이 거의 매일같이 주최하는 토론회에 몇 주간 후보가 불참하는 상황들도 발생했기 때문이다. 문제는 명료했다. 그는 이미 토론에 참여했고, 선거를 앞둔 마지막 날들에도 다시 토론의 장에 설 것이었다. 하지만 페트로가 그의 마지막 한 달을 언론들에 할애한다면 다른 후보자들과 진행자들 모두가 그를 무너뜨리겠다는 단 하나의 목적을 가지고 있는 적의 본거지에 머물게 될 뿐만 아니라, 수많은 도시들의 광장에 방문할 수 없게 될 것이었다. 올바른 결정이었다. 광장들은 가득 찼고, 페트로가 불참한 토론들은 시청자가 없었다.

이것이 1차 투표에서 어떻게 승리에 도달했는지 과정이다. 구스타보 페트로와 프란시아 마르케스를 선택한 850만 명의 투표 말이다. 그리고 마지막 2주간의 이변으로 로돌포 헤르난데스가 2차 투표에서 그의 상대가 되었다. 로돌포는 부패 혐의로 조사를 받고 있는 백만장자 기업인으로, 폭압적 태도, 권위주의, 거의 모든 주제에 대한 무지로 악명 높다. 하지만 그는 SNS를 통한 정치 마케팅과 "부패한 자들에게 회초리를 들자"며 부패를 종식시키겠다고 집요하게 외친 결과 성공적으로 부상했다. 2차 투표를 앞두고 몇 주간 페트로의 전략은 어땠어야 했을까? 광장은 이미 소진된 듯했다. 이미 대중을 불러 모았고, 몇 시간에 걸쳐 연설을 한 상황이었다. 지적인 동시에 분별력 있어야 했던 바로 이 결정이 내가 생각하기에는 승리를 압축하고 설명하는 두 번째 순간이다.

광장, 연설, 대중, 이와는 완전 정반대 결정이 내려졌다. 2주 동안 페트로는 전국 노동계급의 가족들을 방문해 대화하고, 한 상에 앉아 함께 식사하기로 결정했다.

금요일, 막달레나 해안의 어부 아르눌포의 집에서 하룻밤을 보내며 일정을 시작했다. 다음날 새벽 몇 시간 동안 강에서 그와 동반했고, 그 다음 그 가족들과 대화했다. 그날 오후 화훼농들의 가족과 저녁 식사를 위해 메데진으로 떠났다. 월요일에는 보야카의 소규모 광산 광부들과 점심 식사를 했다. 모두가 다리에 스튜(olla)를 올린 채 긴 테이블에 걸터앉았다. 그들은 에너지 전환 계획에 대한 의구심들을 해소했고, 광산으로 함께 내려갔다. 수요일에는 콜롬비아에서 빈곤율이 높은 도시인 컵도에 거주하는 헤노베바와 그 자녀들의 집을 방문했다. 그곳에서 그는 저녁 식사를 위해 바나나 튀김 요리를 도와주고, 그 집에서 취침한 후 다음날 샤워기 물이 나오지 않아 바가지로 목욕을 했다.

콜롬비아의 남과 북 방방곡곡을 오가며 이렇게 여러 날들이 이어졌다. 1차 투표 전에 그의 일정은 광장에서 광장으로 채워졌던 반면, 이제는 식탁에서 식탁으로, 가족에서 가족으로 대화하고, 근로 현장을 함께 하며 채워졌다. 언론 취재는 제한적이었고, 막판 승부에서 대중을 포기하는 것은 착오라는 불만이 감돌았다. 하지만 이 모습들에는 선거운동에 새로운 의미를 부여하는 무언가가 있었다.

이반 두케와 알바로 우리베, 에르난데스 후보, 그리고 콜롬비아 지도층 거의 모두와 달리 페트로는 서민 거주지에 관광객으로서 방문한 것이 아니었고, 마체테 칼을 집어 들었고, 분장을 위해서가 아니라 그 경제적, 문화적 환경에서 자연스러운 도구로서 고무장화를 신었다. 다른 말로 하면, 나머지 모두와 달리 페트로는 콜롬비아 노동자 계급의 일부가 되었고, 따라서 아무도 그가 선거 운동 중으로 메시지를 전달하고 있다는 사실을 간과하지 않았음에도 그 상황에서 그의 행동은 잘못되거나 위장으로 보이지 않았다.

여기에는 노동계급에 속해 그들을 대변한다는 메시지를 넘어서는 무언가가 있었다. 그것이 목표는 아니었겠지만, 결과적으로 그렇게 됐다. 정치는 위대한 대중 연설에 있는 게 아니라 일상에, 매일 접하는 공간에, 대화하고, 일하고, 요리하고, 식사를 함께 하기 위한 시간들에 있다는 사실을 숨 가쁜 국면에서 콜롬비아 전역으로 전파했다. 이렇게 이 모든 개별적인 특수성들에 공통된 이야기를 부여하고, 행동의 지평을 제시할 수 있었다.

딜란 크루스의 어머니

2019년 11월 21일, 두케 정부의 신자유주의 정책과 사회 지도자들 암살에 반대하여 평화를 수호하는 전국대파업이 시작됐다. 전국에 걸쳐 그 여파가 대단했기 때문에 콜롬비아에서 이에 버금갈 가장 근래의 경험, 바로 1977년 전국시민파업에 대한 언급이 공공연해졌다. 이어 여세를 몰아 이듬해 2020년에는 경찰 폭압에 저항하는 시위가 일어났고, 그 다음 해인 2021년에는 사회적 대충돌(반세기에 걸쳐 가장 큰 규모였을)이 전개되었다. 두케 정부의 대응은 도시들을 군사화하고, 시위 불법화 담론을 확산시키고, 경찰에 시위대를 피와 총으로 억압할 길을 자유롭게 터주는 것이었다.

그 해 2019년 11월 23일, 보고타 한복판에서 시위진압기동대(ESMAD) 지휘관이 치사성을 낮춘 엽총으로 딜란 크루스의 머리를 쐈다. 희생자는 18세 청년으로, 고등학교 졸업을 이틀 앞둔 상황이었다. 똑같은 상황이 전국 곳곳에서 잇따랐고, 경찰에 의해 청년들이 다치고, 팔다리가 잘리고, 살해당했다. 하지만 이번에는 적어도 십여 개의 카메라들이 각기 다른 각도에서 현장을 기록하던 상황에서 이런 일들이 발생했다. 이렇게 촬영된 영상들 중 하나에서 시위진압기동대의 부대원들이 총기 발사 직전에 "누가 됐던 이제! 갈겨! 갈겨!"라고 말하는 장면이 담겼다.

딜란 크루스는 이틀간 위독한 상태에 있었다. 작은 금속 공들이 담긴 천자루(치사성을 낮춘 탄약)가 뇌에 박혔다. 너무도 많은 사람들이 이를 지켜봤고, 그는 시위의 상징이자, 전쟁에서나 시위에서나 더 많은 청년들을 쉬지 않고 암살하는 국가의 상징이 되었다. 딜란 크루스는 보다 정당한 나라와 모두를 위한 교육제도를 위해 투쟁했고, 그의 졸업식이 있는 날 사망했다.

2022년 6월 19일 밤에 발생한 일은 이런 이유로 의미 있다. 이때 구스타보 페트로와 프란시아 마르케스는 수천 명의 시민들과 승리를 자축하고 있었다. 모든 방송사들이 생방송으로 현장을 전달했다. 외신들 역시 모두가 현장을 기록하며 취재 내용들을 송출하고 있었다. 모두가 부통령과 대통령 당선인의 첫 번째 연설에 주의를 기울이고 있었지만, 아직도 무슨 일이 벌어지고 있는지 믿지 못하는 상태였다. 프란시아 마르케스가 먼저 발언했고, 이어 페트로가 연설을 하던 와중이었다. 무대에 있던 십여 명의 사람들의 머리 위로 나무 액자에 담긴 큰 사진이 떠오르기 시작했다. 딜란 크루스의 어머니인 제니 알레한드라 메디나가 사진을 들고 사람들 사이를 헤치며 걸어오고 있었던 것이다. 사람들이 그녀의 아들 사진을 보고 조금씩 길을 비껴주었고, 마침내 그녀는 당선 연설을 하고 있던 페트로의 옆에 섰다. 그가 그녀를 보았고, 하던 말을 멈추고 그녀를 껴안은 다음, 마이크를 넘겨주었다.

이 순간이 바로 내가 생각하기에 승리를 압축하여 보여주는 세 번째 순간이다. 딜란 크루스의 어머니는 발언하고, 무슨 일이 그녀에게 벌어졌는지 무슨 생각을 하고 어떤 느낌이었는지 말했을 뿐만 아니라 권력자의 대연설 중간에 끼어들었다. 이는 국가와 희생자의 관계에서 필요한 패러다임 전환의 증거이다. 또한 아래로부터, 희생자연합에서, 사회운동에서, 평화협상 과정에서 형성된 새로운 이야기의 일부로, 마르케스와 페트로가 전국을 순회하며 수집하고 재현했던 것이다. 이제는 더 이상 갈등을 부정하는 자들의 시간이 아니며, 엘리트들이 대물림한 나태에 찌든 관리자들의 시간이 아니다. 세계에서 가장 불평등한 나라들 중 하나로서 수십 년 간의 무장 분쟁으로 희생자의 80%가 시민이고, 국가는 행동을 통해서든 태만을 통해서든 핵심적인 가해자가 되어왔으며, 조직적 면책,

희생자를 침묵하게 하고 이차로 가해하는 고질적 병폐 이러한 현실에 직면해 미래의 정부들은 야만을 똑바로 직시하고, 그토록 누적되어왔던 부당함이라는 참상을 공식적으로 인정할 수 있는 능력, 바로 그 만큼에 해당하는 정당성을 확보하게 될 것이다.

페트로가 그의 위대한 순간에, 모든 카메라들이 그의 말을 경청하려 대기하고 있을 때, 마이크를 딜란 크루스의 어머니에게 넘긴 건 공공 영역에서 말을 사용하는데 있어 우선순위에 변화가 생겼음을 의미한다. 하위계층이 말할 때, 희생자가 말할 때, 권력자는 입을 다물고 들어야 한다는 것이다.

국민 산코초

민중의, 그리고 좌파성향의 새 정부는 축적된 투쟁의 성과이자 배제로 특징지어지는 구체제의 위기가 낳은 산물이다. 그리고 이와 마찬가지로 일반적 의미에서 중요한 변혁의 결과이기도 하다. 이제 자연스럽게 떠오르는 질문은 그 행동의 실질적 한계는 무엇이 될 것이며, 변혁은 어디까지 가능할 것인가이다.

그렇다면 이제 우리는 그가 비록 한때는 혁명게릴라군의 일원으로 국가에 반발해 무기를 들었지만, 콜롬비아에서 페트로만큼 덜 정파적이고, 가장 강경한 적들과도 기꺼이 대화할 자세가 되어 있는 정치 지도자를 찾기란 어렵다는 사실을 인정해야 한다. 아니 이렇게 말하는 편이 맞겠다. 아마도 이건 그가 정확히 M-19라는 특정 게릴라군의 일원이었기 때문일 것이다. 이들은 1991년 헌법 제헌의회로부터 파생한 평화협정 과정에 참여한 유일한 단체이자, 카를로스 피사로 장군이 콜롬비아의 변혁을 위한 대담함과 상상력을 열정적으로 방어하는 동안 가까이에서 함께 했고, 더 나아가 '국민 산코초'라는 개념을 항상 언급해왔다는 점을 고려하면 말이다.

이 개념은 하이메 바테만 카욘이 주창한 것인데, 그는 M-19 공동창립자이자 사령관으로, 1983년 오전 파나마행 비행기를 타고 가던 중 다리엔 밀림에서 비행기가 추락하며 사망했다. 카리브 지역 출신으로 활기차고, 즉흥적이었던 그는 국익을 위해 오래된 경쟁자들과 서로 다른 이념과 정치적 성향들을 함께 이해할 수 있는 장으로서 전 국가적 대화가 필요함을 압축적으로 표현하기 위해 콜롬비아에서 가장 대중적인 스튜 이름에 호소했다.

2022년 이번 선거 운동에서 페트로는 2018년에 그랬던 것보다 한층 더 나아가 심지어 우파와 극우파 세력들까지 포괄하는 모든 정치적 행위자들에게 콜롬비아의 사회정의를 위한 거대한 협약에 동참할 것을 끊임없이 호소했다. 그가 구성한 연합체의 이름이 역사적 협약인 이유는 여기에 있다. 이 협약은 콜롬비아의 화해와 현대화를 위한 또 다른 상징적 깃발이자, 전직 대통령의 아들로 1991년 헌법 제정에 참여했던 보수주의자로서 1995년 암살당한 알바로 고메스 우르타도가 주창했던 본질에 대한 협약(el pacto sobre lo fundamental)으로 상호 보완된다.

페트로는 이러한 생각을 선거운동 내내 고수했고, 이에 따라 그의 정치적 프로젝트에 구체제 인사들을 수용했다. 더 나아가 우파가 항상 그랬던 것과는 대조적으로 그는 반대파들에게 나리뇨궁(Casa de Nariño, 대통령실)의 문은 대화를 위해 항상 열려 있을 것이라고 말해왔다. 또한 이런 이유로 대통령 당선인이 되고 첫 며칠간 그는 패배한 후보였던 에르난데스뿐만 아니라 우리베 전 대통령과도 회담을 가졌다.

여기에서 새 정부의 강력한 힘을 찾을 수 있다. 모두 국민 산코초에 환영하며, 협조는 가능하며, 다름 속에서도 본질에 대한 협약에 동의할 수 있다는 것이다. 그렇지만 다른 한 편으로 이는 한계이며, 동시에 취약성에 대한 암묵적 인정일 수 있다. 대화하고, 제도 내에 신선한 공기가 유입되게 하는 건 좋은 일이다. 비록 서로 다른 이념과 정치적 전통을 고수하더라도 실행력을 가진 개인들이라면, 그들에게 정부의 공간을 개방하는 것은 좋은 일이다. 전쟁에 익숙해진 나라에서 서로 다른 행위자들이 폭력적인 환경이 아닌 제도적 환경에서 서로를 경청한다는 건 좋은 일이다. 하지만 정치, 또는 현실은 상충적인 것이다. 집단적 포용의 위대한 호산나가 보수주의 사기를 충족시키고, 일부 적대적 담론들을 중화시킬 수도 있지만, 행동의 범위를 극단적으로 축소시키는 위험을 내포하기도 한다. 게다가 무언가를 변화시킨다는 것은 많은 사람들을 괴롭게 하는 결과를 초래하기 때문에 이는 결국 신기루에 불과하다.

조만간 개혁에 착수하고, 신자유주의 교리에 의문을 제기하고, 구체적 조치들을 통해 거대한 권력들이 위협받게 될 때, 바로 그때 화해와 통합의 모든 틀과 껍데기는 떨어져 내릴 것이다. 그리고 그때가 되면 진정한 힘의 축들이 드러날 것이다.

콜롬비아의 혁명가

구스타보 페트로는 긴장과 취약성을 의식하고 있다. 보고타 시장 시절 그는 이미 그걸 겪어봤고, 그로부터 많은 교훈을 얻었다. 자신이 수많은 투쟁 전선들에 직면하고 있으며, 그 중 어느 것이라도 그의 정부를 무너뜨릴 수 있는 힘을 발산할 수 있음을 인지하고 있다. 수년 전 한 인터뷰에서 그가 "트럭 운전사들의 한 번의 단합 행위로도 콜롬비아 정부를 전복시키기에 충분하다."라고 말했던 것으로 기억한다. 최근에는 퇴역 장교들이 현역 장군들을 초청해 모임들을 갖고 있다고 전해지는데, 그 목적은 새 대통령의 통수권을 무력화하기 위함이다. 그들의 논리에 따르면 게릴라 출신에게 권한을 넘기는 것은 군부 역사상 가장 큰 치욕이 될 것이기 때문이다.

적대자들의 수는 많고, 그들의 권력은 막강하다. 금융계, 전 부문의 마피아, 마약밀매조직, 독점 언론사, 대지주들... 그들은 확실한 약점을 찾는 즉시 새 정부의 목덜미를 잡아챌 것이다. 이를 인식하고 있기 때문에, 실질적 현실에 대한 구체적 분석 때문에, 선거가 있기 몇 달 전부터 페트로는 혁명 없이도 콜롬비아에 새 시대를 열게 될, 마침내 정치적 폭력을 떨쳐버리고 일련의 근본적 권리를 보장할 수 있을 이행 정부를 수립하는 것이 진정으로 원대한 목표라고 성찰하기 시작했다. 하이메 바테만 카욘의 또 다른 사상, "현재 콜롬비아에서 가장 혁명적인 것은 민주주의이다."와 같은 맥락이기도 하다.

새 정부는 어디까지 갈 것인가? 감히 단언하건데, 이번의 승리를 가져온 통상적 의미의 변화들은 긴 호흡의 변혁이 시작됐다는 가장 확실한 보장이며, 변혁은 구스타보 페트로와 프란시아 마르케스에서 끝나는 것이 아니라 이제 막 태동한 것이라고 말하고 싶다. 경계는 확장되고 있고, 구체제에 작동하던 신화들은 깨지고 있으며, 권력관계는 끊임없이 재구성되고 있고, 다가올 미래가 이토록 거대해보였던 적은 없다. 이런 점에서 선거운동에서 세 개의 순간들, '하찮은 자들'의 존엄성, 일상의 정치화, 공적 영역에서 희생자와 하층계급 목소리의 정당성과 호소력, 이 순간들은 의미가 있다. 역사적 승리를 넘어서, 라틴아메리카 진보주의의 새 주기를 넘어서, 이 민중의 요구는 콜롬비아에서 이미 혁명적이다. 우리는 희망이 있다. 정치적, 윤리적, 심미적 변화가 이미 기저에 확산됐다는 희망 말이다.

강정원 옮김

분열된 브라질과 세 번째 임기의 룰라

지안카를로 수마
저널리스트

원제와 출처: Giancarlo Summa, “La tercera vez de Lula en un Brasil partido en dos”, *Nueva Sociedad*, No. 302, noviembre–diciembre de 2022, pp. 4–12.

핵심어: 선거, 루이스 이나시우 룰라 다 시우바, 자이르 보우소나루, 브라질

10월 30일 일요일은 브라질과 전 세계의 많은 이들에게 기쁨이라기보다는 다소 믿기지 않는 안도감을 안긴 밤이었다. 룰라가 전 세계 극우 세력 중 한 명으로 불리는 자이르 보우소나루 전 대통령을 근소한 차이로 누르고 세 번째 대통령에 선출된 것이다. 룰라 전 대통령은 수년간의 언론 공세와 사법적 박해로 12건의 유죄 판결을 받고 580일 동안 감옥살이를 한 끝에 라틴아메리카뿐만 아니라 전세계에도 전례 없는 정치적 부활을 이뤄냈다. 그러나 한때 금속 노동자였던 룰라 앞에 놓인 몇 달, 몇 년간의 도전은 이제 막 끝난 힘겨운 선거 운동보다 훨씬 더 복잡하다. 가장 우선적이고 중요한 것은 보우소나루의 강력한 무장

핵심 세력의 반발을 피하고 취임에 이르는 것이고, 그 다음으로는 지난 수년간 야만적인 경제적 신자유주의로 인해 망가진 사회를 바로 세우고 유권자의 절반을 잠식한 보수적이고 공격적인 이데올로기의 전횡을 무너뜨리는 것이다.

최고선거재판소(Tribunal Supremo Electoral: TSE)가 결과를 발표한 직후, 룰라는 상파울루의 한 호텔에서 수백 명의 기자와 해외 인사들 앞에서의 첫 당선인 성명에서 보우소나루에게 투표한 수천만 명의 브라질 국민에게 감사의 인사를 전했다.

> "2023년 1월 1일부터 저는 제게 투표해 주신 분들뿐만 아니라 2억 천5백만 브라질 국민을 위해 통치할 것입니다. 두 개의 브라질은 없습니다. 우리는 하나의 국가, 하나의 국민, 하나의 위대한 국가입니다. 불화가 지배하는 가정에 사는 건 누구에게도 도움이 되지 않습니다. 이제는 가족을 다시 하나 되게 만들고, 증오 범죄의 확산으로 끊어진 유정의 유대를 재건할 때입니다…. 이 나라는 평화와 단결이 필요합니다."

그러나 투표 결과로 드러난 브라질을 분열된 국가라고 부르는 것은 완곡한 표현이다. 브라질은 사실상 둘로 나뉘어 있다. 룰라는 2차 투표에서 6,030만 표를 얻어 5,820만 표를 얻은 보우소나루를 이겼다. 전체 유권자 1억 2천4백만 명 가운데 50.9%대 49.1%라는 근소한 차이가 생긴 것이다. 유권자의 20.5%인 3,200만 명은 투표에 불참했다. 브라질은 투표가 의무화되어 있고 전통적으로 기권율이 저조한데도 불구하고 이런 결과가 나왔다. 유효투표의 48.4%인 5,720만 표를 얻었던 10월2일의 1차 선거와 비교해 보면 룰라의 득표수는 3백만 표밖에 증가하지 않았다. 반면 보우소나루는 유효투표의 43.2%인 5,100만 표를 얻은 1차 선거보다 7백만 표를 더 획득했다. 2차 선거에 진출하지 못한 두 명의 최다 득표 후보(490만 표를 얻은 시모네 테베르와 350만 표를 얻은 시로 고메스가 룰라를 지지했다는 점을 고려하면 놀랄만한 결과다. 특히 테베는 2차 투표에서 룰라 전 대통령을 지지하는 선거 운동을 열렬히 펼쳤지만, 룰라 1기 정부(2003~2006년)에서 장관을 역임했던 고메스는 방관자적 태도를 보였다. 중도 좌파에 속한다고 알려진 고메스는 2018년에도 같은 행보를 취했다. 당시 선거 직전 체포된 룰라 전 대통령의 후임으로 선출된 노동당 후보 페르난두 아다지 전 상파울루 시장이 선거 전 모든 여론조사에서 우세했지만, 보우소나루가 2차 투표에서 그를 누르고 당선되었다. 고메스는 1차 투표에서 1,330표(12.4%)를 얻었지만 아다지에 대한 지지를 거부했다.

2022년 대선 결과는 4년 만에 보우소나루주의가 지난 몇 주 전에 보였던 것보다 훨씬 더 깊이 뿌리내리고 있었음을 드러냈다. 1차 투표 이전의 모든 여론조사는 극우 성향의 선거인단을 과소평가했다. 룰라는 50~51%, 보우소나루는 36~37%의 지지율을 기록했다. 2차 투표에서는 오차가 더 작았지만, 여전히 퇴임하는 대통령의 선거에서의 힘을 과소평가했다. 통계학자들은 이 오류의 주된 원인이 인구조사를 업데이트하지 않았기 때문이라고 설명했다. 마지막 인구조사는 2010년에 실시되었고, 2020년에 예정되었던 조사는 연기되었다. 그 이후로 몇 가지 중요한 인구 통계적 요인의 변화로 인해 사용된 표본은 쓸모없게 되었다. 설문조사의 방법론적 문제 외에도 보수적 의미로 문화적, 정치적 변화가 분명 심각하게 일어난 것이다. 룰라가 약속한 대로 "브라질의 영혼을 재건하고 관대함, 연대감, 차이에 대한 존중을 회복"하기 위해서는 포용적인 경제 프로그램뿐만 아니라 진보적인 문화 주도권을 재창조할 수 있는 능력도 필요하다.

첫 임기(2003~2010) 동안 룰라는 극빈층의 물리적 생활 여건을 개선하기 위해 일련의 사회 프로그램을 추진했지만, 브라질의 심각한 불평등의 구조적 뿌리까지 흔들지는 못했다. 정치학자 앙드레 싱어가 정의한 '룰라주의(Lulism)'는 약한 개혁주의를 기반으로 기존 정치, 경제 엘리트와의 화해를 고착화한 형태였다. 동시에 노동당이 이끄는 정부는 주요 개혁을 시행하여 수백만 명의 아프리카계 소외 계층에게 처음으로 고등교육을 받을 기회를 제공했다. 그들은 자신들의 가족 중 처음으로 대학에 진학하여 계층 상승을 꿈꿀 수 있었다.

이 '새로운 중산층'은 몇 년 동안 이전에는 상상할 수 없었던 소비재를 구매할 수 있었다. 2015년 지우마 호세프 정부가 초래한 대불황을 시작으로 미셰우 테메르(2016~2018) 쿠데타 정부와 보우소나루 정부에 이르기까지 경기 악화가 심해져 수천만 명의 브라질 국민이 빈곤선 아래로 밀려났다. 그러나 몇 가지 심오한 사회적 변화는 더 오랫동안 지속되었다. 여성의 경우, 수년간의 경제 성장을 통해 전례 없는 자율성과 권한을 누릴 기회를 얻었고, 이로 인해 가부장적 체제에 점점 더 강하게 맞서게 되었다. 특히 대도시를 중심으로 한층 개방적인 행동 패턴이 확산하기 시작했다. 편견과 동성애 혐오의 골은 여전히 깊었지만, LGBTI+ 권리를 위한 투쟁은 보편화되었고 새로운 세대 내 동성 간의 관계가 공적인 영역에서 드러나게 되었다.

사회가 발전함에 따라 대중적 보수주의가 복음주의 오순절 교회의 확산과 밀접히 맞물려 증가했다. 복음주의자들은 1980년대 후반부터 성장을 멈추지 않았다. 이들은 현재 인구의 3분의 1 이상을 차지한다고 추정되며 보우소나루주의의 사회적 지지와 선거전 지원의 주요한 기둥 중 하나가 되었다. 반면 대중적 천주교는 가혹한 군사독재(1964~1985)와 민주화 과정에서 존재감이 매우 커졌고 노동당과 긴밀한 관계를 유지해 왔다. 그런데 천주교는 소위 '번영신학'(신자들의 물질적 삶의 조건을 개선하기 위해 개인의 노력을 강조)의 한 축을 담당하는 신(新)오순절파 목회자들의 다양한 담론에 밀려 설 자리를 잃어가고 있다.

룰라의 두 임기와 호세프의 첫 임기 동안 브라질의 빈곤층은 사회계층이 상승할 것이라는 환상을 지녔지만, 실제 생활환경, 특히 대도시 주변의 거대한 외곽에 있는 공공 공간은 거의 변하지 않았다. 양질의 대중교통, 교육, 의료, 만남의 장소, 문화 제공의 부재는 불만을 불러일으켰고, 사회적 불안정성이 높은 상황에서 이는 커뮤니티 공간 내 오순절 교회가 성장하는 계기가 되었다. 오순절 교회는 신자들 간의 상호 지원과 사회화 네트워크를 제공함으로써 국가의 결함을 보완하고, 그 대가로 일련의 사회적 가치에 대한 존중과 (신자들이 번 모든 수입의 10분의 1에 해당하는 십일조 납부 이외에도) 매우 보수적인 행동을 요구한다.[1] 오순절 교회의 존재는 도시 주변부에서 시작해 점차 브라질의 모든 지역과 계층으로 퍼져나갔다. 천주교의 가장 강경한 세력은 낙태에 관한 격렬한 반대를 시작으로 점점 더 보수적인 가치 의제를 홍보하기 위해 이 담론을 이용하였다.

일종의 현란한 반대를 통해 개인행동을 현대화하려는 추세는 보수적 저항을 불러일으키기 시작했다. 권위주의적 포퓰리즘의 부상에 관한 고전적 연구에서 미국인 연구원 피파 노리스와 로널드 잉글하트는 이를 문화적 반발[2]이라고 불렀다.

질서, 전통, 가족, 종교, 고향, 재산, 충성도는 보우소나루 권위주의 담론의 주요 핵심으로, 대부분 오순절 주장에 스며들어 있는 보수적 세계관을 반영한다. 이 비전은 국가 '공동체'에 위협이 되는 '타자'(정치적, 문화적 가치관, 성적 취향, 종교적 신념 또는 피부색이 다른 사람들)에 대한 두려움을 강조한다. 브라질에는 이민자, 난민, 비(非)그리스도교 외국인이 상대적으로 적기에 권위주의 담론은 유럽이나 미국과 비교해 외국인 혐오 특성이 덜하다. 보수적–권위주의적 보우소나루 담론을 그 글로벌 아류 담론들과 연관해 이해하는 것은 근대성과 세속

1) Lamia Oualalou: *Jesus t'aime. La déferlante évangélique*, Les Éditions du Cerf, París, 2018.

2) P. Norris y R. Inglehart: *Cultural Backlash: Trump, Brexit and Autoritharian Populism*, Cambridge up, Cambridge, 2019.

주의의 확산에 대한 비판으로 볼 수 있다. 이상적인 사회와 정치 프로젝트에 대한 그의 이미지는 전통적인 가치에 기반한 민족주의적 유토피아, 명백한 사회적 인종적 위계질서, 가부장적 지배의 황금기로 돌아가려는 확실한 열망을 통해 유지되는 세계관을 고양한다.[3] 2022년 브라질은 20년 전 룰라를 처음 선출했던 브라질과는 매우 다르다. 인구는 증가했고(1억 8천만 명에서 2억 2천5백만 명으로) 젊은 층은 감소했고, 국토는 도시화 되었으며(남동부의 경우 인구의 93%가 도시에 거주), 내부 연결성이 높아졌고(인구의 80%가 이미 소셜 네트워크를 사용한다), 생산 측면에서도 매우 달라졌다. 이미 시작된 브라질의 탈산업화 과정은 2016년 쿠데타 이후 더욱 가속화되었다. 현재 산업 부분은 GDP의 10%를 약간 상회하는 데 반해 주로 수출용 상품(대두, 곡물, 소고기, 가금류 등) 생산에 집중된 농업 관련 산업이 26%를 차지한다.

룰라가 1970년대 카리스마 넘치는 금속노조 지도자로 정치 경력을 시작한 상파울루 산업 벨트에서 특히 두드러진 남동부 지역의 탈산업화는 중서부 지역의 강력한 농업 부문의 성장과 동시에 진행되었다. 농업 관련 산업의 성장은 국가의 경제 구조뿐만 아니라 문화적 상부 구조에도 변화를 가져왔다. 대도시 중심부와 상반되는 일련의 가치관과 세계관이 강화되었다. 한편으로는 농업 기계와 살충제 옹호, 삼림 벌채 가속화, 대형 트럭 사용, 보수적 가치 및 '세르타네주(sertanejo)' 음악, 다른 한편으로는 환경보호에 관한 관심 증가, 국제적 도시 생활에 대한 이상, 성과 생식의 권리에 대한 결렬한 운동, 마약 비(非)범죄화에 대한 지지 증가가 그러한 것들이다.

2022년 선거 결과는 브라질의 다양한 인구 내의 분열을 분명히 반영하고 있다. 브라질 주요 여론 조사 기관 중 하나인 다타폴랴(Datafolha)에 따르면 룰라

3) Benjamin Teitelbaum: *War for Eternity: Inside Bannon's Far-Right Circle of Global Power Brokers*, Dey Street Books, Nueva York, 2020.

는 특정 부분에서 얻은 과반수 득표로 인해 당선되었다. 여성(52%대 보우소나루 41%), 16~24세 젊은 층(53%대 39%), 45세 이상의 고령 유권자(51% 대 43%), 교육 수준이 낮은 유권자(60%대 34%), 최저임금을 받는 2명까지 포함해 470달러 이하의 가구 소득을 가진 최빈층(61%대 33%), 북동부 거주자(67% 대 28%), 천주교 신자(55%대 39%), 아프리카계 후손(60%대 34%) 등이다.[4] 반면 보우소나루는 남서부, 남부, 북부, 중서부 지역의 남성과 백인 인구 및 부유층 사이에서 과반을 차지했다. 그러나 보우소나루주의는 과거 노동자당 정부에서 사회, 경제 정책의 혜택을 누렸던 중하위 계층의 상당 부분을 끌어들였다. 이들은 2013년 대규모 시위와 라바 자투(Lava Jato) 작전으로 잡힌 부패 혐의 이후 룰라에게 등을 돌렸던 사람들이다.(라바 자투 작전으로 룰라는 감옥에 보내졌지만, 이 과정에서 사법 조작이 있음이 드러나면서 대법원은 룰라를 무혐의 처리했다.)

이러한 어려운 상황에서 2022년 룰라의 선거 운동은 세 가지 축을 중심으로 전개되었다. 첫째, 룰라 유권자의 핵심을 대표하는 사회적 피라미드의 하부를 겨냥한 플랫폼으로, 브라질을 다시 유엔의 기아 지도에서 벗어나게 하고, 고용, 소득 및 의료 서비스 접근성을 높이는 것이었다. 룰라는 집회에서 "우리는 다시 한 번 주말에 바베큐를 굽고, 맥주를 마실 수 있을 것"이라고 반복해서 말했다. 둘째, 룰라는 보수적 가치를 바탕으로 보우소나루주의 유권자들을 안심시키고자 노력했다. 예를 들어, 선거 운동 마지막 단계에서 그는 낙태를 '공중 보건 문제'로 취급하던 기존의 견해를 부분적으로 뒤집어 "나는 낙태에 반대할 뿐만 아니라 나와 결혼한 여성들도 낙태를 반대합니다. 거의 모든 사람이 낙태에 반대한다고 생각합니다. 우리가 생명의 보호자이기 때문만은 아닙니다. 낙태가 매우 불쾌하고 고통스러운 일임은 틀림없기 때문입니다". 브라질에서는 여성의 건강에

4) 설문조사 사이트: 〈https://media.folha.uol.com.br/datafolha/2022/10/31/intencao-de-voto--presidente-2-turno.pdf〉

위험이 있거나 강간으로 인한 임신, 태아가 무뇌아일 때에만 매우 복잡하기는 하지만 이론상 합법적 낙태가 가능하다. 이외 모든 경우는 합법적 절차를 밟는 것이 불가능하다. 부유한 여성들은 종종 개인 병원에서 낙태 비용을 내지만, 이제는 그들도 실행하기가 어려워졌다. 아프리카계 여성과 가난한 여성의 불법 낙태는 산모 사망의 주요한 원인 중 하나로 남아 있으며, 수십 년 동안 페미니스트 운동은 낙태 합법화를 위해 투쟁했으나 실패로 끝났다.

동시에 2021년 말부터 룰라는 민주주의를 수호하기 위해, 즉, 보우소나루의 연임과 권위주의 방식의 심화를 막기 위해, 가능한 최대로 광범위한 동맹을 끈질기게 구축하여 서로 멀리 떨어져 있는 세력을 하나로 모았다. 2006년 노동자당에서 좌파가 분리되어 탄생한 사회주의자유당부터 페르난두 엔리케 카르도주(1995–2002)의 중도우파인 브라질 사회민주당과 다수의 온건파 인사들까지 포함했다. 룰라는 부통령으로 16년 전 대선에서 패배한 바 있는 전 상파울루 주지사이자 2006년과 2018년 대선 후보였던 제랄두 알크민을 선택했다. 그리고 부통령에 임명했다. 점점 카르도주를 시작으로 룰라의 정적 중 많은 사람이 그를 지지했다.

이전에 사회민주당(PSDB)과 관련이 있는 거의 모든 주요 경제학자들과 금융 부분의 유명 인사들이 그를 지지했다. 따라서 룰라가 승리한 후 상파울루 증권거래소(BOVESPA)가 상승세로 마감하고 헤알화가 달러 대비 절상된 것은 놀라운 일이 아니다. 2018년 보우소나루를 견제할 수 있다고 생각하며 그를 지지했었던 브라질의 국제 자본은 결국 대안의 부재로 국제 외교계와 대규모 다국적 기업 이사회의 지배적인 방향에 동조했다. 현재 상황에서 룰라가 브라질을 일으켜 세우고 진정시킬 유일한 가능성을 제시했다. 아마존의 무분별한 파괴에 대한 승인부터 수십만 명의 희생자를 낸 COVID-19 대유행에 대한 미온적 대처에 이르기까지 보우소나루 정부의 재앙스러운 결정은 브라질을 세계적인 천민으로 추락시켰고, 점점 더 고립되고 덜 매력적인 외국인 투자 유치 장소로 만들었다.

브라질리아에 주재하는 몇몇 대사들과 긴밀한 접촉을 통해 외교관들은 자국의 정부가 룰라의 당선을 간절히 기대하고 있다고 분명히 밝혔다. "세계는 당신을 필요로 한다"라는 메시지를 한 유럽 주요국 대표는 선거 전 회의에서 룰라에게 전했다. 10월 30일 일요일 오후 7시 59분, 브라질의 선관위가 룰라의 당선을 확정하자마자 전 세계 수십 개국의 외교부로부터 축전이 쏟아져 들어왔다. 가장 먼저 조 바이든 백악관, 에마뉘엘 마크롱 프랑스 대통령, 아르헨티나의 알베르토 페르난데스, 멕시코의 안드레스 마누엘 로페스 오브라도르 대통령의 메시지가 들어왔다. 보우소나루가 선거 결과를 인정하지 않고 민병대와 군대, 경찰의 지원을 받아 쿠데타를 시도할 가능성을 줄일 목적으로 조율된 외교적 작전이었다.

선거 패배는 보우소나루와 그의 참모들을 놀라게 했다. 정부는 선거에 승리하기 위해 선거 직전 쿠데타로 분산된 가족에게 수십억 유로의 지원, 룰라 유권자에 대한 협박, 소셜 미디어를 통한 끊임없는 허위 정보 캠페인 등 가능한 모든 수단을 동원했다. 예를 들어, 선거를 앞두고 룰라가 '악마와의 협정'을 맺었다고 비난하는 등 괴기스러운 내용을 유포했다. 보우소나루주의는 자체 뉴스와 음모론을 끊임없이 순환시키는 개방형 소셜 네트워크(트위터, 페이스북, 유튜브)와 폐쇄형 왓츠앱(WhatsApp) 및 텔레그램 그룹을 이용한다. 이들 모두는 보우소나루가 그의 지지층에서 부르는 '신화', 즉, 4년 더 대통령으로 확정될 것이라는 예상을 진정으로 믿는 듯했다. 패배에 직면하고 이의를 제기할 만한 구체적 사안이 없었기 때문에 보우소나루는 관저로 물러나 룰라를 축하하거나 지지자들에게 어떤 표명도 하지 않고 거의 48시간 동안 침묵을 지켰다.

투표 후 첫 주 동안 두 가지 움직임이 동시에 전개되었다. 제도적 차원에서 보우소나루의 최측근 중 일부는 패배를 인정하고 새 정부로의 제도적 전환을 기꺼이 수용하겠다는 의지를 표명했다. 동시에 보우소나루의 지지층도 결집했다.

전국적으로 사흘 동안 수백 개의 도로와 고속도로가 트럭과 임시 바리케이드로 차단되었다. 연방대법원의 퇴거 명령에 직면한 보우소나루는 11월 2일(수) 저녁, 거리를 비워달라고 국민에게 요청하는 영상을 공개했다.

같은 날 보우소나루는 여러 도시의 육군 사령부 앞에서 대규모 시위를 조직하여 미래의 노동당과 룰라 '독재'의 도래를 막기 위해 군대의 개입을 요구했다. 그러나 군대는 결과가 미심쩍고 국제적 지원도 없는 모험을 시작하고 싶어 하지 않는 듯했다. 보우소나루 첫 임기 부통령이자 올해 선거에서 상원의원으로 선출된 예비역 아미우통 모랑 장군은 국제사회의 압력으로 인한 군사 쿠데타의 가능성을 배제하고[5] 2026년에 "훨씬 더 강력한" 권력으로 돌아오기 위한 제도적 경로를 암시하는 일련의 메시지를 트위터에 즉각 올렸다.

2023년 1월 1일 룰라가 취임할 때까지 두 달간의 과도기는 힘들고 긴장된 시간이 될 것이다. 군 사령부가 중립 노선을 유지하더라도 다른 불안정 요인이 발생할 수 있다. 예를 들어, 보우소나루는 거의 4년 임기 동안 돌격 소총을 포함한 무기 구매를 촉진했다. 현재 브라질 전역에는 67만 5천 명 이상의 CAC(사냥꾼, 사수, 무기 수집가의 포르투갈어 약자)가 백만 개 이상의 총기를 소유하고 있으며,[6] 수치상으로는 브라질 전역의 군대나 주 경찰보다 더 많은 화기를 보유하고 있다.

그렇더라도 실제 문제는 다음과 같을 것이다. 룰라는 그의 선거 운동의 두 가지 큰 약속, 즉 극빈층의 생활 조건을 빠르게 개선하고, 보우소나루가 구축한 제도적이며 상징적인 권위주의적 체제와 사고를 거부하며 국가의 민주적 평화를

5) 《이제 우리는 군대가 쿠데타를 일으키기를 원한다(Agora querem que as Forças Armadas deem um golpe) …》, 트위터: 〈https://twitter.com/GeneralMourao/status/1587925877966241793〉.

6) 《브라질에서 백만에 가까운 사냥꾼과 명사수가 손에 쥐고 있는 무기의 수(Número de armas nas mãos de caçadores e atiradores chega a 1 milhão no Brasil)》 en Folha de S. Paulo, 31/8/2022.

보장해야 하는 시기를 맞을 것이다. 그리고 이 모든 것은 의회에서 과반수를 차지하지 않은 채, 특권, 자금 및 특전을 대가로 현 정부를 지원하는 소위 중앙세력과 매번 협상하며 진행될 것이다.

룰라가 20년 전 달성한 '원의 제곱(cuatrtura del círculo: 불가능한 일을 지칭)'은 반복되지 않을 것이다. 모두 세계 경기 침체에 직면하고 있으며 중국 경제도 둔화하고 있다. 상품 수출은 내적 갈등 없이는, 다시 말해 이전 시기에 계급투쟁으로 불렀던 계층 대립 없이는 더는 사회적 포용의 새로운 국면을 열 수 없을 것이다. 룰라주의가 사회나 유권자층의 요구를 충족시키기 위해서는 가장 부유한 사람들에게 비용을 내도록 하여 국가의 불평등을 신속하게 줄여나가는 것이 필요하다. 브라질의 불공평한 조세 제도를 바로잡는 세제 개혁이 그 첫걸음이 될 수 있다. 이를 위해 새 정부는 소득을 잃게 될 특권층의 불만뿐 아니라 룰라를 선출한 연립정부의 상당수가 지닌 불만도 직면해야 한다. 연립정부는 정권 인수위원장으로 임명된 알크민 부통령을 필두로 시작되었다. 그러나 그가 이 길을 선택하지 않는다면 룰라는 극빈층에게 약속한 개선을 이루지 못하고 사회적 기반을 잃게 되며, 자이르 보우소나루의 실제 존재 여부와 상관없이 2026년 보우소나루주의 귀환을 맞을 위험을 감수해야 할 것이다.

3개의 B(성경, 황소, 총알)를 기반으로 한 보우소나루주의는 강력하고 체계적이며 사라지지 않을 것이다. 의회와 거리에서 그 대표자들은 강력한 반대를 펼칠 것이다. 선거 전 보우소나루가 합류한 자유당은 투표에서 상·하원의 다수당을 구성했다. 학자인 로베르토 안드레스가 예리하게 썼듯이 보우소나루주의의 반동적 기획은 실현 불가능하더라도 환상적인 사회적 프로젝트를 제안하면서 다양한 보수적 성향에 응집력을 부여할 수 있다. 이를 약화하기 위해서는 첫 룰라주의 황금기로의 회귀를 초월하는 미래에 대한 진정한 전망을 만들어 내야 할 것이다. 이는 공공정책과 선택을 통해 진보적 성향이 확대되는 점진적 사회

개선 과정을 통해서만 가능하다.[7]

이것은 적어도 한 세대 동안 좌파와 브라질 민주주의에 대한 전망을 좌지우지할 결정들이다. 2차 선거가 시작되기 전에 룰라는 77세가 되었고, 선거 운동 동안 "2026년 12월 31일, 이 임무를 다른 사람에게 넘겨주면 이 나라는 괜찮을 것"이라며 어떤 경우에도 4선에 출마하지 않을 것임을 분명히 밝혔다. 룰라의 결정과 그 구체적 결과는 민주 진영에서 어느 후보가 룰라를 계승할 것인지, 그리고 이 후보가 보우소나루 극우파를 물리치는 데 성공할 수 있을지에 달려 있다. 브라질의 미래는 이 모든 것에 달려 있으며, 더 나아가 라틴아메리카의 두 번째 진보정권의 미래도 여기에 달려 있다.

이은아 옮김

7) R. Andrés: 《(룰라의 '부활'과 룰라주의의 새로운 도전) La 'resurrección' de Lula y los nuevos desafíos del lulismo》 en Nueva Sociedad, edición digital, 10/2022, 〈www.nuso.org〉.

제2부 혼돈의 중앙아메리카

중앙아메리카: 폭력과 사이비 민주주의 (1987–2022)

질 바타이용

프랑스 사회과학고등연구원 레이몽 아롱 정치사회연구센터 연구원

원제와 출처: Gilles Bataillon, "América Central: violencia y pseudodemocracias (1987–2022)", *Nueva Sociedad*, No. 300, julio–agosto de 2022, pp. 27–40.

핵심어: 평화협정, 부패, 민주주의, 폭력, 중앙아메리카

21세기 초반부터 중앙아메리카[1]는 모순적인 사회정치적 변혁의 산물인 전례 없는 긴장의 연속 속에 처해 있다. 중앙아메리카 북부에 위치한 국가들, 특히 북부 삼각지대에 위치해 있는 과테말라, 온두라스 그리고 엘살바도르는 현재 전쟁 중인 국가를 제외하고는 전 세계에서 가장 폭력이 만연한 국가로 기록될 만큼 높은 살인율을 보여주고 있다. 멕시코와 코스타리카 사이의 지협에 위치한

1) 본고에서 필자는 소위 "중앙아메리카 북부 삼각지대"로 일컬어지는 과테말라, 온두라스, 엘살바도르와 니카라과의 상황에 대해 다룰 것이다. 이들 국가들의 상황은 코스타리카, 파나마, 벨리즈 등 중앙아메리카 남부 지협지대 국가들의 상황과는 다르다. 즉 코스타리카는 오래된 민주주의의 역사를 가지고 있고 파나마와 영연방의 일원인 벨리즈는 전혀 다른 논리를 따르고 있다.

이들 세 국가는 예외 없이 정치 계급 전체 및 군과 경찰의 상당한 부분 그리고 사법부까지 포괄하는 광범위하고 일반화된 부패 현상이 만연한 장이다. 현재 과테말라와 온두라스, 엘살바도르 그리고 니카라과는 전례 없이 많은 자국 국민들이 멕시코를 거쳐 미국으로, 혹은 이보다는 덜하지만 코스타리카와 파나마로 이주하는 모습을 목도하고 있다.

동시에 이 지역에 위치한 모든 국가들은 어떤 면에 있어서는 정치 엘리트 계급이 자신들의 전통적인 과두적 기득권을 영속하기 위한 의도로 인해, 또한 민주적 원칙에 대한 공격과 폭압적 통치 체제 구축으로 인해 예외 없이 반복되는 정치적 위기를 경험하고 있다. 더욱이 이러한 위기는 기존 정치 기구들로부터 점점 더 거리를 두고 있는 새로운 민주적 열망의 출현으로 인해 발생한다. 본고에서 필자는 이 모순적 현상의 교차지점을 기술하고 분석하고자 한다.

폭력과 부패의 형태

새로운 폭력의 절정

1987년에 체결된 에스키풀라스 지역 평화협정(El Acuerdo de Paz Regional de Esquipulas), 1988년에 체결된 니카라과의 산디니스타 좌익정부와 이 정권에 저항하던 반군 간의 휴전 협정, 1992년에 체결된 엘살바도르의 알프레도 크리스티아니 정부와 파라분도 마르티 인민해방전선(Frente Farabundo Martí de Liberación Nacional, FMLN) 간의 휴전 협정, 그리고 마지막으로 1996년에 체결된 과테말라의 알바로 아르수 정권과 과테말라 민족혁명연합(Unidad Revolucionaria Nacional Guatemalteca, URNG)간의 휴전협정 등으로 인해 중앙아메리카 지역의 잔인했던 내전이 막을 내렸다.

이러한 여러 평화협정의 첫 번째 효과는 살인 폭력의 급격한 감소였다. 엘살바도르와 같은 국가에서는 1990년대 초반에 체결된 평화협정 이후의 살인율이 주민 10만 명당 140명 이상이었는데 이후 이 수치는 해마다 꾸준히 감소하여 2001년에는 37.8명으로 감소했다. 과테말라의 경우는 엘살바도르보다는 덜하지만 결코 무시할 수 없는 통계자료를 우리에게 보여준다. 즉 1997년에는 살인율이 인구 10만 명당 38명에서 1999년에는 24.19명으로 떨어졌다. 마지막으로 니카라과의 경우는 1988년부터 살인율이 급격히 감소하여 2000년에는 10만 명당 9.5명으로 감소했다. 반면 살인을 제외한 일반 폭력 및 가정 폭력 사건, 강도, 강간 등은 전혀 줄어들고 있지 않았다. 매우 모순적이게도 살인사건을 제외한 일반 폭력은 내전을 경험했던 국가들에서 증가했던 것이다. 이들 국가들에서는 온두라스의 경우와 마찬가지로 우리는 사회적 갈등의 부활도 관찰할 수 있었는데 이 갈등은 어떤 경우에는 매우 파편화 되어있고 비조직적이었다. 전역한 군인들과 게릴라 조직에서 활동했던, 즉 "동원 해제"된 많은 무장 행위자들은 일반적으로 이러한 새로운 형태의 비살인적 폭력에 직접적인 책임이 있었다. 이와 같은 맥락 속에서 중앙아메리카의 북부 삼각지대 국가 도시들의 서민 거주 지역에서 갱단들의 활동이 번성하기 시작했다. 그런데 이 갱단들의 기원은 매우 복잡하며 본 연구의 범위를 넘기에 본고에서는 다루지 않는다. 이렇게 중앙아메리카 국가들에서는 갈등의 시기 이전부터 항상 다양한 공통적 상호 작용의 중심에 존재했던 폭력의 양태가 다시 시작되었던 것이다. 엘살바도르에서는 1965년 연구 10만 명당 실인 피해자수가 30명이었고 같은 시기 니카라과에서는 16.5명이었는데 이 사실은 중앙아메리카 국가들의 현대사에서 갈등의 시기 이전부터 폭력 행위가 만연해 있었음을 명확히 반영하고 있다.[2)]

2) Mario Monteforte Toledo, *Centro América: subdesarrollo y dependencia*, tomo 1, UNAM, Ciudad de México, 1972, p. 128. Toledo는 1965년 과테말라에서의 살인률과 자살률이 인구 10만 명당 14명, 파나마에서는 16.5명, 코스타리카에서도 16.5명이라는 통계수치를 제공하고 있지만 온두라스의 경우에는 자료가 없다고 지적하고 있다.

〈그림 1〉 북부 삼각지대 국가와 니카라과의 살인률(1990-2015)

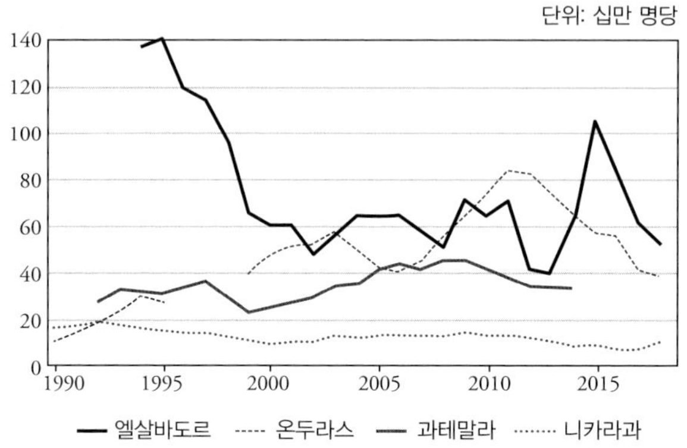

출처: 세계은행.

2000년대 이후부터 니카라과를 제외한 모든 중앙아메리카 국가들에서는 살인율이 지속적으로 증가하고 있고 또 다른 많은 형태의 폭력, 특히 납치와 다양한 형태의 갈취, 강간, 가정폭력 등이 재연되고 있음을 우리는 목도할 수 있다. 이 현상은 특히 1980년대에 내전을 겪지 않았던 온두라스에서 두드러지게 나타났다. 이 국가에서는 살인 사건으로 인해 발생한 희생자 수가 2000년대에는 인구 10만 명당 50명이었는데 이후 지속적으로 증가하여 2011년에는 84명에 이를 정도로 매우 높은 살인율을 우리에게 보여준다. 이후 비록 이 비율은 점차 감소 추세를 보였지만 2018년에도 인구 10만 명당 39명을 기록할 정도로 여전히 그 수치가 매우 높다. 이와 같은 폭력 현상은 특히 도시 및 국경 지역에서 두드러지게 나타났다. 엘살바도르에서도 역시 살인율이 큰 폭으로 증가했다. 2002년에 인구 10만 명당 48명이었던 살인율은 2013년에는 40명으로써 줄어들긴 했지만 이 수치가 감소되기 전인 2009년에는 79명까지 치솟았다. 하지만 감소 곡선을 그리던 살인율은 2013년 이후부터 새로운 상승 추세로 이어지면서 2015년에는 무려 105명에 달했고 이후 다시 하향 곡선을 그렸다. 살인 사건은 도시 지역 및 온두라스, 과테말라 국경 지역에서 특히 심각하게 많이 발생했다.

온두라스에서는 살인 사건뿐만 아니라 다른 다양한 형태의 폭력 역시 동시에 급증했다. 과테말라에서도 그 정도는 덜하지만 역시 살인율이 급증하는 현상을 우리는 목도할 수 있다. 이러한 폭력이 재현되는 주공간은 우선적으로 수도 및 국경 지역이었다. 한편 니카라과에서는 북카리브 자치주 및 남카리브 자치주를 제외하고는 전국적 단위에 있어 살인율의 증가가 눈에 띌 정도는 아니었다.

이들 모든 국가들에서의 폭력의 지도, 무엇보다도 도시에서의 폭력의 지도는 내전 시기 주로 농촌 지역에서 발생했던 폭력과는 그 어떤 연관성도 가지지 않는다. 이와 마찬가지로 폭력의 행위자 역시 크게 변화했다. 이전에는 폭력의 주체가 주로 군인과 경찰 그리고 게릴라였던 반면 최근 20년간의 폭력은 새로운 행위자들에 의해 발생했다. 당연히 이 새로운 행위자들은 마약 카르텔, 임업 및 광산업자들에 고용된 청부살인업자, 마약 카르텔과 결부된, 혹은 결부되지 않은 다양한 조직범죄집단과 그 조직원들이다. 이 폭력 행위자들의 타겟은 노동조합원, 환경운동가, 언론인 혹은 자신의 땅을 지키고자 하는 농민들이다. 마지막으로 조직폭력단원, 노숙자 그리고 거리의 청소년들을 대상으로 하는 "사회정화작업"은 사설 보안업체를 위해 추가활동을 하는 경찰이 수행한다. 마지막으로 라이벌 조직의 조직원과 갈취 행동에 저항하는 서민층 거주 지역의 주민들을 살해하는 이들은 조직 폭력단의 조직원들이다.

새로운 이민의 흐름

이와 같은 새로운 형태의 폭력은 중앙아메리카 북부 삼각지대 국가 국민들이 멕시코를 거쳐 미국으로, 혹은 규모는 작지만 캐나다로 이주하려는 이민의 증가라는 결과를 초래했다. 실제로 이들 국가들에서는 내전이 벌어지던 시기까지는 소수의 사람들만이 북아메리카 국가들로 이민을 떠났지만 2000년대에 접어들면서 이민자 수가 폭발적으로 증가했다. 1979년부터 1987년까지 이들 국가들이 내전의 소용돌이 속에 있는 동안 상당수의 중앙아메리카 지역 국민들은 내전의 영향을 받지 않은 다른 중앙아메리카 국가들뿐만 아니라 멕시코, 미국, 캐나다로 이주를 했다. 이후 이들은 내전 이후에 이주를 한 이민자들을 도왔다.

1990년대부터 중앙아메리카 국가들에서는 멕시코와 미국으로의 이민이 지속적으로 증가했다. 무엇보다도 엘살바도르에서는 폭력으로부터 탈출하여 더 나은 일자리를 찾기 위해 이민을 결심한 인구의 비율이 2000년에는 전체 인구의 16%였던 반면 2017년에는 무려 35%로 증가했다. 그 규모는 덜하지만 온두라스와 과테말라에서도 유사한 현상이 관찰된다. 같은 기간 동안 이 두 국가에서는 이민자 수가 세 배 증가했고 그 비율은 전체 인구의 5%에서 10%로 두 배 증가했다. 니카라과 역시 중차대한 이주 현상을 경험했는데 역시 대부분 이민자들은 미국으로 이주를 했다. 그러나 다른 중앙아메리카 국가들과는 달리 니카라과의 경우는 미국으로 향한 이민자 수만큼이나 되는 규모의 이민자들이 이웃 국가인 코스타리카로 이주를 했다. 다니엘 오르테가 정권이 반정부 시위에 대해 폭압적인 진압을 한 2018년 이후에는 니카라과를 떠나는 이민자 규모가 더욱 확대되고 있다.

중앙아메리카 지협 지대에 위치한 국가들에서 이와 같은 전례가 없는 새로운 이민의 움직임은 많은 중앙아메리카인들이 이 지역에 만연한 폭력으로 인해, 또한 매우 협소한 구직 기회, 특히 고급 인재들에게 있어 취업할 기회가 현격하게 부족해짐에 따라 더 이상의 미래가 없을 것이라고 인식하는 하나의 방식을 상징한다고 할 수 있다.

다양한 부패

폭력의 증가는 다양한 이유로 인해 1980-1990년대보다 훨씬 더 복잡하고 체계적인 형태로 등장한 부패 현상과 병행하여 해석해야 한다. 왜냐하면 중앙아메리카 지협에 위치한 국가들은 남아메리카에서 생산된 코카인을 미국으로 운송하는데 있어 주요한 경유 지역이 되었기 때문이다. 또한 중앙아메리카 경제에 있어 1차 산업 활동의 성장 결과 다양한 불법 거래가 증가했기 때문이다. 이는 4반세기 이상의 기간 동안 상당한 가치를 지닌 상품들이 불법적으로 중앙아메리카 국가들을 통과했다는 사실을 의미한다. 2005년 유엔마약범죄사무소(UN Office on Drugs and Crime: UNODC)의 전문가들은 마약유통 경로로 이용되는 중앙아메리카 국가들의 국내총생산이 당시 미국으로 반입된 코카인의 총 가치보다 적다고 계산했다.[3] 현재 이 불법 교역으로 발생하는 이익들이 중앙아메리카 국가들의 국내총생산 증가를 고려할 때 비록 비례적으로는 덜 중요하지만 이들 국가들의 경제에 있어 지속적으로 중요한 역할을 하고 있다. 즉 의류 및 자동차 교역, 미식 활동, 은행, 부동산 부문, 건설 및 공공사업, 관광업과 같은 일련의 경제 활동들은 마약 유통을 통한 자금 세탁의 큰 혜택을 보고 있다.

군과 정치 엘리트 그리고 사법부는 현재에는 멕시코 마약집단이 장악하고 있는 이 불법 거래에 있어 핵심적인 역할을 수행하고 있다. 위협과 부패가 지닌 힘의 강도가 중앙아메리카 북부 삼각지대 국가들의 지배층에게 있어 그 중요도를 더하고 있는 것으로 평가된다. 한편 니카라과에서는 2006년에 다니엘 오르테가 대통령이 재집권한 이후 권력이 오르테가 일가에게 과도하게 집중되면서 지배 엘리트 계급이 오르테가 일가에 종속되어 버리는 상황이 발생했다. 정치 부문과 군, 경찰, 사법부 간의 이러한 결탁은 중앙아메리카 북부 삼각지대 국가들에서

3) 당시 중앙아메리카 국가들의 국내총생산을 살펴보면 과테말라 280억 달러, 온두라스 70억 달러, 엘살바도르 160억 달러, 니카라과 50억 달러, 코스타리카 190억 달러, 파나마 140억 달러이다.

절도, 차량 밀매, 인신 매매, 특히 매춘과 같은 또 다른 불법 활동 등을 조장하고 있다.

마약 밀매 및 조직범죄와 결탁한 부패의 영향력이 더욱 강력해 지면서 부패의 또 다른 현상들이 나타나는 사태가 발생했다. 이 새로운 부패의 현상들은 중앙아메리카의 다양한 경제 활동 분야에 투자하고자 하는 자본가들뿐 아니라 이 지역에 위치한 국가들에 대한 원조에 관심 있는 국제기구나 국가들의 국제협력에 기인한 재원의 유입과 결부되어 있다. 1990년대에 무장 해제된 게릴라들의 재사회화 프로그램을 지원하기 위해 국제협력, 이후 1998년에 발생했던 허리케인 미치와 2000년대 들어서는 지진에 의해 초토화된 국가들의 재건을 돕기 위한 국제협력을 통해 이루어진 노력들은 상당한 규모의 자금 유용의 대상이 되었다. 미주대륙을 위한 볼리바르 동맹(Alianza Bolivariana para los Pueblos de Nuestra América: ALBA)을 통해 베네수엘라는 2006년부터 니카라과와 엘살바도르를 원조했고 2006년부터 2009년까지는 마누엘 셀라야 대통령의 짧은 집권기간 동안 온두라스를 지원했는데 이 기금 역시 체계적인 자금 유용의 대상이 되었다.

부패의 마지막 형태는 영향력 행사 및 모든 수준에서 정치적, 행정적 권한을 행사하는 엘리트들로부터 나오는 뇌물수수 시스템이다. 중앙아메리카 국가들의 여러 대통령과 그 일가들은 농업, 광업, 상업 혹은 산업 활동에 투자하고자 하는 기업가들에게 행정적 권한을 부여하고 옹호하는 특혜를 제공했다. 이들은 또한 관세사기 시스템을 구축하기도 했다.

이러한 현상들은 과테말라, 엘살바도르, 니카라과 이 세 국가가 모든 부문에서 경제 투자를 둔화시킨 10여 년 간의 내전을 공통적으로 경험했기 때문에 더욱 중요해졌다. 따라서 특히 니카라과의 산디니스타 정권 하에서 행하여졌던 일부 사유 재산의 몰수나 과테말라와 엘살바도르 농촌 지역에서 일부 주민들의 이탈로 인해 발생한 토지 변경에 대해 논의가 제기되었을 당시 토지소유제도의 변화들과 결부된 생산 활동의 재개는 기존 소유권에 대한 효력이 상실되었다는 명분하에 모든 유형의 법적 위반에 있어 제기되는 사법적 분쟁을 일으켰다. 소유권 이전 문제는 니카라과에서 특히 심각한 문제를 가져왔다. 즉 산디니스타 혁명 정부를 지지하던 세력들은 재산, 주택, 부동산, 농토, 국유기업 소유권을 혁명 지도자들과 당 수뇌부뿐만 아니라 농업협동조합, 농민가족, 불안정한 지역에 거주하는 주민들을 위해 양도할 수 있는 법안에 투표를 했다. "피냐타(Piñata)"로 명명된 이 법들은 농업 재분배, 공평한 도시 개혁과 같은 '공정함'과 산디니스타 지도자들을 소모사 정권 당시 부를 독점하던 이전 특권층과 같은 수준의 특권층으로 만들어 준 사유재산의 창조라는 '불공정함'을 구별할 수 있는 모든 가능성에 영향을 미쳤다. 니카라과의 경우보다 그 정도는 덜 하지만 과테말라의 농촌지역에서도 유사한 문제가 목도되었다. 정부군의 학살을 피해 고향으로부터 탈출했던 수 만 명의 농민들은 그들의 땅을 정부군과 협조하기로 한 이들에게 뺏긴 것이다. 이와 동일한 현상이 엘살바도르 농촌지역에서도 발생했다.

사이비 민주주의

중앙아메리카 지역에서 확산되기 시작한 이러한 형태의 폭력과 부패는 1990년에 체결된 에스키풀라스 평화협정이 체결된 이후에 수립된 민주주의 정부 체제의 좌절과 명백히 연결되어 있다. 실제로 평화협정이 체결된 이후 모든 부문에 있어 법치국가 체계가 재수립되기는 했지만 동시에 내전 중에 발생했던 범죄 행위에 대한 사면 절차가 수반되면서 하나의 무(無)처벌 형태가 확립되었다.

하지만 이러한 평화협정이 민주적 관습을 강화하는데 기여했다는 사실에 대해서는 그 누구도 의심하지 않는다. 평화협정은 조약 당사국들이 그들의 영토로부터 게릴라들을 통해 수행되는 무장 작전에 대한 지원을 금지하는 메커니즘을 구축했다.

비상사태로 인해 종종 침해되는 기본적 자유권을 재수립하고 다원적이며 경쟁적인 선거를 신속하게 조직하겠다는 조약 당사국들의 약속은 또한, 특히 니카라과에서의 민주 정권 수립에 유리하게 작동했다. 우리는 또한 평화협정들이 특히 온두라스에서는 1882년부터, 엘살바도르에서는 1984년부터, 그리고 과테말라에서는 1985년부터 이전부터 시작된 민주화 과정의 초반부에 상당한 영향을 미쳤다는 사실을 목도할 수 있다.

평화협정은 이전에는 사회가 협정이나 선거를 통한 일반 의지의 표현으로 형성되는 것이 아니라 힘에 의해 형성된다고 생각하던 폭력 옹호론자들에게 민주주의의 의미를 일깨워주는 계기를 마련했다. 콘트라 반군과 같은 일련의 행위자들과 파라분도 마르티 민족해방전선(FLMN)이나 과테말라 민족혁명연합(Unidad Revolucionaria Nacional Guatemalteca, URNG), 그리고 산디니스타처럼 당과 국가를 일체시하는 중앙아메리카 북부 삼각지대 국가들에서 전개된 무장 활동들은 민주주의적 가치체계로 전환되었다. 이와 마찬가지로 상대편이 저지른 전쟁범죄를 고발하기 위해 도구화 되었던 인권은 관습 및 민주주의적 이상과 불가분의 관계를 맺고 있는 보편적 요구에 대한 새로운 성찰을 할 수 있도록 하는 초석이 되었다. 이 새로운 감성은 적어도 언론과 문학 그리고 음악의 부활을 통해 표출되었다. 또한 이 새로운 감성은 페미니스트 운동 혹은 원주민 운동과 관련된 비정부기구들, 그리고 난민 송환을 모니터링 하거나 생태 문제 및 영토 문제에 관심을 가지고 있는 비정부기구들이 전례 없이 활발히 활동을 하는 상황 속에서도 느낄 수 있었다.

하지만 1990년대 후반부터 새롭게 민주주의 국가로 변모한 이들 국가들에게 민주주의의 원칙에 대한 여러 도전들이 명백하게 표출되었다는 사실을 지적해야 한다. 이들 국가들에서는 매우 일상적이며 평범한 프로젝트에도 수반되는 부패와 폭력의 습성이 지속적으로 존재했다. 최악의 폭력과 믿을 수 없을 정도의 엄청난 부패가 결합되었던 시공간인 내전 기간 동안 획득한 관습이 어떤 면에 있어서는 평화 협정에 의해 합법화 되어버린 것이다. 과테말라와 니카라과 그리고 엘살바도르는 내전 종식 후 내전 관련 모든 당사자들을 사면하기로 결정했다. 이것은 이 세 나라에서는 수년간에 걸쳐 막대한 피해를 가져온 내전의 배경이었던 폭력과 부패가 결합을 하고 평화협정에 수반되는 사법 절차가 부재함으로써 결과적으로 무(無)처벌의 문화가 탄생하게 되었음을 의미한다. 더욱 안 좋은 점은 이런 무(無)처벌 문화가 무장행위를 종식시키고 민주주의의 원칙에 가치를 부여해야 할 바로 그 순간에 확립되었다는 점이다. 1990년부터 과테말라와 온두라스에서 이른바 "사실적 권력"의 지배가 확대된 것은 민주적 열망과 권력은 필연적으로 폭력에 의존하고 특권이 수반된다는 생각 사이의 긴장을 잘 보여주는 하나의 예이다. 이러한 현상은 다른 중앙아메리카 국가에서도 나타났는데 1996년부터 2006년까지는 니카라과에서 아르놀도 알레만과 다니엘 오르테가가 과두체제를 형성했고 이후에는 오르테가 부부가 국가 권력을 독식하고 있으며 엘살바도르에서는 2019년부터 나이브 부켈레가 이와 같은 맥락 속에서 정권을 장악하고 있다.

과테말라에서 체결된 평화 협정은 법치주의 강화의 필요성을 강조하면서 이를 위해 군축을 단행하고 국가의 민간행정기구의 권한을 강화해야 한다고 확인했음에도 불구하고 이를 위한 조치들은 거의 취해지고 있지 않다. 군 정보기관들은 여전히 존재하고 있으며 협박 작전과 심지어는 "반체제인사"에 대한 암살도 수행하고 있다. 2000년대에 접어들면서부터는 군 수뇌부와 기업인 그리고 정치인들이 마약 밀매 네트워크와 결부되기 시작했다. 이 마피아들은 국가 기구와 정치 영역에 체계적으로 침투하여 공공 생활에 대한 영향력을 행사하려고 했고 국가를 지배하려 했다. 이와 흡사한 결탁 현상이 온두라스에서도 관찰된다. 여기에서는 사적 이익을 위해 국가 기구에 대한 통제가 광범위하게 이루어지고 있다. 니카라과에서는 의회에서의 매표 행위와 같은 관행들이 1990년 대선에서 산디니스타의 오르테가 대통령을 누르고 당선된 비올레타 차모로 대통령 일가가 연루된 훨씬 더 일상화된 부패의 공간을 마련해 주었다. 이러한 맥락 속에서 오르테가는 리비아의 독재자 무아마르 가다피 전 대통령의 재정 원조를 바탕으로 산디니스타 민족해방전선 내 혁신 세력을 제거하고 당권을 장악했다. 그리고 당원들에게 자신의 당권 복귀를 통해 산디니스타 민족해방전선이 다시 국가를 통치할 것이라고 약속했다. 한편 아르놀도 알레만은 마이애미 거주 쿠바인들의 재정 지원으로 1990년에 수도 마나구아 시장으로 당선되었으며 이후 1996년 대선에서 자유당 후보로 나서 대통령에 당선되었다. 2000년대 초 오르테가와 알레만은 정계에서 그들의 정적들을 제거하기 위해 체결한 진정한 협력 협정을 즐겼다. 이들은 재정 통제 법원, 최고 선거 재판소, 그리고 물론 의회와 같은 국가 핵심 기관을 장악했다. 2006년 대선에서 오르테가는 이 협정 덕분에 38%의 득표율로 니카라과 대통령에 재선되었다. 이후 그는 권력 분립 및 다원주의 선거에 있어서의 권력에 대한 논의 등과 같은 민주주의의 원칙을 뿌리에서부터 흔드는 시스템을 구축하면서 자신의 권력을 영속화하고 있다. 엘살바도르는 자신의 직접적인 이익과 목적을 위해 국가를 민영화하고 도구화하려는 행위자들의 시도에 도전을 받았지만 상대적으로 탄탄한 기반을 가지고 있었던 정당들인 국민공화연맹(Alianza Republicana Nacionalista: ARENA)과 파라분도 마르티 인민해방전선의 성장으로 인해 행정부, 입법부 그리고 사법부 간의 권력 균형이 이루어졌고 여기에 사적 권력의 확대를 위한 통제가 개입되는 것을 차단하는 시스템을 갖추었다. 이런 정치적 역학 관계는 좋던 나쁘던 간에 2019년 나이브 부켈레가 대통령으로 선출될 때까지 작동했다.

부패뿐만 아니라 일상적 폭력 현상이 점증적으로 사회 전방위에 걸쳐 편재하자 민주주의의 원칙에 의문을 제기하는 도식이 표출되었다. 이 도식은 한편으로는 사회적 관계 형성에 있어 폭력에 중심적 역할을 부여하며 다른 한편으로는 인권과 권력분립의 자유주의적 원칙을 폄하했다. 이러한 폭력의 현현에 대한 첫 번째 표식들은 주민 협회, 상인 연합회 그리고 사설 보안 회사들이 동시에 수행하는 다양한 "사회 정화"작업인데 이 작업은 종종 전직 군인들이 이끌었다. 중앙아메리카 북부 삼각지대에서 2000년대 이후로 급증한 이 살인은 대부분은 공모로 살인에 동의하지 않는 경찰은 특히 과테말라와 온두라스에서 감옥에 수감되어 있는 일부 범죄 집단과 공모하여 감옥 내에서 수감자들 간의 보복 싸움들을 묵인하고 감독했다.

직접적이고 무자비하며 본보기적인 처벌을 통해 범죄를 근절해야 한다는 필요성에 대한 믿음은 강경파의 레토릭이 되어 버렸고 이것은 궁극적으로 중앙아메리카 북부 삼각지대에 위치한 국가들의 우파 정당 내에서 명확한 주제로 자리매김을 했을 뿐만 아니라 엘살바도르의 파라분도 마르티 민족해방전선을 비롯한 다른 좌파 정당들 중 일부도 자신들의 의제로 삼았다. 범죄 집단에 대한 과도한 징벌 요구는 자유주의적 사법 원칙을 불신하는 움직임에 수반되었다.

범죄로부터 사회를 보호하기 위한 필수적 조치라는 명목 하에 행해지는 이와 같은 원칙들에 대한 첫 번째 논쟁들은 민주주의 원칙에 대한 의심을 수반했는데 동시에 이것은 온두라스와 니카라과 그리고 엘살바도르에서 국민과 엘리트 계급을 대립시키는 포퓰리즘의 낡은 도식을 부활시켰다. 그리고 시간이 경과함에 따라 스스로를 확립할 수 있고 권력 분립에 대해 의문을 제기할 수 있는 강력한 권력의 필요성에 대한 생각을 재평가하도록 했다. 2006년에 대통령에 당선된 마누엘 셀라야의 수사, 니카라과 대통령으로 재선된 다니엘 오르테가의 수사, 그리고 마지막으로 2019년 현재 나이브 부켈레 대통령의 수사 사이에는 놀랄만한 유사성이 존재한다. 이들 모두는 국민과 엘리트 간에는 구원할 수 없는 간극이 존재한다고 주장했다. 이들은 자신을 민중의 화신으로 제시하고 사회 각 분야의 이해관계에 대한 조정자로서의 역할을 강조했다. 그리고 이를 통해 자신이 기존의 사회적 분열을 극복하기 위한 노력을 경주하고 있다는 점을 보여주려고 했다.

마누엘 셀라야 대통령은 임기 말에 재선을 위한 여러 시도를 했지만 조직범죄집단의 일부를 구성하는 기업인들 및 셀라야 대통령만큼이나 비민주적인 국민당과 결탁한 정치 세력 연합체가 2009년에 일으킨 쿠데타에 의해 저지되었다. 반면 니카라과의 오르테가 대통령은 2018년에 대규모 반정부 시위가 있었지만 소모사 독재 정권 시기의 관행들과 1979년부터 1990년까지의 산디니스타 혁명 시기에 보여주었던 자기 권력의 전체주의적 형태를 모두 포괄하는 독재 체제를 구축하는데 성공했다. 그는 2006년 대통령에 재선된 이후 니카라과의 사법 기관들과 선거재판소를 통제하면서 국가를 자신의 뜻대로 운영했다. 이와 같은 정치 기구들에 통제를 통해 2016년부터 오르테가는 차기 대선에서 자신의 라이벌로 등장할만한 정치인들이 대선에 출마하는 것을 금지했고 2021년에는 모든 야당 지도자들을 투옥했다. 현재 니카라과에서는 오르테가가 전체주의적 권력을 구축해 놓았다는 사실이 명확히 목도된다. 그와 그의 부인이자 부통령인 로사리오 무리요는 자신들이 단합된 국민의 화신인 것처럼 행동하고 있으며, 이 체제하에서 모든 정치적, 사회적 반대와 반정부 노조활동을 "민중의 적"으로 규정하고 있다.

1990년대에 등장한 민주주의 혁신의 행위자들, 즉 새로운 정치 세력, 비정부기구, 협회, 언론, 농민 운동, 노동 운동 등과 같이 민주주의의 도래와 함께 등장한 사회 혁신 세력들은 지난한 과정을 통해 이 혁신을 일구어냈다. 코스타리카를 제외한 모든 중앙아메리카 국가에서 이들은 박해를 받았고 중상모략 캠페인의 대상이 되었을 뿐만 아니라 정부로부터 협박을 받았다. 그러나 다양한 종류의 민주주의 혁신을 지향하는 행위자들은 지배 권력에 대항해 적극적인 캠페인을 전개했으며 때로는 승리를 쟁취하기도 했다. 이런 모든 활동가들의 네트워크는 언론과 미디어, 그리고 국제앰네스티(International Amnasty)나 국제인권감시기구(Human Rights Watch) 그리고 원주민 법률보호센터(Indian Law Resource Center)와 같은 세계적 규모의 비정부기구뿐만 아니라 몇몇 유엔 산하기관의 임무에 자극을 주면서 이 지역에 대한 관심을 높이는데 성공했다. 이것은 이 지역에서의 민주주의의 혁신을 위한 행위자들의 노력과 용기로 인해 부패 행위와 수많은 인권 유린이 이전보다 전 세계에 훨씬 더 잘 알려지게 되었다는 사실을 의미한다. 몇몇 그룹들은 주목할 만한 성과를 거두었다. 2001년 미주인권재판소의 판결에 의해 니카라과 정부는 산림보호지역을 한국 기업에 매각한 일에 대해 원주민 공동체에 보상을 해야 했다. 하지만 가장 눈에 띄는 성과는 과테말라에서 일어났다. 첫 번째는 2006년 유엔의 승인으로 과테말라에서 국제 반(反)면책위원회(International Commission against Impunity)가 설립되는 과정에서 발생했다. 즉 시민사회와 일부 정치인들은 이 기구의 설립을 위해 활발히 집회를 조직했고 언론 캠페인을 전개했는데 그 결과 과테말라 의회는 이 위원회의 설립을 승인했다. 국제 반(反)면책위원회의 활동과 시민사회의 시위는 2015년에 오토 페레스 몰리나[4] 대통령을 사임시켰으며 이후 그를 기소하는데 결정적인 역할을 했다. 또한 이 위원회와 일부 국민들은 지미 모랄레스[5] 대통령과의 새로운 싸움도 이어

4) 과테말라의 36대 대통령. 재임기간은 2012년 1월 14일부터 2015년 9월 3일. 군 출신으로 1996년 과테말라 평화협상의 주역이었고 전역 후 정계에 입문하여 국회의원을 역임한 후 2011년 대선에서 승리했다(역주).

5) 과테말라의 38대 대통령. 재임기간은 2016년 1월 14일부터 2020년 1월 14일. 코미디언 출신으로 2015년 대선에서 알바로 콜롬 전 대통령의 부인인 산드라 토레스와의 대결에서 승리하여 대통령에 당선되었다(역주).

나갔는데 결국 모랄레스 대통령 역시 부패 혐의로 기소되었다. 2012년부터 2013년까지 전 독재자 에프라인 리오스 몬트[6]가 과테말라 법원에서 집단학살 혐의로 50년 형을 선고받았다. 또한 동시에 인권유린 혐의로 30년 형을 선고받았다. 비록 이 판결은 즉시 대법원에 의해 무효화 되었지만 그 과정은 과테말라에서 "권리를 가지기 위한 권리에 대한 지각"이란 측면에 있어 중요한 진전을 보여주고 있다. 한편 온두라스에서는 비록 진정한 승리를 거두지는 못했지만 많은 국민들이 일반화된 폭력과 마피아적 네트워크뿐만 아니라 마누엘 셀라야 대통령을 하야시킨 쿠데타와 더 나아가 후안 오를란도 에르난데스 대통령의 부정 재선에 저항하는 시위를 벌였다. 그런데 민주주의 지지자들이 가장 큰 어려움에 직면해 있는 곳은 다니엘 오르테가가 통치하고 있는 니카라과다. 실제로 오르테가 대통령은 2006년 재집권 이후 자신이 가장 위험하다고 생각한 반대세력들을 체계적으로 탄압했다. 오르테가와 아르놀도 알레만 간에 맺어진 협정이 지닌 위험성을 고발하고 오르테가 일가의 부패 네트워크를 폭로한 독립 언론들뿐만 아니라 오르테가 대통령이 의붓딸인 소일라메리카를 지속적으로 폭행했다는 폭로가 터진 이후 소일라메리카를 지지했던 페미니즘 단체들처럼 대통령에 대하여 비판적인 입장을 견지했던 세력들은 모두 탄압을 받았다. 대양 운하 건설에 반대했던 농민 운동 역시 예외일 수는 없었다. 활동가들 상당수가 체포되었고 심지어는 암살을 당하기도 했다. 최근에는 인권 운동가들과 야당 인사들에 대한 탄압이 두드러진다. 550명 이상 되는 사람들이 암살되었고 수백 명이 투옥되었으며 테러 혐의로 기소되었다. 결국 2022년 초에 완전히 자의적인 법원의 판결에 따라 100명이 넘는 사람들이 10년 이상의 징역형을 선고받았다.

6) 과테말라의 26대 대통령. 재임기간은 1982년 3월 23일부터 1983년 8월 8일. 군 고위 장성 출신으로 과테말라 육군사관학교 교장과 합동참모본부 의장을 역임했다. 1982년 쿠데타로 정권을 잡은 후 독재체제를 구축했지만 집권 17개월 만에 오스카르 메히아 빅토레스(óscar Mejía Victores) 장군이 주도한 쿠데타로 축출되었다(역주).

1980년대에 국제 여론의 관심을 한 몸에 받았던 중앙아메리카와 이 지역이 직면하고 있었던 위기는 오늘날에 들어서는 세계 여론의 큰 주목을 받지 못한 채 뒤로 물러나있다. 즉 인터넷의 출현이 가져온 정보혁명으로 인해 중앙아메리카 지역이 직면하고 있는 충격적인 위기 상황에 대해 그 어느 때보다도 많은 정보가 생산되고 있지만 여론과 미주기구, 유럽연합, 유엔 등과 같은 국제기구들은 이 지역과 관련해서는 "선의의 방치"를 하고 있다. 이들은 오직 중앙아메리카 국민들의 미국이나 캐나다로의 이민에 대해서만 우려를 표명하고 있다. 하지만 국제기구들과 여론은 여전히 이 현상을 부패하고 폭압적인 정부의 부상 그리고 폭력과 마약 카르텔의 영향력 증대와 결부시킬 능력이 없다. 최근 과테말라, 온두라스 혹은 니카라과에서 발생한 사건에서 우리는 이 지역 국민들의 민주주의 대한 열망이 더욱 커져가고 있음을 알 수 있다. 이 지역 국민들은 현재 구축되고 있는 새로운 폭정으로부터 해방되기 위해 국제기구와 세계 여론의 지원이 절실히 필요하다.

정동희 옮김

독립 200주년 중앙아메리카의 위기들

살바도르 마르티 이 푸이그
지로나 대학교 정치학과 교수

원제와 출처: Salvador Martí i Puig, "Urgencias en la América Central del bicentenario", *Nueva Sociedad*, No. 300, julio–agosto de 2022, pp. 41–50.

핵심어: 권위주의, 기후 변화, 위기, 이민, 중앙아메리카

필자는 중앙아메리카에 대한 분석을 시작하기 전에 많은 사람들이 이 지역에 관해 필연적으로 제기하는 세 가지 질문을 기술해 보는 것이 중요하다고 생각한다. 첫 번째 질문은 오늘날 중앙아메리카 지역은 민주주의 체제의 건전성 측면에 있어 수십 년 전 보다 향상되었는가 아니면 악화되었는가라는 것이다. 두 번째 질문은 중앙아메리카 국가들의 독립 200주년을 기념할 때 축하할 만한 것이 있는가라는 것이다. 그리고 마지막으로 향후 중앙아메리카 국가들이 직면하게 될 가장 시급한 도전은 무엇일까라는 것이다.

이 세 가지 질문들 중 가장 대답하기 쉬운 것은 두 번째 질문이다. 단적으로

말하면 축하할 만한 것이 거의 없다. 최근 몇 년 동안 이 지역은 삼중 위기의 상황에 처해 있었다. 이 위기들 중 하나는 민주주의의 명백한 퇴행에 기인한 것으로써 정치적 성격을 함유하고 있고 또 다른 하나는 COVID-19 팬데믹과 기후변화의 충격으로 인한 결과로 인간적 성격을 지니고 있으며 마지막 세 번째는 다양한 불법 행위와 취약성 및 폭력으로 인해 발생된 주민들의 이민 증가의 결과로 인한 위기다. 세 가지 질문들 중 다른 두 가지 질문인 첫 번째 질문과 세 번째 질문에 대해서는 본문을 통해 다룰 것이다.

중앙아메리카 민주주의(이론화)에 대한 소고

지난 몇 년 동안 중앙아메리카에 위치한 5개 공화국들은 뚜렷한 정치적 혼돈을 경험했고 이중 4개국에서는 지속적으로 민주주의가 침식되었다는 사실은 전혀 놀랍지 않다. 이런 의미에서 지난 30년 동안 화두가 되고 있던 정치 시스템을 분석하기 위한 기반을 제공했던 패러다임은 상당히 바뀌었다. 민주주의 이행론자들이 많았던 1990년대에는 권위주의 정권의 자유 민주주의로의 전환을 "전환"에 관한 연구로부터 해석했던 반면 이후에는 새로운 민주주의의 공고화(혹은 붕괴)에 대한 논의가 주를 이루었다. 학자들은 새롭게 등장한 정권들이 다두 정치 시스템이 요구하는 최소한의 특성들을 충족시키기 못했다는 점을 확인하면서 민주주의라는 명사에 새로운 다양한 형용사를 붙이기 시작했다. 이렇게 해서 많은 경우 형용사와 명사가 모순적 의미를 가지는 "위임 민주주의", "약한 민주주의", "불확실한 민주주의", "반동적 민주주의"와 같은 개념들이 탄생하게 된 것이다.

21세기에 접어든 이후 이런 시스템에 대한 시각이 변했고 이것이 지니고 있는 특성을 경험적으로 분석하고자 하는 경향이 강해졌다. 연구자들은 민주주의의

"질"에 대한 연구에 집중했고 이 연구를 통해 많은 수입을 올렸고 지금도 그렇게 하고 있다. 개념을 구축하기 위해 사용되는 척도는 비록 어떤 변수를 포함하고 이용해야 할지에 대한 합의가 항상 존재하는 것은 아니지만 시민의 자유, 공명선거, 개인 및 집단 권리, 반대 의견에 대한 보호, 권력 분립 등과 같은 요소들에 대해 항상 경험적 기반으로부터 출발을 하는데, 매우 다양하며 일반적으로는 표준화 되어 있다. 그럼에도 불구하고 시민권의 상태를 평가하는 차원, 참여 및 정치적 경쟁과 관련된 차원, 권력에 대한 효율적이며 효과적인 균형추와 관련된 차원 등의 세 가지 차원은 언제나 개념 구축을 위한 척도에 포함된다. 항상 국가들 간의 비교 분석을 수반하는 이러한 연구에서 코스타리카를 제외한 중앙아메리카 5개국은 라틴아메리카에서 최하위에 위치해 있으며 그 상황은 더욱 악화되고 있는 실정이다. 이러한 연유로 종종 과테말라, 엘살바도르, 온두라스, 니카라과 정권은 민주주의 요소와 권위주의 요소들이 혼합된 하이브리드 정권으로 분류되었다.

그러나 지난 5년간 이 지역을 둘러싼 주요 쟁점들은 정당 시스템의 붕괴, 개인 정치 플랫폼의 출현, 선거의 변동성, 정치적 양극화, 가짜 뉴스 유포를 위한 새로운 기술의 사용 등과 같은 우려스러운 정치적 경향의 결과를 둘러싼 관심으로 전환되었다.

중앙아메리카에 민주정권이 집권한 이후 처음으로 현재의 정치 시스템에 대해 공개적으로 의문을 제기하는 목소리들이 출현했다. 의심의 여지없이 이 순간은 민주적 모델과 그 정당성 및 가능성에 대한 논의가 이루어지는 전환점이었다. 대의 체계와 정부 행위 및 정치 기구의 정당성에 대한 의문이 제기되고 있다. 이러한 이유로 현재 전개되고 있는 학술적 논의에서 중앙아메리카뿐만 아니라 다른 지역에서도 "민주주의는 어떻게 사망하는가"에 대한 이론화 작업이 착수되었다. 따라서 탈민주화에 대한 연구는 30년 전 유행했던 전환기에 대한 연구와 마찬가지로 오늘날 의미가 있다. 예를 들어 2007년 이후, 무엇보다도 2018년 이후 니카라과가 경험한 정치적 퇴행에 대해 연구하는 것이 바로 이러한 성찰의 대표적 케이스다.

잘 알려져 있다시피 2007년에 다니엘 오르테가 전 대통령이 권좌에 복귀한 이후부터 니카라과에서는 한 개인이 국가 전체를 지배하는 독재 정권이 수립되었다. 이 정권은 초기에는 하이브리드 정권으로 분류되었을 수도 있었다. 그러나 시민들이 대규모 반정부 시위를 벌였던 2018년 4월부터 오르테가 정권은 도전을 받았고 이후 폐쇄적이고 억압적인 권위적 시스템으로 변모했다.[1] 오르테가 대통령 일가의 권력의 영속화 논리를 보여주는 가장 최근의 에피소드는 2022년 1월에 있었다. 이들은 2021년 11월에 치러진 대선에서 차분하고 평온한 승리를 거둔 척 하면서 오르테가의 연속 4번째 대통령 임기를 시작하려고 했다. 그 어떤 유형의 내부적, 외부적 합법성도 가지지 못했던 이 승리는 선거 관리 및 운영에 대한 통제의 증가와 2018년 중반 이후부터 전개되었던 강력하고 체계화된 억압적 활동의 결과였으며 이 글을 쓰고 있는 순간에도 지속되고 있다.

여하튼 중앙아메리카에서의 정치적 문제는 니카라과에만 국한되는 것은 아니다. 온두라스, 엘살바도르, 과테말라의 정치 제도 역시 확연히 퇴행했다. 온두라스의 정치는 당시 마누엘 셀라야[2] 대통령을 축출하고 자유주의 정치 지도

1) S. Martí i Puig, "Nicaragua: análisis de una crisis inesperada", *Documento de Trabajo* Núm 10, Fundación Carolina, Madrid, 6/2019.

2) José Manuel Zelaya Rosales(1952. 9–). 온두라스의 정치인으로 2006년부터 2009년까지 대통령을 역임했다. 자유주의적 성향이었지만 대통령 취임 이후 좌파적 색채가 짙은 국내외적 정책을 도입하여 보수파의 반감을 산 결과 2009년 6월 28일 군부 쿠데타에 의해 실각하고 코스타리카로 추방되었다 2009년 9월에 비밀리에 귀국했다. 이후 2010년 1월에 다시 도미니카 공화국으로 망명을 갔다 2011년 5월에 귀국했다. 2021년 11월 대선에서 그의 부인인 시오마라 카스트로(Xiomara Castro)가 대통령에 당선됨으로써 마누엘 셀라야는 세계 최초로 영부군이 되었다(역주).

자인 로베르토 미첼레티[3]를 권좌에 앉히기 위해 발생한 쿠데타로 인해 퇴보했다. 2009년 말에 치러진 대선에서는 전통적인 거대 보수정당인 온두라스 국민당(Paritido Nacional de Honduras) 대선 후보였던 포르피리오 로보 소사가 당선되었고 이후에 치러진 2013년 및 2017년 대선에서는 역시 같은 당 후보였던 후안 오를란도 에르난데스가 연이어 승리했다. 에르난데스 대통령 재임 기간 동안 온두라스는 극심한 정치적 양극화 현상이 발생했고 마약 밀매 집단과 정치인들 간의 유착으로 인한 대형 부패사건들이 연이어 터졌다. 또한 미주기구와 온두라스 정부 간 합의에 따라 온두라스의 반부패 및 반면책 지원단(Misión de Apoyo contra la Corrupción y la Impunidad: MACCIH)이 출범하여 2016년부터 2019년까지 활동을 했지만 에르난데스 대통령은 재선 이후에 이 기구의 활동 연장을 불허했고 미주기구 역시 에르난데스 대통령이 기구의 활동을 허용하지 않았다고 주장했다.

2021년 11월 28일에 개최된 대선과 총선 그리고 지방선거 및 중앙아메리카 의회 선거에서 자유와 재건당(Partido Libertad y Refundación: LIBRE)이 셀라야 전 대통령의 부인인 시오마라 카스트로를 대통령 후보로 내세워 승리했다. 이로써 온두라스 역사상 처음으로 행정부 수반 및 국가 원수로 여성이 취임했다. 또한 수십 년 동안 온두라스 정치계를 지배해 온 자유당과 국민당의 양당 체제가 깨졌다. 그러나 새 대통령이 취임했음에도 불구하고 새 정부 출범 초기는 국회에서의 탈당 스캔들과 지속적인 폭력 그리고 국가의 양극화 현상으로 얼룩졌다.

엘살바도르의 경우 정부와 야당 간의 긴장이 거리의 폭력과 더불어 또한 하나의 규범이 되어 버렸다. 2021년 2월에 엘살바도르에서는 총선과 지방선거가 열렸다. 이 선거에서 나이브 부켈레 현 대통령은 가족과 친인척들 및 측근들로

3) 온두라스의 정치인으로 2006년 1월부터 2009년 6월까지 국회의장을 역임했고 마누엘 셀라야가 군부 쿠데타로 축출된 후 2009년 6월부터 2010년 1월까지 임시 대통령직을 수행했다(역주).

구성된 새로운 정당인 “신(新)사상당”(Nuevas Ideas)의 창당을 추진했다. 이 신생 정당은 1992년 평화 협정[4] 체결 이후 엘살바도르의 제도적 시스템을 구성해 왔던 좌파연합 정당인 파라분도 마르티 민족해방전선(Frente Farabundo Martí para la Liberación Nacional: FMLN)와 우파연합 정당인 국민공화연맹(Alianza Republicana Nacionalista: ARENA) 두 거대정당에 대해 명백한 승리를 거두었다. 이 “혁신”은 보다 많이 합의된 정치적 수단들을 의미하는 것도 아니었고, 민주주의에 대한 보다 큰 존중을 의미하지도 않았다. 하지만 온두라스의 경우와 마찬가지로 이 선거들은 전통적인 양당체제를 종식시켰다.

그러나 현실은 정반대였다. 2019년 6월 집권 이후 부켈레 대통령은 주로 소셜 네트워크를 통해 자신의 의견을 표출하는 개인적 스타일 정치를 했고 1992년에 체결된 평화협정에 대해 가장 의심스런 눈길을 보내고 있던 군부와 결탁하는 자세를 취하고 있는데 이것은 일종의 형벌 포퓰리즘[5]의 밀레니엄적 재창조를 우리에게 진술하고 있다.

과테말라에서도 제도적 퇴보 현상이 목도되었다. 특히 2019년 과테말라 국제 반(反)면책위원회(Comisión Internacional contra la Impunidad en Guatemala: CICIG)가 추방된 이후 이 현상은 보다 명확해졌다. 부패가 확연히 과테말라 정치 의제의 주요 쟁점으로 부상한 것이다. 그리고 이것은 “부패 협정”으로 해석되었다. 이 협정은 입법부와 사법부 그리고 헌법재판소 간의 결정적이며 최종적인 협력을 상정했는데 이는 투명성과 정의 그리고 조직범죄와의 전쟁이라는 차원에 있어 퇴보를 의미했다.

4) 교황청과 UN의 중재로 멕시코 차풀테펙에서 1992년 1월 엘살바도르 정부와 파라분도 마르티 민족해방전선 간에 맺어진 협정. 이로써 1979년부터 지속되었던 내전이 막을 내리게 되었다(역주).

5) 20세기 이후에 등장한 개념으로 범죄가 증가하면서 사회가 불안정해지마 범죄자에 대한 강력한 처벌을 주장하여 대중의 지지를 얻으려는 현상을 의미한다(역주).

이러한 문맥에 있어 코스타리카는 상대적으로는 예외지만 역시 다른 중앙아메리카 국가들과 마찬가지로 정치적 불안정성과 불확실성이 고착화 되어버렸다. 2022년 대선과 총선 캠페인 과정이 부패와 족벌주의, 경제 위기 문제와 후보들 간 고발과 고소로 점철되었던 것은 결코 우연이 아니다. 2차 결선 투표에 오른 후보는 전통적인 거대 정당인 민족해방당(Partido Liberación Nacional: PLN)의 호세 마리아 피게레스와 상대적으로 역사가 짧은 사회민주진보당(Partido Progreso Social Democrático: PPSD)의 로드리고 차베스였다. 차베스는 대선 출마 전에 재무장관을 역임했고 세계은행에서도 근무를 한 경력을 가지고 있었다. 선거 결과는 52.84%의 득표율을 얻은 차베스의 승리였다. 하지만 그는 극도로 분열되어 있는 입법부와 57석의 의석 중 단 9석만 차지하고 있는 여당, 그리고 자신을 진정으로 지지하는 세력이 부재한 환경들 속에서 통치를 해야 하는 상황에 처해 있다. 이런 의미에서 코스타리카는 인구의 23%가 빈곤층으로 전락한 경제 상황과 국내 총생산의 70%에 달하는 공공부채 및 정치인들에 대한 매우 높은 불신과 마주해야 하는 아웃사이더 지도자가 이끄는 "분열된 정부"의 시대로 접어들었다. 기존 정치인들에 대한 국민들의 불신은 차베스가 대통령으로 당선되는데 일조했다. 그러나 이것은 그가 임기를 채우지 못하고 대통령직에서 내려와야 하는 상황을 만들 수도 있을 것이다.

이와 같은 문맥 속에서 우리가 알고 있는 자유민주주의는 약화일로를 걷고 있다. 범죄와의 전쟁, 경제 성장 혹은 기후 위기 또는 보건 위기와 같은 위기관리 문제에 있어 효율성의 패러다임에 호소하는 주장들은 권위주의적 행동양태를 재평가하고 있다. 대의기관과 정치인에 대한 낮은 신뢰도와 정당과 노조 등 전통적인 정치 행위자들에 대한 나쁜 평판은 민주주의 모델에 대한 직접적인 비판을 구성한다.

중앙아메리카의 민주주의는 많은 피를 흘렸고 수십 년간의 투쟁의 산물이었다. 지금까지의 모든 오류와 실패, 좌절 그리고 평범함에도 불구하고 그 누구도 감히 공개적으로 민주주의를 부정하지 않았다. 그러나 몇몇 여론조사 기관들은 엘살바도르, 온두라스, 과테말라 국민들 사이에서 권위주의 정부에 대한 선호도가 이미 50%를 넘었다고 언급하고 있다. 지금까지 우리가 살펴본 중앙아메리카 각국의 정치적 상황들로부터 본 연구의 초반부에서 제기했던 첫 번째 질문에 대한 대답, 즉 오늘날 중앙아메리카 지역은 민주주의 체제의 건전성 측면에 있어 수십 년 전 보다 향상되었는가 아니면 악화되었는가라는 질문에 대한 답이 도출된다.

보건 및 기후 위기

최근 몇 년 동안 중앙아메리카 국가들을 뒤흔든 것은 정치뿐만이 아니다. 이 지역은 한편으로는 보건 위기, 또 다른 한편으로는 기후 위기라는 두 개의 큰 위기들로부터 파생된 다른 위협들에 의해 공격을 받았다. 보건 위기와 관련하여 코스타리카는 팬데믹 초창기에 일관된 정책을 유지하던 유일한 국가였다. 카를로스 알바라도 대통령 행정부와 입법부 간의 신속하면서도 잘 조율된 대응조치는 주변국들에 비해 탄탄한 공중보건 시스템의 존재와 더불어 1차 팬데믹의 거센 물결을 억제할 수 있었다. 하지만 동시에 관광 산업을 외화 및 일자리의 주요 원천으로 삼고 있는 국가에서 팬데믹이 가져온 경제적 영향은 매우 가시적으로 나타났다.

중앙아메리카 북부 지역에 위치한 4개국이 추진했던 COVID-19 대책에 대해서는 각국 대통령의 정치적 성향과 무관하게 별 효과가 없었다. 노동 시장에 있어 높은 수준의 비공식성, 빈곤, 주택 공급의 불안정성, 그리고 무엇보다 국가의 취약한 인프라 역량과 같은 구조적 성격의 요인들과 단기적으로 해결하기 어려운 요인들이 이들 국가들에게 불리하게 작용했다. 이런 의미에 있어 COVID-19 팬데믹은 이 지역의 체계적인 구조적 결함을 확대시켰다.

팬데믹은 경제 분야에서뿐만 아니라 정치 체계에 있어서도 극히 취약한 상황에 처해 있던 중앙아메리카 국가들을 놀라게 했다. 연대와 지역 간 협력이 매우 약한 환경 속에서 국가통합체계가 심각하게 결핍되어 있고 국가 간 협력에 대한 의지가 전혀 없었던 중앙아메리카 북부 지역 국가들로 인해 중앙아메리카에 있어 팬데믹은 재앙 그 자체였다.

이런 의미에서 과테말라, 온두라스, 엘살바도르, 니카라과 국민들에게 COVID-19는 이미 그들의 일상생활에 존재하던 위험들에 추가로 덧붙여졌다. 니카라과의 경우는 팬데믹 초창기에 당국이 코로나 바이러스는 부르주아적 성격을 지닌 바이러스라고 주장하면서 그 치명성을 부정하기로 결정했기 때문에 별도의 논의가 필요하다. 니카라과의 다니엘 오르테가 대통령과 영부인이자 부통령인 로사리오 무리요는 "COVID-19 시대의 사랑"이라는 슬로건 아래 정권을 지지하는 대중 집회를 추동했다.[6)]

하지만 이와 같은 일화를 넘어 현실로 돌아오면 중앙아메리카에서의 COVID-19의 여파는 직접 확인된 코로나 바이러스 감염사례에 대한 축적된 데이터에서 잘 나타난다. 이 데이터는 다음과 같은 수치를 우리에게 보여준다. 코로나 바이러스 감염자 수가 코스타리카에서는 701,471명으로, 과테말라에서는 694,513명으로, 온두라스에서는 391,874명으로, 엘살바도르에서는 135,109명으로, 니카라과에서는 17,709명으로 급증했다. 이 통계자료는 2022년 2월 1일

6) "Simpatizantes sandinistas desafían al COVID-19 con marcha multitudinaria", video en Agencia EFE, 15/3/2020, 《www.youtube.com/watch?v=nbr2e_2eav0》.

현재 존스 홉킨스 의과 대학의 코로나 리소스 센터에서 발표한 자료다.[7] 사망자수는 같은 기관에서 발표한 동일 날짜를 기준으로 코스타리카는 7,593명, 과테말라는 16,401명, 온두라스는 10,512명, 엘살바도르는 3,914명, 니카라과는 220명이었다.[8]

지금 우리가 살펴 본 수치는 어떤 의미 있는 데이터들을 제공한다. 하지만 근본적으로 특히 니카라과의 경우처럼 명백하게 수치가 축소되어 있는 경우가 있고 검사 횟수와 확진자수 간에 성립될 수 있는 일치성으로 인해 우리는 이 숫치를 다룰 때 주의를 기울여야 한다.

팬데믹을 넘어서 중앙아메리카가 경험한 또 다른 위기는 기후 위기다. 2020년에 이 지역에 대한 기후의 위협은 역사상 가장 활발했던 허리케인 시즌에 나타났다. 이 기간 중에 총 30개의 폭풍이 발생했는데 이 중 13개가 허리케인으로 분류되었다.[9] 가장 강력했던 폭풍들인 이오타와 에타는 2020년 연말에 발생했다. 이 지역은 팬데믹으로 유발된 보건 위기와 막대한 피해를 가져 온 허리케인의 결과와 동시에 싸워야 했다. 온두라스, 과테말라, 그리고 니카라과가 가장 큰 피해를 본 국가들이었으며 엘살바도르와 코스타리카 역시 상당한 피해를 입었다. 농작물과 사회기반시설의 피해 역시 재앙적이었다. 2020년 기후 재해가 1998년 엄청난 피해를 야기했던 허리케인 미치에서 경험했던 것보다 훨씬 더 크다는데 그 누구도 반론을 제기하지 않는다. 그러나 미치 때와는 달리 중앙아메리카에서 발생한 기후 대재난에 국제 사회는 거의 반응하지 않았다. 미치가 국제 연대의 거대한 물결을 일으켰던 반면 에타와 이오타가 가져 온 폐허 상황은 COVID-19

7) Johns Hopkins University & Medicine, Coronavirus Resource Centre, 5/2/2022, 《https:// coronavirus.jhu.edu/map.html》.

8) Ibid.

9) Mariana Toro Nader, "Así fue la desastrosa temporada de huracanes 2020", en CNN *en español*, 1/6/2021

팬데믹에 빠져 허우적거리고 있던 지구 사회에서 감지를 하지 못했던 것이다.

유엔 인도지원 조정국(OCHA)이 제공한 2020년 12월 말에 발행된 보고서에 따르면 온두라스에서는 450만 명, 니카라과에서는 180만 명, 과테말라에서도 180만 명이 에타와 이오타로 인해 피해를 보았다.[10] 특히 이 두 허리케인은 시간적 간격을 별로 두지 않고 중앙아메리카 지역에 타격을 주었기 때문에 그 황폐화의 정도가 승수효과로 인해 더욱 막대했다. 2020년 11월초 첫 번째 허리케인인 에타가 이 지역을 강타했고 회복할 시간도 없이 2주 후에 더 강력한 두 번째 허리케인인 이오타가 상륙했다. 유니세프에 따르면 이 두 허리케인으로 인해 7개국에서 930만 명이 피해를 보았고 이중 350만 명이 어린이였다.[11] 정부의 지원은 매우 부족했고 이것도 시간이 지남에 따라 더욱 지연되었으며 결국에는 실현되지 않는 약속의 한 부분이 되었다. 의심의 여지없이 보건 위기와 기후 위기라는 두 개의 위기는 여러 영역에 있어 이 지역의 극심한 취약성을 보여주었다. 그리고 그 결과 유래 없는 인도적 위기가 발생하여 이 지역에 거주하던 많은 사람들이 이민을 떠나게 되었다.

탄압과 박해 아래에 놓인 국민들의 이민

표출된 위기들이 결합되면서 여러 부문에서 이 위기들로부터 탈출하고자 하는 욕구가 증대되는 결과가 초래되었다. 즉 중앙아메리카 북부 삼각지대 국가 국민들은 멕시코와 미국으로, 니카라과 국민들은 남쪽, 특히 대부분이 코스타리카로 이민을 계획할 수밖에 없는 상황에 처하게 된 것이다. 여기서 새로운 점은 사회 최하층 계급의 "탈출"과 더불어 니카라과에서 자행되는 억압과

10) OCHA, "Centro América. Tormenta Tropical Eta & Huracán Iota: Seis semanas después", 22/12/2020.

11) Unicef, "El impacto de los huracanes Eta e Iota", 1/3/2021.

엘살바도르와 과테말라에서의 권위주의적 성향을 가진 정치 지도자들의 부상으로 인해 학생, 활동가, 지식인, 그리고 정치인들이 망명을 하기 시작했다는 것이다. 예를 들어 2018년 이후 약 십만 명의 사람들이 정치적 원인으로 인해 자국을 탈출한 것으로 추정된다.

미국으로의 이민과 관련하여 고찰해보면, 오스카르 마르티네스가 그의 저서 『도래하지 않는 이민자들』(*Los migrantes que no importan*)[12]에서 매우 훌륭히 서술하고 있듯이, 이미 이전에도 미국으로 들어가는 과정은 끔찍했다. 하지만 팬데믹으로 인한 국경 폐쇄와 미국과의 상이한 협정들로 인해 과테말라와 멕시코를 통과하는 루트는 팬데믹 이전보다 이민자들에게 더욱 어려워졌다.

이민의 방법은 대다수의 경우 계속해서 개별적으로 이루어지고 있으며 미국으로 가고자한다. 그런데 COVID-19 팬데믹이 시작되기 직전에 언론들은 2018년과 2019년 사이에 온두라스를 떠난 6개의 이민 행렬 현상에 주목했다. 여하튼 팬데믹과 이 이민 행렬들이 목적지에 도착할 때까지 직면해야만 했던 수많은 장애물들은 이민자들이 계속해서 최종 목적지까지 가는 것을 단념시켰던 것처럼 보인다. 멕시코와 과테말라 등 이민자들이 최종 목적지에 도달하기 위해 경유를 해야 하는 국가들에서 조직화된 이민자들에 대한 탄압이 강력하게 이루어지면서 보건 위기 이후에는 더 이상 이민 행렬이 나타나지는 않았다. 그 이후 타파출라(Tapachula) 인근의 수치아테(Suchiate) 강변을 따라 멕시코 정부가 군을 주둔시키면서 멕시코-과테말라 국경 지역은 여기에 발이 묶인 이민자들에 대한 정부의 폭력 현장으로 변모했다.[13]

이민 문제는 현재 중앙아메리카 국가 국민들 및 몇 년 전부터 이민법 개정을

12) Debate, Ciudad de México, 2008.

13) Gobierno de México, Instituto Nacional de Migración, "Tema migratorio", 23/10/2021, 《www.inm.gob.mx/gobmx/word/index.php/tema-migratorio-241021/》.

약속을 했지만 아직까지 실행에 옮기고 있지 않는 멕시코와 미국 정부에게 중요한 문제로 대두되고 있다는 현실에 대해서는 의심의 여지가 없다. 조 바이든 행정부의 출범은 이민 문제에 있어 어떤 변화를 가져올 것처럼 보였지만 현재까지 그 희망은 좌절된 상태로 남아있다. 바이든 행정부는 트럼프 대통령 재임 당시였던 2019년에 제정된 멕시코와 미국 간 국경비상선언을 철회한다거나 미국-멕시코 국경에 장벽 설치를 위한 예산을 동결하는 등 이민 문제에 대해 이전 정권과는 다른 새로운 입장을 보여주고는 있지만 미국 이민법 개정안은 여전히 의회에서 차단된 상태로 남아있다. 미국에 거주하고 있는 약 천 백만 명에 달하는 중앙아메리카 출신 불법 이민자들이 미국 시민권을 취득할 수 있는 길을 만들어주기 위한 이민법 개정 발의안에 대한 차단은 심지어 이들이 미국에 정착한 후에도 여전히 취약한 상태에 처할 수밖에 없도록 한다. 더욱이 트럼프 행정부 시기에 제정된 몇몇 규정들이 여전히 유효하다는 것은 바이든 행정부가 이전 정부가 수립해 놓은 의제를 계승하고 있다는 점을 보여준다. 대선 당시의 공약들과 취임 초기 바이든 대통령이 보여준 자세는 그가 의도하고 목표로 하는 것에 대한 선언으로써만 남아있다.

사회 불안과 이로 인한 위기로 인해 어쩔 수 없이 고국을 떠나 외국으로 이민을 가야하는 "이민 드라마"와 관련하여 성폭력은 중앙아메리카와 아메리카 대륙 전체에서 이민을 강제하는 외부 동인들 중 가장 중요하지만 무시되고 있는 동인이라는 사실을 강조할 필요가 있다. 동시에 소녀들과 여성들이 최고의 폭력 피해자라는 사실 또한 고려할 필요가 있다. 여성들과 소녀들에 대한 폭력은 이민 현상 분석에서 항상 표출하고 있지는 않지만 수많은 사례에서 불기소 면책 처분을 받고 있다. 여성과 소녀들의 지위와 안전에 대한 고려를 하지 않고 시민권 부여, 국내 경제 안보 혹은 사회 안전과 같은 중앙아메리카 지역에서 이슈가 되는 그 어떤 주제도 논의하는 것이 불가능하다.

불확실한 미래

지금까지 우리가 살펴보았던 내용은 우리를 낙관주의로 초대하지 않는다. 중앙아메리카의 그 어떤 정부도 국민이 요구하는 일상생활에 필수적인 다양한 사항들을 해결하는 것을 정책의 우선순위로 두고 있지 않다. 이 지역 대다수 국민들이 직접적으로 경험하고 있는 열악한 조건들을 시정할 수 있는 일관된 공공정책이나 경제 계획이 국가 지도자들의 의제에 나타나 있지 않다. 자원 이외에도 정치적 의지가 부족한 것이다. 이 방향에 있어 이 지역 국가들의 정치, 경제 엘리트 계급은 국민의 이익보다는 자신들의 이익을 보호하는데 훨씬 더 큰 관심을 두고 있는 것 같다. 여기에 우리가 앞에서 언급했던 정치에 대한 불신이 덧붙여진다.

미래에 대한 대안을 기획, 설계하기 위해서는 동시에 지역통합에 대한 평가가 필요하다. 이런 의미에 있어서 경제 블록이 매우 중요한 역할을 하게 될 세계적 맥락에 이 지역을 위치시키기 위해서는 중미통합체제(Sistema de la Integración Centroamericana: SICA)[14)]의 목표를 재설정할 필요가 있다. 하지만 최근 5년간 회원국 정부들 간 협정의 부재와 중미경제통합은행(Banco Centroamericano de Integración Económica: BCIE)의 확고한 경제정책의 부재로 인해 중미통합체제의 업무와 역할이 상당히 축소되었다. 중미의회(Parlamento Centroamericano: PARLACEN) 역시 이 지역 국가 정당들이 의회에 자신들의 대표를 보낼 때 겪는 위기와 동일한 위기를 겪고 있다. 문제는 지역 통합이 중기적으로 하나의 선택이 아니라 공적 권력과 사적 권력이라는 두 개의 패권적 권력이 더욱 의제를

14) 1823년부터 1841년까지 중앙아메리카에 존재했던 중앙아메리카 연방 공화국을 구성했던 과테말라, 엘살바도르, 온두라스, 니카라과, 코스타리카와 파나마, 도미니카 공화국 등이 이 지역의 정치, 경제 협력을 위해 1993년에 발족한 기구. 2021년에 한국도 옵저버 국가로 가입했다(역주).

점유해가는 상황 아래에서 생존을 위한 필수적 요소라는 점에 있다.

이 틀 안에서 필자가 본고의 서두에서 제기한 세 개의 질문들 중 세 번째 질문인 향후 중앙아메리카 국가들이 직면하게 될 가장 시급한 도전은 무엇일까라는 질문에 대한 답을 하는 것 쉽지 않다. 이 답들은 워낙 다양하여 긴 리스트를 만들 수 있을 정도일 것이다. 만약 필자에게 이 질문에 대한 4개의 답을 하라고 한다면 필자는 우선적으로 인간의 가장 기본적인 선인 안전과 시민권 행사의 권한을 보장하기 위해 지역과 지방 정부로부터 시작하여 국가의 부재로 인해 갱단에서부터 마약 집단에 이르기까지의 불법 네트워크에 의해 점진적으로 점령되고 있는 국토의 "상실된" 부분을 수복해가면서 아래로부터의 법치주의를 수립해야 한다고 주장하고자 한다. 둘째로 필자는 교육과 보건에서부터 시작하여 기본적인 공공 서비스를 재평가하고 보편적으로 전개하는 것이 시급하다는 점을 지적하고자 한다. 또한 동시에 누진세 정책의 설계와 사기와의 전쟁을 실행해야만 한다. 셋째로 필자는 이 지역에서 매우 중요한 두 집단에 목소리와 권한을 줄 수 있는 행위자와 기관이 필요하다는 점을 강조하고자 한다. 두 집단 중 하나는 바로 여성으로써 이들의 대표성, 이들에 대한 권한 부여, 이들의 리더쉽 그리고 이들의 감성이 없이는 미래는 더 이상 존재하지 않을 것이다. 또 다른 집단은 원주민이다. 이들은 지식과 공유 자산 그리고 생태 시스템을 구축하는데 있어 필수적인 행위자다. 마지막으로 필자가 제시하고자 하는 것은 생물다양성, 담수 및 전략 광물과 같은 21세기 전략적 자원을 다양하고도 풍부하게 보유하고 있지만 동시에 취약한 이 지역에서 환경을 보존하는 것이다. 이 네 번째 답변은 앞에서 제시한 세 개의 답변들 못지않은 중요성을 가지고 있다.

항상 그러하듯이 문제는 우리가 제기한 각각의 도전들에 대해 어떻게 대응하고 해결하느냐이다. 지름길은 없다. 하지만 중앙아메리카 지역을 황폐화시킨 위기 이후 지속가능하고 포괄적이며 공평한 재건에 대한 최소한의 의제를 통해 일종의 정책적 사회 계약에 관해 생각하는 것이 정당할 것이다. 이것은 계급적, 사회적 조건을 배제한 채 인간의 존엄성을 중심에 두는 새로운 상식을 구축하는 것이다.

정동희 옮김

니카라과: 혁명 프로젝트에서 권위주의 왕조로

엘비라 쿠아드라 리라

중앙아메리카 초학제 연구소 소장

원제와 출처: Elvira Cuadra Lira, "Nicaragua: de proyecto revolucionario a dinastía autoritaria", *Nueva Sociedad*, No. 300, julio–agosto de 2022, pp. 65–73.

핵심어: 권위주의, 산디노주의, 로사리오 무리요, 다니엘 오르테가, 니카라과

1980년대에 산디노주의(Sandinismo)에 대한 언급은 니카라과 국내 및 국외 일부 계층에서 존경과 열정 그리고 연대감의 감정을 불러일으키기에 충분하였다. 하지만 본래 아나스타시오 소모사의 독재에 저항하는 민중 혁명을 의미하였던 이 단어는 시간이 지남에 따라 니카라과 국민들과 다양한 국제 활동가들에게 강한 거부감을 불러일으킬 정도로 검은 그림자로 뒤덮여버렸다. 현재 다니엘 오르테가 니카라과 대통령과 그의 부인인 로사리오 무리요가 이끌고 있는 산디노주의는 비록 니카라과 사회가 가지고 있고 또 가져야 할 모든 권리들을 폭력적으로 억압한다는 것을 의미함에도 불구하고 스스로 권좌에 올라 그 권력을

영속하기 위해 모든 권력 자원을 동원하는 왕조적이고 권위적인 정치적 프로젝트를 구현하고 있다.

혁명으로 인한 분열

1990년 대선 결과는 산디노주의에 있어서는 자신들의 현실을 강타하는 사건이 되었다. 모든 것이 잘 통제되고 있으며 대중의 압도적 지지를 받고 있다고 믿고 있던 오르테가 대통령은 대선 승리를 확신하며 출마하였지만 결국에는 패배하였다. 유권자의 약 80%가 투표에 참여하였던 이 대선에서 국민야당연합(Unión Nacional Opositora: UNO) 후보인 비올레타 바리오스 데 차모로[1]가 54%의 득표율로 승리하였고 산디니스타 민족해방전선(Frente Sandinista de Liberación Nacional: FSLN) 후보인 오르테가 대통령은 40%를 획득하는데 그쳤다. 오르테가는 자신이 대선에서 패배하였음을 인정한 지 며칠 후 한 광장에서 개최된 한 집회에 참석해 그의 지지자들 앞에서 "우리는 아래로부터 통치할 것"이라는 유명한 말을 하면서 그가 미래에 다시 권력을 차지할 것이라는 것을 조기에 공표하였다.

니카라과 사회는 양분되었고 혁명의 정치적 프로젝트를 지지하는 국민들과 대선 승자로서의 야당인 국민야당연합을 지지하는 국민들 간에는 커다란 불신으로 점철되기에 이르렀다. 신(新)정권과 구(舊)정권 간 정권 이양에 대한 협정이 체결되긴 하였지만 니카라과는 향후 수년 동안 지속되는 갈등의 파고 속으로 빠져 들어갔다. 이와 같은 상황 속에서, 일부 군 예비역들, 그리고 1980년대를 관통했던 니카라과 내전의 주역이었지만 선거 이후에는 정치계의

1) 니카라과 최초의 여성 대통령으로 1990년 대선에서 54.74%의 득표율로 니카라과 55대 대통령으로 당선되어 1990년 4월 25일부터 1997년 1월 10일까지 재임하였다(역주).

뒷전으로 밀려나 있던 콘트라 반군(미국의 지원을 받은 반(反)산디니스타 반란단체)이 재무장을 하였다.[2)]

대선에서 패배한 산디니스타 민족해방전선 역시 극심한 분열양상을 보였다. 이 기간 동안 친 오르테가계와의 정치적 견해 차이로 인해 여러 계파가 탈당하였다. 이들 중 하나가 1990년대 중반에 등장한 산디니스타 혁신운동(Movimiento Renovador Sandinista)으로 현재는 혁신민주연합(Unión Democrática Renovadora: UNAMOS)으로 활동하고 있다. 이 당의 주요 인사로는 게릴라 활동을 통해 혁명의 아이콘으로 명성을 얻었던 도라 마리아 테예스와 빅토르 우고 티노코, 그리고 우고 토레스 등이 있다. 그런데 현재 테예스와 우고 티노코는 조국에 대한 "반역죄"로 체포되어 수감생활을 하고 있고 토레스는 수감 생활 중에 병을 얻어 출소 후 2022년에 사망하였다.

당 내부에 반대 세력이 거의 존재하지 않는 대내적 상황과 소련의 붕괴 이후 위기에 봉착해 있던 국제 좌파 진영으로부터의 유의미한 도움이 없던 대외적 환경 속에서 오르테가는 국회 의석의 약 3분의1을 차지하고 있던 상황과 다시 정권을 잡게 된 지방 정부 및 상당수 사회 단체의 지원을 바탕으로 당 기구 전체를 통제하고 국회에서의 권력 공간을 유지하기 위한 정치적 공작을 추진하였다. 이와 같은 친 오르테가 지방정부와 사회단체의 지원을 통해 오르테가는 니카라과의 가장 호전적인 야당 지도자로 자리매김을 하였고 재집권을 위한 그의 계획을 발전시킬 수 있었다.

2) Antonio Lacayo Oyanguren, *La difícil transición nicaragüense. En el gobierno con doña Violeta*, Fundación UNO, Managua, 2005, y E. Cuadra Lira, Andrés Pérez Baltodano y Ángel Saldomando, *Orden social y gobernabilidad en Nicaragua. 1990-1996*, CRIES, Managua, 1998.

야당 시절 오르테가가 주도했던 최고의 정치적 사건은 입헌자유당(Partido Liberal Constitucionalista: PLC) 대표이자 그의 정적이었던 아르놀도 알레만[3]과 2000년에 체결한 정치적 합의였다. 잘 알려져 있다시피 이 협정은 1차 투표에서 당선을 위한 득표율을 낮추는 선거법 개혁을 통해 오르테가가 재집권할 수 있는 기반을 마련해 주었다. 또한 이 개혁 법안은 두 사람이 국가권력기관, 특히 최고 선거관리위원회와 대법원에 개혁 법안을 충실히 따르는 법관들을 임명함으로써 이 기관들을 통제할 수 있도록 하였다. 최고의 승리자는 오르테가였다.

그 당시 오르테가는 그의 의붓딸인 소일라메리카 오르테가 무리요가 폭로한 학대 사건에 직면해 있었다. 대선 패배 후 권력에서 물러나있던 오르테가는 현 부인이자 소일라메리카의 친모인 로사리오 무리요의 공개 지지를 등에 업고 법정에 서지 않을 수 있었으며 정치적 충격을 극복할 수 있었다. 이후 로사리오 무리요는 오르테가의 왕조 정치 프로젝트에서 핵심적 인물이 되었다.

오르테가의 통제 하에 있던 산디니스타 민족해방전선은 포퓰리즘적 관행과 가속화된 이데올로기적 반동화 그리고 1990년부터 2007년까지 연속으로 세 차례 집권하였던 신자유주의 정부에서 채택하였던 경제 개혁을 지지하는데 전혀 주저하지 않는 기회주의적 실용주의를 통해 권위주의적이며 개인주의적인 리더십의 기계가 되어버렸다.

권위주의적 조합주의의 정착

제도적인 통로를 확보하게 된 오르테가는 2007년 대선에서 38%의 득표율로 승리하면서 다시 대통령직에 오르게 되었다. 이 득표율은 비록 낮은 수치였지만

3) 니카라과 정치인으로 1996년 대선에서 50.99%의 득표율로 제 56대 대통령으로 당선되어 1997년 1월 10일부터 2002년 1월 10일까지 재임하였다(역주).

대내외적으로 그의 정부에 합법성을 부여하기에는 충분한 수치였다. 니카라과의 다양한 사회 및 경제 분야에서는 오르테가가 향후 이끌 새 행정부에 회의적 시각을 보냈고 심지어는 불신을 하였지만 선거 결과에 감히 의문을 제기하지 않았다. 오히려 그들이 말했듯이 오르테가가 "과거의 실수로부터 배울 것"이라고 기대하면서 "의심이 가져오는 이익"을 그에게 주길 선호하였다.

오르테가 대통령은 대선 승리 후 2007년부터 2017년까지 연 평균 4.2%의 경제성장을 이루면서 1990년대 이후 지속적인 경제성장과 같은, 2018년 직전까지 그의 통치 기간 동안에 뚜렷해진 몇 가지 경향의 혜택을 받았다. 폭력과 치안 불안의 심각한 상태에 직면해 있던 다른 중앙아메리카 지역 국가들과는 달리 니카라과는 상대적으로 낮은 범죄 지표 및 치안불안에 대한 인식을 보여주었다. 게다가 경제 분야에 있어 높은 수준의 비공식성에도 불구하고 사회 보장제도에 등록된 인원이 2007년 45만 명에서 2017년에선 90만 명으로 두 배로 증가하였다.[4)]

정치적 프로젝트를 추진하기 위하여 새로운 "다니엘식" 산디노주의는 두 방향으로 노력을 경주하였다. 첫째는 대규모 민간 자본 및 군대와 전략적 동맹을 구축하는 것이었고 둘째는 오르테가 정권에 대한 모든 불만을 억제하기 위해 감시 및 사회 통제 장치 네트워크를 작동하는 것이었다. 대규모 민간 자본 및 군대와의 협약은 베네수엘라와의 협력을 통해 유입된 자금으로 충당되었다. 이 자금에 대한 정보는 국가 기밀로 취급되었다. 하지만 몇몇 경제학자들과 언론의 탐색 보도에 따르면 34억 달러가 넘는 자금 중 80%가 오르테가 대통령과 그의 부인이자 영부인이며 정부 대변인을 맞고 있던 로사리요 무리요가 신뢰하는 측근들 및 친인척들이 직접 운영하는 알바니사(Albanisa)라는 지주 회사를 통해 8년에 걸쳐

4) Edmundo Jarquín (coord.), *El cambio azul y blanco. Dejando atrás el régimen de Daniel Ortega*, FUNPADEM, Managua, 2020.

개인 자금화 된 것으로 추정된다.[5)]

대기업들과의 동맹 및 이른바 "대화 및 합의 모델"은 오르테가와 무리요 가족을 중심으로 한 새로운 경제 권력 그룹의 탄생과 공고화를 용이하게 하였고 이 가족들은 석유 유통과 같은 민감한 부분과 전력 생산 및 공급, 커피, 육류, 우유, 설탕, 목재 및 기타 상품 수출에 대한 통제력을 급속히 확대하였다. 2018년까지 민간 기업들은 세제 혜택을 누렸고 국가 기관의 요직을 차지하였으며 임금 인상이 최소화 될 수 있도록 합의를 하였고 노동 청구를 거부할 수 있었으며 정부를 정치적으로 지지하는 대가로 국회에 로비 사무실을 공개적으로 운영하였다.[6)]

군부는 베네수엘라로부터 유입된 자금의 비호 하에 성장가도를 달리고 있던 사업에 참여하고 국군 후생연구소(Instituto de Previsión Social Militar, IPSM)를 통해 건설, 목재 및 육류 수출과 같은 핵심 부분에 있어 군이 운용하는 기업의 네트워크를 확장하기 위해 오르테가 대통령과의 연대를 이용하였다. 정치적 측면에 있어 군부는 오르테가 대통령이 자신에게 유용할 것이라고 인식하고 있는 정치적 지지에 대한 대가로 상대적인 자율성을 유지하였다. 이렇게 해서 오르테가 대통령은 2014년에 대통령 직속의 지휘 계통을 확립하기 위하여 군사 기구에 대한 모든 민간 감독 및 통제 메커니즘을 제거하는 군법 개정을 하였고 대통령의 고려 하에 군 사령관을 유임시킬 수 있는 시스템을 확립하였으며 건설 및 통신 분야와 같은 핵심 분야에 있어서 민간 기관들의 주요 지위에 퇴역 군 장교들

5) César Batiz, Octavio Enríquez e Iván Olivares, "La bonanza de Daniel Ortega se llama Venezuela,"en *Connectas*, s./f.. 〈www.connectas.org/la-bonanza-de-daniel-ortega-se-llama-venezuela/〉.

6) "El idilio de Daniel Ortega con el gran capital," en *Connectas,* s./f., 〈www.connectas.org/especiales/nicaragua-no-calla/el-idilio-de-daniel-ortega-con-el-gran -capital/〉.

을 임명하였다.[7)]

2007년부터 오르테가 대통령은 정권에 충성하는 법관들을 임명함으로써 행정부 이외의 다른 국가 권력에 대한 통제력을 강화하였다. 선거 기관에 대한 통제는 그의 가족 정치 프로젝트를 공고화하려는 전략에서 중추적인 역할을 하였다. 왜냐하면 헌법에 명시적으로 금지되어 있음에도 불구하고 2011년 대선에서 그는 선거 기관에 대한 통제권을 장악하고 있었기에 재선될 수 있었기 때문이다. 또한 이 통제권을 통해 그는 대부분의 시장직과 국회의원 의석을 통제할 수 있는 선거 사기를 용이하게 저질렀다. 오르테카 대통령의 국가 권력에 대한 통제는 이후 대법원 및 기타 법원 행정 기관뿐만 아니라 감사원으로까지 확대되었다.

니카라과 권력 상층부에서 관계망을 구축하는 동안 오르테가 대통령은 대중들 사이에서 분출되는 정권에 대한 모든 불만 표현을 억제하기 위하여 억압, 감시 그리고 사회적 통제를 위한 장치 시스템을 만들었다. 이 시스템에는 경찰과 같은 공공 기관에서부터 2008년부터 정부에 항의하는 시민들을 구타하고 폭행하기 위해 시위 장소로 몰려 나간 친정부 성향을 띤 젊은 지지자들로 구성된 소위 "타격 그룹"과 같은 준국가단체, 시민권력위원회(Consejos del Poder Ciudadano: CPC), 정부에 불만을 품은 사람들을 감시하기 위해 각 지역과 공공 기관에 조직된 산디니스타 영도 위원회(Comités de Liderazgo Sandinista) 등이 포함되어 있었다.

7) E. Cuadra Lira, "Las reformas del sector seguridad en Nicaragua: cambios significativos en el paradigma de la seguridad," en Catalina Niño Guarnizo (ed.), *Seguridad regional en América Latina y el Caribe, Anuario 2014,* Fundación Friedrich Ebert, Programa de Cooperación en Seguridad Regional, Bogotá, 2014, y E. Cuadra Lira, "El nuevo protagonismo militar. Fuerzas Armadas y poder,"en E. Jarquín (coord.), El *régimen de Ortega. ¿Una nueva dictadura familiar en el continente?,* PAVSA, Managua, 2016.

이전의 혁명 정당이었던 산디니스타 민족해방전선은 오르테가 대통령 부부의 사적 프로젝트에 복무하는 기계에 머물 정도로 급속히 타락하였다. 2016년부터 부통령직을 수행하기 시작한 영부인 로사리오 무리요는 왕조의 세습을 보장하기 위해 당 기구를 장악하기 시작하였다. 이를 위해 그녀는 특권 분배와 직권남용 그리고 불법 사업 참여를 통해 젊은 당원들과 함께 자신의 지지 기반을 구축하였다. 국가와 보다 긴밀히 연결된 이 새로운 그룹은 무엇보다도 이데올로기적 유사성과 정치적 궤적으로 인해 당에 대한 충성심을 유지하던 "역사적 당원"을 대체하였다. 당 내부의 반대 세력이 부재하는 상황 속에서 자신에 대한 고유한 지지 기반을 갖춘 오르테가 대통령 부부는 당 기구에 대한 통제권을 확립하였다.

국외적으로 2007년부터 2011년까지 오르테가 대통령의 첫 번째 임기 기간은 라틴아메리카의 정치적 변화 경향과 시기적으로 일치하였는데 이 경향은 그의 목표 달성에 유리하게 작동하는 결과를 가져왔다. 기존에 있던 좌파 정부에 더하여 선거를 통해 새롭게 일련의 좌파 정부들이 라틴아메리카 국가들을 장악하게 되었으며 "21세기 사회주의"라는 수사학의 맥락 속에서 미주대륙을 위한 볼리바르 동맹(Alianza Bolivariana para los Pueblos de Nuestra América: ALBA)[8]이 결성되었다.

이후 라틴아메리카의 정치 지형이 바뀌었음에도 불구하고 오르테가 대통령은 상당한 지지를 받았고 2018년까지 미국과 중앙아메리카 국가 정부들을 포함한 대부분의 국가 정부들로부터 정당한 권력으로 인정을 받았다. 오르테가 대통령

8) 미국이 주도하던 미주자유무역지대(Free Trade Area of the Americas) 설립을 반대한 우고 차베스 당시 베네수엘라 대통령이 2001년 12월에 있었던 제3차 카리브 정상회담에서 라틴아메리카 국가들의 정치, 경제, 사회, 문화적 통합을 위해 처음 제안을 하였고 2004년 12월에 정식 출범하였다. 베네수엘라와 쿠바가 기구 창설을 주도하였으며 현재 9개국이 참여하고 있는데 온두라스는 2009년에, 에콰도르는 2018년에, 볼리비아는 2019년에 탈퇴하였다(역주).

은 중앙아메리카 국가들, 특히 온두라스의 후안 오를란도 에르난데스 대통령과는 이데올로기적 차이에도 불구하고 매우 좋은 외교 관계를 유지하였다. 미주기구와 같은 국제기구 및 미주개발은행, 국제통화기금, 중미경제통합은행과 같은 국제 금융 기구들이 니카라과 정부와 협력하는 입장을 취하였다.

다양한 경제, 사회, 심지어는 정치 부문에 있어 오르테가 대통령의 권위주의적 조합주의는 비록 기본권의 제한과 국가 권력 및 정치 시스템에 대한 통제, 그리고 제왕적 정치 프로젝트의 가속화된 전진을 의미함에도 불구하고 제도적인 민주적 형식뿐만 아니라 안정성과 경제 성장을 유지할 수 있도록 하였기에 기능적이었다.

체제를 뒤흔든 사회적 폭발

2018년 4월 은퇴자와 납세자 그리고 고용주들에게 영향을 미칠 사회보장제도에 대한 개혁 방안에 대한 불만을 표현하기 위해 니카라과 전역에서 수많은 시민들이 거리로 몰려나왔다. 이 사회적 폭발은 오르테가 대통령 부부의 권위주의적 프로젝트의 "선한" 행진을 급작스레 막아서는 결과를 초래하였다. 그해 대규모 집회와 시위에 대한 오르테가 대통령의 폭력적이고 억압적인 대응이 파열점이 되었다. 이렇게 해서 동맹 체계와 그의 정치적 프로젝트에 대한 지지가 상당히 붕괴되었다.

사적이고 배타적인 협상을 통해 위기를 해결하는데 익숙하였던 오르테가 대통령은 처음에는 민간 부문만을 대화 주체로 하는 국가적 대화를 제안하면서 국민의 반정부적 경향을 억제하고 혼란한 정세를 정상 상태로 되돌리기를 희망하였지만 시민들도, 기업인들도 이 제안을 수용하지 않았다. 이러한 상황에 직면하게 되자 오르테가 대통령은 카톨릭 교회에 중재를 요청하였고 대화 참가 대상을 보다 다양한 사회 부문들로 확대를 하였다. 그러나 이런 확대된 대화의 공표는 시위도, 시위대에 대한 경찰의 탄압도 막지를 못하였다. 4월 23일 기업들 간의 조직인 민간기업 최고위원회(Consejo Superior de la Empresa Privada)는 오르테가 대통령의 사임을 요구하는 수많은 사람들이 참여하는 대규모 집회를 수도 마나구아에서 개최할 것을 촉구하였다. 이는 니카라과의 최근 역사에서 전례 없는 사건이었다.[9]

그 해 5월 시작된 대화와 집회 이후 기업인들이 10년 이상 오르테가 대통령과 유지하고 성장시켜 왔던 동맹이 파기되었다. 이것은 정권에게 심각한 타격을 주었다. 이후 오르테가 정권은 제안, 협상, 위협, 협박을 통해 기업인들과의 동맹을 재건시키기 위한 노력을 경주하였지만 실패로 귀결되었고 결국 2021년에 일부 기업 단체 간부들을 "조국에 대한 배신" 행위로 투옥하였다. 오르테가 대통령의 또 다른 전략적 동맹이었던 군부와의 동맹은 위기가 시작된 이후에도 지속되었다. 하지만 군부는 시민들에 대한 탄압에 눈에 띄게 가담하지 않도록 주의를 기울였다.

4년 동안 지속된 사회정치적 위기 속에서 오르테가 대통령은 이 상황을 억압과 폭력적 진압을 통해 타개하려고 하였고 이는 국내외적으로 그의 정당성과 적자 재정 운영에 대한 지지를 약화시켰다. 이 과정에서 오르테가는 대통령은 공개적으로 탄압하고 공격했던 카톨릭 교회와 같은 주요 핵심 행위자들로부터 인정받지 못하게 되었다. 2021년 11월 선거 이전에 실시했던 여론 조사에서 볼 수 있듯이 오르테가 대통령에 대한 지지율이 겨우 18%에 이를 정도로 국민들 사이에서 그의 지지율은 매우 미미한 편이다. 오르테가 대통령 부부는 이 선거 과정이 위기 국면을 넘기고 영구적 집권을 확립하며 지지 지점을 복구하기 위한 전환점

9) "Masiva marcha en Nicaragua para repudiar la brutal represión del régimen de Daniel Ortega'" en *Infobae América*, 23/4/2018.

이 되길 희망하였다.

오르테가 대통령 부부의 도박은 시민들의 투표를 통해 최소한의 적법성을 확보함으로써 대통령직과 부통령직을 다시 한 번 보장하고 적어도 민간 부문 중의 한 부분의 이해를 통해 자신들을 지지하게 함으로써 대통령의 새로운 임기를 실현할 수 있도록 하며 시민들 사이에서 큰 권위를 가지고 있는 가톨릭교회로부터 인정을 받는 것이었다. 특히 가톨릭교회로부터의 인정은 국제 사회와의 관계를 회복하고 자신들에 대한 거부감을 줄이며 지속되고 있던 사회경제적 위키와 COVID-19 팬데믹이 결합되어 니카라과 사회에 미친 심각한 경제 위기에 대처할 수 있도록 협력 자금을 획득하기 위해서는 필수적인 것이었다.

오르테가 대통령은 시민 투표에 불법과 부정이 개입될 수 있는 가능성에 대해 이의를 제기하는 광범위한 반정부 세력이 형성되어 지속적으로 왕조를 유지하겠다는 자신의 계획에 커다란 위험 인자로 등장할 것에 대한 실제적인 두려움으로 인해 더욱 시민권을 제한하는 일련의 법안들을 통과시킴으로써 경쟁의 변수들을 통제하고 억압을 가속화하였다. 시민들에 대한 탄압과 폭력은 더욱 고조되어 반정부 인사들에 대한 박해가 극심해졌고 비판적 목소리와 독립 언론에 대해 재갈을 물렸으며 2021년 한 해 동안에만 50명의 정치 지도자들, 활동가들, 인권운동가들, 기업인들, 언론인들 그리고 7명의 대선 후보들이 투옥되어 수감된 정치범이 180명에 이르는 상황이 되었다.

오르테가 정권에 대한 국민들의 거부감은 대선 당일 유권자의 80%로 추정되는 대다수의 시민들이 정부 당국의 협박과 압력, 통제에도 불구하고 기권을 하였다는 사실에서 명확히 드러난다. 오르테가 대통령이 완벽하게 통제하는 대통령 선거인단은 75% 득표율로 오르테가의 대통령 재선과 그의 부인인 무리요의 부통령 재선이 확정되었다고 공표하였다. 이에 대해 국제 사회는 대선 과정에서 필수적인 조건들이 부재하였고 니카라과 국민들의 진정한 뜻도 표출되지 않았다는 사실로 인해 선거 결과를 인정하지 않았다.

왕조의 생존 문제

국내외적으로 적법성을 인정받지 못한 상황 속에서 오르테가 대통령은 다시 대통령직에 올라 연속 네 번의 집권을 하게 되었다. 당연히 그가 직면한 환경은 복잡하고 전혀 그에게 우호적이지 않다.

몇 년 전 중단된 베네수엘라 협력 자금의 공급이 재개될 가능성도 없고 언제든지 중단될 위험이 있는 국제 금융 기구로부터의 대출에만 의존해야 하는 상황 속에서 오르테가 대통령은 러시아, 이란, 중국과 같은 권위주의 정권으로부터 재정 자금 조달원을 찾기 시작하였다. 니카라과는 이란 및 중국과의 협력 협정과 마나구아 주재 중국 대사의 임명 소식을 대서특필하였지만 러시아의 우크라이나 침공으로 인해 기대하였던 협력은 전면 보류되었다. 현재 니카라과는 자국 경제를 유지하기 위한 두 개의 생명선에 의존하고 있다. 하나는 중미경제통합은행으로부터의 대출이며 다른 하나는 정치적, 경제적 이유로 인해 지속적으로 유출되고 있는 거대한 규모의 이민자들이 해외에 정착하여 니카라과에 남아 있는 가족들에게 보내오는 송금으로 그 규모가 급증하여 니카라과 GDP의 17%에 이른다.

위기와 이 위기를 극복하기 위해 동원된 탄압과 억압은 오르테가주의의 기저에 흠집을 냈고 침식 과정의 가속화가 더욱 명백해 지면서 이 현상이 심지어는 오르테가 대통령 부부의 최측근들에게 까지 영향을 미치고 있다. 2021년 말과 2022년 초부터 오르테가 대통령 진영으로부터의 이탈 움직임이 세상에 알려지기 시작하였다. 이중 가장 주목할 만한 것은 오르테가 대통령이 임명한 다비드 맥필즈 미주기구 니카라과 대표가 미주기구 상임위원회 회의에서 오르테가 대통령을 독재자로 강력하게 비판하며 사임을 한 것이다. 이와 같은 이탈 현상에 대한 오르테가 대통령 부부의 대응은 소셜 네트워크를 통해 오르테가 대통령을 비판하고 결국에는 투옥된 한 "역사적" 당원의 경우처럼 자신의 지지층들에 대한 감시를 더욱 강화하고 억압하는 것이었다. 당 내부에서 오르테가 대통령에 대한 또 다른 반대 운동이 시도되었지만 억압과 협박으로 진압된 것으로 알려져 있다.

오르테가 대통령 부부가 당면한 가장 기본적인 문제는 불리한 정치경제적 환경 속에서 영속적인 권력 수립 프로젝트를 실행 가능하게 하는 것이다. 국내에서 이들은 국민들의 지지를 받지 못하고 있으며 이들의 지지 기반은 급속히 붕괴되고 있다. 또한 민간 기업 부문과의 동맹을 재구축하는데도 실패하였고 심각한 경제적 위기 상황에 직면해 있으며 더욱 큰 사회적 불만이 이 위기 상황을 더욱 악화시키고 있다. 이런 환경을 통제하기 위해 오르테가 대통령이 선택한 대안은 국민의 기본권을 제한하는 법률 승인을 통한 경찰국가의 "제도화" 및 400개 이상의 비정부 기구들에 대한 해산을 통한 시민 사회의 "사막화" 그리고 시민에 대한 감시와 통제의 "일상화"다.

국제적 차원에서 오르테가 대통령은 스스로 고립주의 노선을 걷기로 결정하였고 위기로부터 민주적이며 평화적인 출구 전략을 촉구하던 국가들 및 국제기구들과 2018년부터 대결적인 대외정책을 펼치고 있다. 이 정책은 스페인, 콜롬비아, 그리고 중국과의 관계를 재수립하기 위해 급작스럽게 관계를 단절했던 대만, 그리고 심지어는 11월 대선이 열리기 전에 협상의 대안을 열려고 하였던 멕시코 및 아르헨티나와의 관계에서 표출되었던 거친 외교적 교류를 통해 2021년부터 명확하게 드러났다. 자신에게 비판적인 국가들에 대한 오르테가 대통령의 적개심은 니카라과 주재 바티칸 대사를 추방하고 이후 마나구아 주재 미주기구 사무실에 대한 압수수색을 명령하면서 정점에 도달하였다.

국제 사회로부터의 지원이 부재한 상황 속에서 니카라과는 러시아, 중국, 이란과 같은 권위주의 정권에 더욱 접근을 하고 있으며 역내에서는 베네수엘라, 쿠바, 볼리비아와 긴밀한 관계를 유지하고 있다. 또한 멕시코와 아르헨티나로부터도 적절한 지지를 받고 있다. 현재 중앙아메리카에서 진행되고 있는 권위주의로의 전환 역시 오르테가 정권을 과테말라, 엘살바도르 그리고 온두라스와 같은 정부와 보다 가깝게 만들었다. 이들 국가들은 미주기구와 같은 국제기구에서 오르테가 대통령에게 불리한 결정에 대한 투표가 있을 경우 기권을 선호한다. 이런 조건 하에서 오르테가 정권은 태풍이 몰려오고 있음을 인지하고 지푸라기로 만든 집 안에서 기다리고 있는 것처럼 보인다.

정동희 옮김

과테말라: 포획국가에서 다민족국가로?

리카르도 사엔스 데 테하다

과테말라 산 카를로스 대학교 역사인류학과 교수

원제와 출처: Ricardo Sáenz de Tejada, "Guatemala: ¿del Estado capturado al Estado plurinacional?", *Nueva Sociedad*, No. 300, julio-agosto de 2022, pp. 88-100.

핵심어: 권위주의, 부패, 과테말라 국제 반(反)면책위원회(CICIG), 알레한드로 지아마테이, 과테말라

정국의 혼란이 가중되어 가던 과테말라에서 민주주의의 공간은 점점 폐쇄되어왔다. 2020년 1월에 알레한드로 지아마테이 대통령이 취임한 이후 면책권과의 전쟁과 법치국가의 수호라는 사법 독립의 마지막 보루들이 하나씩 무너져갔다.

이 과정에는 여당 연합의 이익에 호의적인 헌법재판소의 간섭, 검찰청에 소속된 반(反)면책특별수사부(FECI)의 해체, (미국 국무부가 과테말라에서 정치적 동맹자들을 보호하고 부당한 정치적 특혜를 받기 위해 반부패 수사를 방해하고 저지한다고 지적하기도 했던) 검찰총장 콘수엘로 포라스의 승인, 1996년에 맺은 평화협정을 이행하기 위해 세워진 공공기관의 폐쇄, 그리고 최근에는 국가 유일의

고등 공교육 기관인 산카를로스 대학교 총장의 부정행위가 포함된다. 이러한 과정에서 2014년에 선출되어 3년 전에 이미 그들의 직책에서 물러났었어야 했던 대법원장과 고등법원장들의 임기가 불법적으로 연기된 것이 중심적인 역할을 했다.

민주주의 시스템의 붕괴는 반(反)면책특별수사부의 전 총장들부터 학생들, 사회지도자들 그리고 원주민 통솔자들을 거쳐 신문 기자들에 이르기까지 반대자들의 범죄화로 이어졌다, 심지어 그들 중 일부는 망명을 떠나야하기도 했다. 사법제도의 장악 역시 정치권에서 일어난 부패를 보편화시키고 안보 지표를 퇴보시켰던 반(反)면책 문화 로 회귀하는 원인이 되었다.

어떻게 이런 상태에 이르게 되었는지 이해하기 위해, 2015년에는 사회동원의 전성기를 경험하고 오늘날에는 합법적으로 보이는 권위주의 정권의 수립에 일조한 과테말라의 지난 10년간의 정치사를 돌아보는 것이 필요해 보인다.

국가의 포획

2011년에 있었던 대통령 선거에서 장군 출신인 오토 페레스 몰리나가 당선되었다. 전직 군 장교였던 그는 1980년대 초 익실(Ixil) 민족에 대한 집단학살 행위가 자행되었던 지역 내 반란군 작전을 지휘한 인물이었다. 이후, 군사정보 관련 요직들을 맡았으며 호르헤 세라노 엘리아스 정부(1991–1993)에서는 국방사령부 군사정보국장 자리에까지 올랐다. 1993년 세라노가 일으킨 국가의 친위 쿠데타에서 페레스는 위기를 타개할 법적 돌파구를 찾는 데 핵심적인 역할을 하고 국가의 주요 경제 단체들과 접촉했다. 제도주의자적인 군인이었던 그는 1996년에 게릴라 세력과 체결한 평화협정에 서명한 이들 중 한 명이었다.

2003년 그는 당시 신당이었던 애국자당(Partido Patriota, PP)과 함께 오스카르 베르헤르를 대통령으로 이끌었던 연합 전선을 형성했다. 베르헤르의 임기 초기 몇 달 동안 그는 안보위원을 역임했다. 그는 2007년 선거에서 당시 유능한 기업가로 인정받던 리카르도 카스티요 시니발디를 러닝메이트로 하여 대통령 후보로 출마했으나 함께 경쟁하던 알바로 콜롬과의 2차 투표에서 낙선했다.

과테말라 국제 반(反)면책위원회가 조사한 바에 따르면, 페레스 몰리나를 비롯한 애국자당의 대표 의원들은 2011년 캠페인에 자금을 조달하고 선거 비용을 치르기 위해 자금 조달 시스템을 구축했다. 2007년에서 2011년 사이에 이 시스템에 기여했던 라디오와 텔레비전 채널, 건설 회사 및 기타 비즈니스 그룹은 후에 각종 계약과 공공사업에 채택이 되면서 그에 대한 보상을 받았다. 여기서 마련된 자금은 2012년 페레스 몰리나가 대통령직에 오르는 데 큰 도움이 되었다. 민주화 이후 처음으로 전직 장교가 국가 대통령에 당선된 것이다. 페레스 몰리나 행정부 인사들, 즉 부통령과 함께 내무부, 에너지광산부, 보건부 장관들은 공공기관을 조직적인 부패 기구로 만들었다. 그들은 그 안에서 공공사업 선정을 이유로 뇌물과 수수료를 받고 정부 조달 물품의 단가를 높이고 정부 행정 기관에서는 정치적 호의에 대한 대가로 직위를 서로 나눠 가졌으며 광산권은 비정상적인 방식으로 승인되었다. 종합해보면, 조직적인 방식을 통해 국가 예산을 약취한 것이다. 그들은 애국자당이 과반을 달성하지 못하게끔 입법부의 지지를 얻기 위해, 여당에게 유리한 법을 통과시키는 데 필요한 투표수에 도달하기까지 한 통신 회사가 지원하는 조직적인 뇌물을 비롯하여 모든 종류의 경제적 정치적 호의의 대가를 아끼지 않았다.

같은 맥락에서, 2014년에는 국회 제1 야당인 신자유민주당(Libertad Democrática Renovada: LÍDER)과 함께 대법원장과 고등법원장들울 선출하는 일로 협상을 벌였다. 당시 록사나 발데티 전 부통령의 표현을 빌리자면, 이는 이른바 "침대 협정"이었다. 호텔 방에서 각 정당의 지도자들이 상급 법원장들을 자신의 구성원들로 채웠으며, 이들은 현재까지도 변칙적인 방법으로 그 자리를 지키고 있다.

2015년의 봄 그리고 개혁의 시기

페레스 몰리나를 주축으로 한 애국자당의 지도자들은 대통령직을 장악하고 입법기관을 종속시켰으며 사법기관은 부분적으로 통제할 수 있었다. 이렇게 국가 포획은 현실이 되었다. 그러나 과테말라에 있는 반(反)면책위원회의 존재는 이에 방해물이 되었다. 2006년 과테말라 정부와 유엔의 승인을 받아 2008년 과테말라에 설치된 과테말라 국제 반(反)면책위원회는 범죄 수사에 유리한 제도적 변화를 이뤄냈고 검찰청에 수사관과 검사로 구성된 팀을 편성하여 비교적 비중 있는 사건들을 조사하기 시작했다. 페레스 몰리나 대통령은 일찍이 이 위원회를 계속 유지할 필요는 없다고 밝혔으면서도 이들의 업무를 평가하고 임무 연장을 심사하기 위한 위원회를 창단하기로 했다.

이와 같은 맥락에서 2015년 4월 16일 반(反)면책위원회 위원장 이반 벨라스케스와 검찰청장은 행정부의 고위공직자들이 연루된 세관 사기 조직이 있음을 발표했다. 이 사건의 여파로 여론에 파문이 일었고, 같은 날 여러 시위 단체가 대통령 관저에 모여 시위를 벌였다. 2015년 4월 25일 수만 명의 과테말라 시민은 면책과 부패에 맞서 정의를 요구하기 위해 중앙 광장으로 모여들었다.

이렇게 상호 강화 과정이 발전했다. 시민들의 항의와 지지로 반(反)면책위원회와 검찰청의 수사는 확대되고 검사와 판사는 자율적으로 움직일 수 있게 되었다. 또한, 그로 인해 적발된 새로운 사건들은 시민들의 규탄과 공분을 불러일으켰으며, 이는 전국으로 퍼져 나갔다. 록사나 발데티는 부통령직을 사임하고 구속되어 재판을 받게 되었다.

그 무렵 내각 구성원의 대다수는 사임했고 부패 집단의 중심에는 바로 대통령이 있었다는 것이 분명했다. 8월에는 민간 부문도 동참할 수밖에 없었던 파업이 전국적으로 일어났고, 페레스 몰리나는 9월 2일에 대통령직에서 물러나 구속되었다. 부패 사건에 연루된 내각과 기타 공직자들을 해임 및 체포와 함께 수사와 재판이 진전되면서 겉으로는 국가의 포섭과 포획이 적어도 일시적으로는 중단되었다.

젊은 지도자들이 등장하고 국가를 변화시키기 위한 움직임을 논의하고 제안하는 수십 개의 시민단체와 기관이 조직되었다. 그러나 선거 절차가 진행되면서 2015년 초에 이루어졌던 여론조사에서 선두를 달리던 후보자들이었던 신자유민주당의 마누엘 발디손과 국민희망연대당의 산드라 토레스는 지미 모랄레스에게 선두 자리를 넘겨주게 되었다. 그들을 밀어낸 지미 모랄레스는 퇴직한 군인 단체의 지원과 그 외에도, 후에 알려진 바에 따르면, 기업 엘리트들의 출처가 불분명한 자금을 지원 받았던 국민통합전선((FCN−Nación)이 입후보로 내세운 코미디언이었다.

모랄레스는 《나는 부패하지도 않았고 도둑도 아니다》라는 캐치프레이즈를 내걸고 후보로 출마했는데, 이는 당시로써 매우 적절한 슬로건이었다. 정부의 수장을 맡은 그가 실행에 옮겼던 조치 중 하나는 부정부패를 청산하겠다는 의지의 표현으로 반(反)면책위원회의 위임 기간을 2년이 아닌 4년으로 연장한 일이었다. 이후 개혁의 시대가 열렸고, 선거법과 정당법에서 불법 자금 조달에 대한 더욱 엄격한 단속과 정부 조달 물품에 있어서 조달과 계약 절차의 변경을 포함하여 정치 부패 타파를 목표로 하는 여러 법률이 의회에서 통과되었다.

헌법상 법률 개혁은 제한되어 있었기에 평화협정에서 제기되어 왔던 재판 부문에 한정하여 헌법 개혁 논의가 재개되었다. 보수주의 성향의 정계와 재계 인사들은 사법제도에서 자신들의 영향력을 축소시키는 이러한 변화에 처음부터 반대했다. 그들은 이러한 논의를 지원한 반(反)면책위원회의 개입을 비난하고 그들의 업무를 방해하는 수단으로 원주민 권리의 인정을 이용했다.

반(反)면책위원회와의 전쟁

2015년 상반기에 반(反)면책위원회와 검찰청의 수사가 정치인들과 공무원들이 운영하던 정부 내 부패 조직들을 급습했는데, 이 사건의 여파로 이어진 후속 수사를 통해 이 조직들에 기업 그룹이 조직적으로 관여해 왔다는 사실이 밝혀졌다. "건설과 부패"와 "국가의 포획" 사건들로 인해 건설 회사, 은행, 금융 기관과 그 외의 또 다른 회사들이 불법적인 정치 경제 네트워크로 특징지어지기 시작한 것에 가담했다는 사실이 드러났다. 이러한 조사를 통해 부패와 반(反)면책과의 전쟁에 대한 지원이 재조정되었다.

"건설과 부패" 사건의 뇌물 수수에 관한 수사 중 하나로 보수적이고 친기업적인 시민단체가 압수수색을 당했는데, 압류된 문서에서 국내 주요 기업 그룹들이 2015년 선거 캠페인 기간 동안 모랄레스 대통령 측의 이익을 위해 미신고 자원을 모아 동원했던 작전이 발견되었다. 글로벌 비즈니스 그룹 중 한 기업에 직접적으로 연결된 한 관계자의 증언으로 불법 자금 조달이 확인되었다. 반(反)면책위원회가 지배 계급 과두 정치의 핵심에 도달한 것이다.

여기에 대한 반응이 나타나기까지는 그리 오랜 시간이 걸리지 않았다. 반(反)면책과의 전쟁에 영향을 받은 그룹들은 당시 부패 사건에 가족 구성원이 연루되었던 대통령의 두려움을 이용하여 반(反)면책위원회에 맞대응하는 특별 동맹을 구성했다. 전 현직 공무원들, 부패 혐의로 기소된 개인들, 퇴직한 군인들, 다양한 계층의 사업가들, 범죄 단체와 일부 언론 매체는 위원회를 공격하고 비난하는 캠페인을 벌였다.

도널드 트럼프 행정부가 출범한 새로운 국제 정세 속에서 이들 비즈니스 그룹은 반(反)면책위원회를 과테말라의 반정부 인사들을 감시하려는 러시아의 블라디미르 푸틴 대통령의 도구라고 비난한 미국 내 로비 사무실에 자금을 지원했다. 과테말라의 외교는 부패와의 전쟁을 공격하고 위원회의 권한을 빼앗는 데 중점을 두었다.

상황은 점점 극에 달해 무장한 군용 차량들이 반(反)면책위원회 본부 앞에 배치되었고, 이반 벨라스케스 위원장은 비호감 인물로 지정되어 출국 명령을 받았다. 비록 이 콜롬비아 법학자를 추방하려던 시도는 헌법재판소에 의해 막혔지만, 그는 출장을 다녀온 후 과테말라로 다시 돌아가지 못했다.

면책에 찬성하며 구성되었던 특별 동맹은 반(反)면책위원회의 임기 종료를 앞당기는 일에는 실패했지만 수사 범위를 제한하는 데는 성공했으며, 2014년 "침대 협정"에서 임명되었던 판사들은 기소를 중지시키기 시작했다. 60개 이상의 범죄 조직을 적출하여 기소하고, 고위 공무원, 기업인, 정치인들을 재판에 넘겼던 반(反)면책위원회의 임무가 2019년 9월에 종료되었다. 이 조직은 검찰청 강화에 기여했으며, 무엇보다도 권력자들 역시 수사하고 기소하는 것이 가능하다는 사실을 보여주었다.

2020년 1월 14일에 임기를 마친 모랄레스는 그날 저녁 시위대의 항의와 그들이 던진 계란 세례 속에서 중앙아메리카의회 의원으로 선서했다. 중앙아메리카의회는 수도에 있는 한 호텔에서 임시 회의를 열어 그에게 국회의원 면책특권을 부여했다. 그가 지냈던 대통령직이 남긴 유산은 특권과 면책권을 지키기 위해 마피아 조직들을 이끌고 2015년에 시작된 개혁의 진행을 중단하는 것이었다.

보수주의의 반격

과테말라 국제 반(反)면책위원회가 해산되자, 면책 찬성 연합은 지난 몇 년간 진전되었던 상황을 중단하는 것뿐만 아니라 사법제도를 완전히 장악하고 이를 이용하여 그들의 반대 세력을 거리낌 없이 박해할 수 있게 되었다. 그리고 여기에 지아마테이 대통령이 아주 핵심적인 역할을 수행했다.

지아마테이는 네 차례 대통령 후보로 출마했는데, 모두 다른 정당에서 공천을 받았다. 공무원으로서 그의 경력 중 가장 주목할 만한 대목은 바로 그가 베르헤르 정부(2004-2008) 시절에 교도소장으로 근무했다는 사실이다. 그가 국가교도소의 책임자로 있는 동안 공작 작전이 수행되었으며, 파본(Pavón) 지역 교도소의 통제권을 되찾는다는 명분으로 특별 사법 처형이 이루어졌다. 이 사건으로 현 대통령은 수사와 기소를 받았지만 모두 무죄 판결을 받았다.

그를 대통령 후보로 공천한 세력인 바모스(Vamos)는 최근에 창당한 정당으로, 대량학살을 일으켰던 독재자 에프라인 리오스 몬트의 딸 수리 리오스와 전 법무부장관이자 진보정당인 세미야(Semilla)의 텔마 알다나와 같은 여성 후보자들이 없었던 1차 투표에서 15%의 득표율을 얻었다. 이들은 유권자 의향이 가장 높은 후보들이었으나 자격을 박탈당해 1차투표에 출마할 수 없었다. 지아마테이는 투표자의 85%가 선택한 첫 번째 후보는 아니었다. 그러나 2차투표에서 국민희망연대당에서 다시 후보로 지명되어 1차 투표에서 25%를 얻은 산드라 토레스 후보를 압도했다.

지아마테이의 정당은 소수 의석에도 불구하고 다양한 특혜를 바탕으로 의회 의장직을 유지하고 자신들의 이익에 부합하는 법을 통과시킬 수 있는 입법연합을 구축할 수 있었다. 이러한 특전으로 정부 연합의 이익에 유리한 헌법재판소를 구성하고 검찰과 고등법원의 지원을 받아 반대파에 대한 탄압을 강화했다.

수 개월간의 박해 끝에 2021년 7월에 콘수엘로 포라스 법무부 장관은 반(反)면책특별수사부의 프란시스코 산도발 검사를 해임했다. 이후 산도발 검사는 강제로 출국해야 했다. 이는 판사와 검사 그리고 전직 반(反)면책위원회 관리들에 대한 사냥을 시작하려는 신호탄에 불과했으며, 이들은 거짓으로 기소되었다. 이 글을 쓰는 현재, 비르히니아 라파라 전(前) 반(反)면책위원회 검사는 허위 고발로 100일 이상 감옥에 수감되어 있으며, 나머지 관리들은 대부분 과테말라를 떠났다.

언론인, 국가를 지키는 사람들, 원주민 지도자, 학생 그리고 활동가들은 형사처벌과 기소 대상이 되었다. 그리고 이 글의 서론에서도 언급했듯이, 2014년에 선출되었던 재판관들은 30개월 전에 이미 임기가 만료되었음에도 불구하고 공격을 주도하는 중심세력으로서 여전히 그 직위를 차지하고 있다. 행정부와 결탁한 연합[세력]이 배후를 조종하고 있는 의회는 비정부 기구(NGO)의 법률 개정과 같이 이러한 단체를 통제하고 제한할 수 있는 그리고 그들의 법정대리권을 취소할 수 있는 가능성을 열어주는 권리들을 제한하는 법률을 통과시켰다. 이러한 시도와 함께 여성의 권리를 제한하고 어떤 이유로든 낙태를 불법화하려는 가족법이 승인되긴 했으나 이후 보류되었다. 다른 한편으로, 불투명한 목적으로 그리고, 전문가들에 따르면, 의원들과 공무원들을 풍요롭게 하고 2023년 선거 캠페인 자금 조달을 위한 자금 주머니를 이루는 대출과 예산 조정이 승인되었다. 비지니스 엘리트들은 부패 정치인들과 범죄 구조가 공존하는 이 연합에 적극적으로 참여했다. 비록 일부 기업가 연합에서 비판적인 목소리가 제기되긴 했지만, 그들은 이러한 특권을 잃기 전에 이 불법 네트워크에 국가를 넘겨주기로 선택했다.

이들 연합이 스스로를 정당화하기 위해 내걸었던 첫 번째 담론은 세계주의 이데올로기와 젠더 이데올로기에 맞서고 이성애 규범성을 강요하는 극보수 기독교에 호소하는 종교성이었다. 여기에 시대를 거슬러 반대자들의 자격을 박탈하고 어떤 형식으로든 사회 개혁을 거부하며 냉전의 정령을 깨우는 반공주의 담론이 더해졌다. 대통령은 자신을 비판하는 이들을 《차이로》라고 부르는데, 이는 멕시코에서 구어체 유래한 용어로 좌파와 진보주의자들의 이질적인 전통을 풍자하고 조롱하는 단어이다. 이 이데올로기적 충돌의 세 번째 요소는 국제 사회가 시민 박해, 인권 침해, 부패를 규탄할 때마다 외국의 개입을 거부하고 민족주의에 호소하는 기회주의적 반제국주의다.

그러나 민주적 기관을 장악하고 법치를 전복시키는 이 모든 과정은 준법의 외피를 입고 진행되었다. 과테말라 외교부 소식통에 따르면, 이로 인해 정권의 권위주의적 회귀를 지적하기 매우 어려웠으며 해외에 설명하기도 매우 어려운 과정이었다고 말한다. 그럼에도 불구하고, 유럽 의회, 미주인권위원회 그리고 미국 정부는 모두 과테말라 사법 제도의 몰락에 대해 공개적으로 성명을 발표했다.

지난 세 정부가 내세웠던 최우선 과제는 면책과 부패를 예방하는 일이었다. 그러나 이는 COVID-19의 대유행과 우크라이나 침공의 결과로 악화된 과테말라 시민의 생활 조건 악화를 초래했다.

국내 및 국제 기관에서 발표한 보고서에 따르면 팬데믹으로 인한 실제 소득 감소와 일자리의 감소를 확인해 볼 수 있었으며, 여기에 해마다 노동시장에 유입되는 20만 명의 청년들을 위한 양질의 일자리를 창출할 수 없는 무능한 경제 모델이 추가로 지적되었다. 또한, 전염병 예방 접종률이 낮고 만성 및 급성 영양실조가 증가하는 상황에서 2년 이상의 불규칙한 학교생활로 인한 교육 분야, 특히 공공 분야에서도 심각한 퇴보가 확인되었다. 이 새로운 권위주의는 부패와 면책의 유지를 제외한 모든 분야에서 실패했다.

저항과 대안의 구축

이처럼 공격적인 권위주의에 맞서 정치적이고 조직적 대응책이 다양하게 제시되고 있다. 자치권의 요구나 자치 체제의 실천과 같은 일부 요구들은 2015년 위기가 있기 전보다 훨씬 이전부터 있었던 반면, 성의 정치와 같은 다른 요구들은 새로운 불화에 대응하는 것이었다. 이처럼 사회부터 매우 어려운 조건에서 국가의 포획에 직면하고 있었다.

먼저, 오늘날 과테말라는 사회적으로 항의하는 분위기가 지속되고 있다. 과테말라 경찰청의 보고와 언론의 보도에 따르면 물이나 공공 서비스, 노사 갈등, 국방 관련 사항, 인프라의 부족 및 기타 여러 가지 이유와 요구로 인해 전국 각지에서 매일 국지적인 시위가 벌어진다. 이러한 시위는 농민과 노동조합처럼 전통적인 사회 조직과 운동도 포함하긴 하지만, 일반적으로 자발적이고 국지적인 행동이다. 그리고 이들 운동은 아직 서로 합의점을 연결하고 조율하는 수준에 도달하지 못해 시민들은 피로감을 느끼고 있다.

두 번째로, 시위와 정치적 행동 부문에서 사회적 리더십의 변화가 목격된다. 지난 10년 동안 시민 사회의 반대 세력의 무게 중심은 원주민과 그들의 권한, 페미니스트 단체, 다양성과 성적 이질을 위한 단체와 청년 단체 쪽으로 옮겨갔다. 이러한 변화의 한 예로 2021년 7월 토토니카판(Totonicapán)의 48개 칸톤(cantón) 구획 당국과 솔롤라(Sololá) 시 당국 그리고 신카(Xinca) 의회가 소집한 다민족 파업을 들 수 있겠다. 그러나 2015년과 다른 점은 이 파업의 제안이 중앙에서 주변부로 전달된 것이 아니라, 원주민 지역에서 시작되고 주도되었다는 점이다.

이전 권력 기관에서 국가의 역할과 관련하여, 원주민들은 항상 그들의 지역에서 리더십과 중요성을 가지고 있었다는 점을 강조해야 한다. 사실, 수 세기 전부터 이 국가의 많은 지방 자치 단체에는 정치 체제의 변화, 내전 그리고 대부분의 토착 지방 자치 단체의 공식 지방 자치 정부가 원주민 단체의 손에 달려있다는 사실에도 불구하고 계속되던 토착 자치 정부가 존재해 왔다고 단언할 수 있다. 그럼에도 불구하고 원주민 당국은 인정과 권위 그리고 국민에게 더 밀착된 형태의 정부를 조직할 수 있는 권한을 유지해 왔으며, 많은 경우 헌법상의 인정을 받기도 했다. 지난 10년 동안 일어난 이와 같은 변화는 이 권한이 국가적 차원으로 이동했다는 사실과 관련이 있다. 그에 대한 한 예로, 유엔 과테말라 국제 반(反)면책위원회를 옹호하는 데 있어 원주민 당국의 역할은 주목할 만하다. 특히 48개 칸톤와 솔롤라 원주민 지방 자치 단체 그리고 신카 의회가 국내 및 국제적인 참고 기준이 되었다.

이 새로운 역학 관계에 영향을 미친 또 다른 과정은 국가의 많은 지역에서 이루어진 토착 당국과 정부의 재구성이었다. 채굴 기반 프로젝트에 맞서 북부 우에우에테낭고(Huehuetenango)의 다민족 정부 또는 신카 의회와 같은 토착 자치 단체가 구성되고 재건되었는데, 이는 조직의 전통적인 형태, 커뮤니티 네트워크의 구축 그리고 직접 민주주의 형태에 대한 호소가 국방과 지방 거버넌스의 발전 모두에서 어떻게 효과적인 결과를 가져왔는지 보여줬다. 이러한 과정은 다른 지역사회에서도 이어졌는데, 특히 익스칸(Ixcán)에 있는 로스 코포네스(Los Copones) 지역이나 일부 솔롤라, 치키물라(Chiquimula) 그리고 다른 주의 경우 토착 자치 체제가 (재)구축되고 있다.

이전 권력 기관에 대한 국가적 인식과 자치 체제 형태를 재구성하는 과정도 당국과 국민 간의 동맹과 협의를 구축하는 데 영향을 미쳤다. 오늘날 다국적 파업을 조직하고 수행할 수 있을 뿐만 아니라 어쩌면 다른 정치가들보다 더 합법적으로 입장과 제안을 발표할 수 있는 권한을 가지고 있다. 원주민 당국과 조직들의 국가적 리더십은 현재의 국가를 다민족국가로 전환하려는 정치적 제안을 수반했다. 1996년 평화협정 이후 국민의 집단적 권리를 온전히 행사하는 데는 헌법에 한계가 있다는 것이 입증되었고, 원주민 문제를 포함하는 헌법 개혁 시도가 있을 때마다 그에 반대하는 보수세력이 동원되곤 했다. 이에 맞선 국민과 단체들의 전략은 개혁이 아닌 새로운 헌법을 위한 투쟁하는 것이었다.

과테말라 서부에서 다양한 형태의 채굴주의에 대항하는 지역사회의 투쟁의 결과로 만들어진 서부민족위원회(El Consejo de Pueblos de Occidente: CPO)는 2014년에 《정치 프로젝트. 과테말라를 위한 새로운 국가: 다민족 민주주의와 원주민 자치 정부》라는 문서를 발표했다. 거기에서 "참여적, 대의적, 다민족 민주주의에 기초한 정부 형태"를 채택하고 국민이 총선의 대상이 되는 지역 및 공공기관에 자신을 대표하고 스스로 통치하며 총선거의 대상이 되는 영역과 공공 기관에서 그들의 권한을 선택할 권리를 포함하는 새로운 정치 헌법의 필요성을 전개시켰다. 그리고 다민족 민주주의는 토착민들이 국가 통합을 보완하는 자치 정부를 구성하고 자신과 관련된 모든 사안에 대해 스스로 발전을 결정할 수 있는 토착민의 존재와 자유에 기초해야 한다.

동시에, 농민개발위원회(Codeca)는 2016년에 "과테말라: 다민족적이고 민중적인 제헌의회 구성으로 나아갈 것이다"라는 제안을 발표했다. 여기서 그들은 국가 조직의 제안과 같은 내용을 포함하여 《독창적이고 다민족적인 민중 제헌 의회》의 방향성을 나타낸다.

이 제안은 농촌개발위원회(Comité de Desarrollo Campesino: Codeca)의 정치-선거 조직인 인민해방운동(MLP)이 관여했으며, 이 조직은 2019년 대통령 선거에서 10% 이상의 득표율을 기록하며 전체 4위를 차지했다(솔롤라, 토토니카판 및 치말테낭고(Chimaltenango) 지역 등 대부분 원주민 지역에서 1위를 차지했다). 다민족 제언 의회의 제안은 선거 캠페인의 핵심이었다. 토착민들의 정치적인 조직화 과정은 다민족국가에 대한 개념적 발전과 논쟁을 아우른 것이었으며, 이는 오늘날 이들 그룹의 담론과 제안의 일부가 되었다.

또 다른 운동은 여성, 다양성, 제도화되지 않는 성에 관한 영역에서 강화되고 있다. 이는 라틴 아메리카에서 성 정치가 새롭게 설정되고 있는 현상과 일치한다. 성교육, 신체에 대한 권리, 결정권을 위한 투쟁은 전통적인 여성 운동뿐만 아니라 가족법을 부결시키는 과정에서 중심적 역할을 수행했고 다양한 투쟁의 현장마다 함께했던 이러한 새로운 운동들을 포괄하였다. 산드라 모란과 같은 페미니스트 지도자들은 그들이 여성의 제헌권력이라고 부르는 것으로 표현되는 헌법적 변화에 대한 논의와 함께 이러한 운동을 명확히 표현하는 작업을 한다.

최근 과테말라를 통치하는 부패 네트워크 연합이 국가를 점령하면서 법무관, 시민 사회 조직의 지도자, 국가를 지키는 사람들과 젊은이들이 망명하거나 투옥되었다. 이것은 "2015년 봄" 이후 진보 부문이 패배를 누적했을 뿐이라는 생각에 빠져 낙담하는 분위기를 조성했으며, 많은 이들은 그것이 반(反)면책위원회가 있기 전보다 더 나빠졌거나 더 나빠질 것이라고 믿고 있다. 그러나 이러한 관점은 국가의 여러 지역에서 벌어지고 있는 변화와 새로운 운동의 역할을 간과하는 것이다. 제헌의회의 제안은 사회의 다양한 부문에서 널리 논의되고 있다.

이 이니셔티브는 과테말라 사회가 오랫동안 질질 끌고 있는 문제들을 해결하지 못하고 부패세력에 포획되었으며 실패를 거듭한 현재의 단일 민족 국가에 종지부를 찍는 다국적 국가 건설의 가능성을 높인다. 이 제안은 다른 도시 활동가들과 동맹을 구축하고 궁극적으로 이러한 변화 과정을 촉진할 수 있는 원주민 조직의 네트워크를 통해 힘을 얻는다.

이 논쟁의 다음 에피소드는 2023년 선거로, 불법 정치 및 경제 네트워크 연합은 야당 후보들과 세력을 불법화하는 등 자신들의 입지를 공고히 하려고 할 것이다. 그동안 진보세력과 대중은 정치적, 선거적 과반수를 확보할 수 있는 실행 가능한 정치 프로젝트를 구체화해야 하는 과제를 안고 있다.

박도란 옮김

온두라스: 민주화와 가족 권력 사이에서

레오나르도 아길라르 / 제니퍼 아빌라

변호사, 기자 / 다큐멘터리 작가, 디지털 잡지 『콘트라 코리엔테』 편집장

원제와 출처: Leonardo Aguilar y Jennifer Ávila, "Honduras: entre la democratizaición y el poder familiar", *Nueva Sociedad*, No. 300, julio-agosto de 2022, pp. 113-126.

핵심어: 민주주의, 쿠데타, 시오마라 카스트로, 마누엘 셀라야, 온두라스

호세 마누엘 '멜' 셀라야(José Manuel 'Mel' Zelaya)는 12년 전에 온두라스 대통령 자리를 떠났지만, 대통령궁은 다시 한 번 그의 관할구역이 되었다. 그의 아내이자 현 대통령인 시오마라 카스트로가 그를 고문으로 지명한 이래로 멜에게 개인적 불만이나 요구사항을 털어놓거나 정부 일자리 구직을 위한 추천서에 서명을 받고자 매일 수십 명이 호세 세실리오 델 바예 궁(Palacio José Cecilio del Valle)의 문턱을 넘고 있다. 그럼에도 지난 금요일인 3월 18일 그녀의 의제는 한 남성의 방문에 집중되어 있었는데, 바로 니카라과에서 10여 년의 망명생활을 마치고 귀국한 전 대통령실장 엔리케 플로레스 란사가 그 주인공이다. 비록 대통령은

불참했지만 대통령궁에서는 늦은 밤까지 회의와 식사로 짜여진 일정으로 그를 환영하는 행사가 열렸다.

1월 27일 첫 번째 여성 대통령으로서 시오마라 카스트로의 취임사가 있기 전, 일종의 상징적인 행위로, 셀라야는 2009년 쿠데타로 쫓겨날 때 총구로 위협을 받으며 잠옷 차림으로 비행기에 오르던 당시 빼앗겼던 대통령 제복의 허리띠를 돌려받았다. 이제 그가 창립하고 이끌었던 자유재건당(LIBRE)은 그의 아내를 대통령직에 올려놨을 뿐만 아니라 의회 과반 의석을 차지했다. 카스트로는 마약밀매 혐의로 미국에 인도된 전 대통령 후안 올란도 에르난데스로 형상화되는 지난 12년간의 '마약국가'와 국민당(PN)의 '전제주의'와는 차별화되는 온두라스의 미래를 약속하며 집권했다. 하지만 현 정부의 최근 4개월간의 행보는 과거를 답습하는 모양새다. 셀라야가 행사하는 영향력 이외에도 셀라야 가문의 여러 구성원들이 정부 요직들을 차지하고 있기 때문이다. 카스트로가 취임한 지 불과 일주일 만에 승인된 사면조치는 셀라야 가문의 오래된 조력자들에게 비록 여전히 진행 중인 사법조사에도 불구하고 정계 복귀의 통로를 열어주었다.

이 가운에 한 명인 플로레스 란사는 쿠데타 발발 한 달 후인 2009년 7월 30일 공문서 위조, 권력남용, 사기죄로 국세청에 소환됐다. 여기에는 2010년 카르타헤나 협약을 통한 사면조치 덕분에 귀국이 허용되었던 전 대통령 셀라야, 당시 대통령실 주무장관이자 온두라스 통신회사 온두텔(Hondutel)의 관리책임자였던 하코보 라고스, 당시 재정부장관이었던 레베카 산토스도 연루되어 있었다. 하지만 라고스와 산토스에 대한 소환은 온두라스 법원에 의해 기각되었다. 란사는 또한 권력남용, 공금횡령, 온두라스 중앙은행 계좌에서 1천 만 렘피라(당시 가치로 미화 약 57만 5천 달러 상회)를 횡령한 혐의로 기소된 바 있다.

2009년 6월 26일 손수레에 돈을 가득 싣고 은행을 나서는 남자의 모습이 대중의 뇌리에 각인되었다. 5년 후, 플로레스 란사는 대통령 의장단 명목으로 청구했던 그 1천 만 렘피라가 실제로는 '네 번째 투표함'(Cuarta Urna)의 사전추진비로 쓰였다고 실토했다. 내막을 간략히 설명하자면, 셀라야와 그 측근들은 6개월 후 치러질 예정이었던 선거에서 네 번째 투표함 설치에 동의하는지 여부를 국민들에게 묻고자 했다. 궁극적으로 그들의 목표는 대통령 재선을 허용하는 헌법 개혁이었다. 하지만 행정소송 재판부는 네 번째 투표함을 통한 국민투표를 위헌 판결했고, 대중매체, 교회, 군 최고사령부는 국민투표를 악마화했으며, 결국 쿠데타로 막을 내렸다.

대표적인 인권단체이자 사면 절차에 법적으로 결정적 발언권을 행사하는 단체인 온두라스 실종 피억류자 가족협의회(Cofadeh) 대표 베르타 올리바는 플로레스 란사와 그의 변호사 밀톤 히메네스가 사면 법안의 법적 검토에 참여했다고 공식적으로 발언했으며, 이 법안은 결국 통과되었다. 사면 수혜자인 란사가 개입했는지 여부를 묻는 질문에 올리바는 그는 인권 수호자라고 답했는데, 이는 이 전직 관료의 변호사가 Cofadeh에 답변한 주장과 일치하며, 마찬가지로 이 단체가 문서에 상술한 바이기도 하다. 그는 TV 언론인 레나토 알바레스로부터 당한 협박과 관련해, "그는 농민단체들을 대표하고, 1980년대 위협에 시달렸던 기자들을 옹호했으며, 레나토에게는 단 한 푼도 청구하지 않았다"라고 답변했다.

셀라야의 과거 최측근이 공식 직함을 맡고 있지는 않지만, 현 대통령의 고문이자 남편 그리고 전직 관료들의 상당수가 현 정부에서 압도적인 영향력을 행사하고 있다. 과거 노동부장관이자 국영전력회사 관리책임자였던 릭시 몬카다는 현재 재정부장관으로 재직 중이며, 전 재정부 장관이었던 레베카 산토스는 현재 온두라스 중앙은행 총재이다. 또한, 전 국방부장관이었던 에드문도 오레야나는 현재 청렴부장관(Ministro de Transparencia)이다. 명단은 계속 이어지는데, 예를 들어 온두라스 중앙은행 전 총재였던 에드윈 아라케는 현재 온두라스 생산·주거은행(Banhprovi) 총재이고, 멜의 전 고문이었던 엔리케 레이나는 현재 외교부

장관이다.

정계 복귀와 더불어 셀라야 측은 미완성 과제를 완결하려 하는 듯하다. 선거 운동 마무리 발언에서 시오마라 카스트로는 자신의 책무는 남편의 숙원이었지만 쿠데타로 중단되었던 '시민권력'(Poder Ciudadano)의 재개에 있을 것이라고 말했다. 또한 카스트로는 제헌의회 발족을 약속했다. 공식 석상에서 멜은 쿠데타를 주도했던 군부, 재계, 그리고 정계가 '기대에 부푼' 국가를 무너트리기 위해 '네 번째 투표함'을 핑계거리로 악용했다고 언급해왔다. "오늘 시민권력의 자유정부 지도자들 중 한 명이었고, 네 번째 투표함의 조직자로서, 온두라스의 전환을 위한 핵심 역할을 수행했던 인물이 복귀한다."라고 그는 3월 19일 플로리스 란사를 지칭하며 언급했고, 이에 맞춰 란사는 과거 방송에 출연할 때마다 말끔히 면도하고 맞춤 정장을 입고 등장했던 것과는 달리 이번에는 턱수염을 기르고, 흰색 구아이아베라를 입고 등장했다.

셀라야 가문과 군부

온두라스 최초 여성 대통령으로 취임한 지 갓 2주가 지났을 때 카스트로는 군장교단과의 모임에 가장 가까운 친인척 3명을 파견했다. 최초의 여성 군총사령관이기도 한 그녀는 하지만 군부 핵심 지도자들을 만나지는 못했다. 그 자리에 같은 성과 이름을 가진 세 명의 특사들이 도착했다. 특사단의 공식 대표는 국방부 장관인 호세 마누엘 셀라야(José Manuel Zelaya)였고, 이어 고문 자격으로 호세 마누엘 셀라야 카스트로(José Manuel Zelays Castro), 마지막으로 이제는 대통령 고문으로 있는 호세 마누엘 '멜' 셀라야로 구성되었다.

세 명의 '호세 마누엘들"이 온두라스 신정부의 공식 행사에 모습을 비췄다는 사실은 표면적으로는 우연이었지만 점차 가족내 공동권력의 원칙이 되어갔다.

멜은 대통령 고문이고, 그의 장남 엑토르 마누엘은 그의 엄마이자 대통령의 개인 비서이고, 둘째 딸 시오마라 오르텐시아는 국회의원이고, 막내 아들 호세 마누엘은 명예고문 자격을 주장한다. 멜 측 구성원으로는 그의 남동생 카를로스 셀라야는 국회 사무총장이고, 그의 아들 호세 마누엘 셀라야는 국방부를 지휘한다. 이는 족벌정치처럼 들리지만 법적으로는 그렇지 않다. 이들의 임명, 그리고 직위에 임명된 이들의 정치 참여는 온두라스 법의 테두리 안에서 이루어진다. 또한 비판에 직면할 때면 내세울 정당한 이유가 있는데, 또 다른 쿠데타를 피하기 위해 대통령과 가장 가까운 권력 범위 내에 신뢰하는 사람들을 심어두는 것이 중요하다는 것이다.

셀라야가 쿠데타로 시달리던 당시 국방부장관이었던 에드문도 오레야나는 "신뢰할만한 사람을 무기가 있는 곳에 배치하는 건 결코 나쁜 일이 아니다. 군대는 무기와 핵심 전략들을 가지고 있다. 따라서 그곳에는 공화국 대통령의 절대적 신임을 받는 자가 필요하다"라고 정당화했다. 전 대통령의 남동생인 카를로스 셀라야 역시 그의 아들이 차지한 새로운 직함에 대해 질문 받았을 때, "국방부가 쿠데타를 모의하기 때문에 우리는 신뢰할만한 사람을 그 자리에 배치한다."라고 공식적으로 답변했다. 국방부장관은 33세 변호사로 공적 직위를 맡게 된 것이 이번이 처음이다. 자유재건당의 수많은 활동가들은 그가 정치적이라기보다는 기술적 관료라고 인식한다. 셀라야의 고향인 카타카마스 시장인 마르코 라미로 로보는 그에 대해 "특히 소통 부문에서는 기술적"이라고 평가했다.

쿠데타의 기억은 여전히 아물지 않은 상처이다. 오레야나의 전임자인 아리스티데스 메히아에게 있어 셀라야 정권 전복은 "멍청이들의 쿠데타였다. 왜냐하면 그로 인해 국가가 완전히 붕괴되었지만, 사실 제도적으로 해결할 수 있었을 문제이기 때문이다." 이어 그는 "대통령에 의해 통제되던 기관이 단 하나도 없었다. 모든 기관들을 통제하고 있던 전 대통령과 달리, (셀라야는) 법원도 통제하지 못했고, 군대도 통제하지 못했고, 검찰도 통제하지 못했고, 선관위 심지어 정당도 통제하지 못했다. 그런 상황에서 뭘 두려워할 필요가 있는가?"라고 물었다. 한편 쿠데타를 주도했던 군부 지휘관인 로메오 바스케스 벨라스케스 장군은 이제는 퇴역군인이다. 그는 정치인이 되고자 했지만 실패로 끝났고, 당시 상황을 자신의 관점에서 서술해 책으로 출판했다. 그는 테구시갈파 외곽에 있는 자택 거실의 안락의자에 앉아, 멜이 그의 아들과 조카와 함께 군 최고사령관들과 모임을 갖는 모습이 찍힌 사진을 모며 피식 웃음을 터트린다. "어떤 이들은 부군(primer damo) 또는 퍼스트젠틀맨(primer caballero)라고 부르기도 하고, 어떤 이들은 그가 대통령에 직위를 빼앗고 그녀를 단지 안전가드 정도로 이용하고 있다고 말하기도 한다. 내게 있어 권력게임에서는 단 하나의 명쾌한 원칙이 있다. 절대 당신의 지도자나 상사가 가려지게 하지 말아야 하며, 당신보다 높은 지도자를 절대 가리지 말아야 한다는 것이다."

쿠데타가 발생한 지 12년이 지났지만 셀라야 가문은 여전히 겁에 질려 있거나, 아니면 방패 뒤에 숨으려는 것 같다.

사면 또는 '면책 협약'

선거 운동 당시 시오마라 카스트로는 사면 필요성을 언급했지만, '시민권력'의 전 관리가 그 수혜자가 되리라고는 내비치지 않았다. 법안 승인은 온두라스 안팎으로 거센 논란을 불러일으켰다. 국가반부패협회(CNA)와 온두라스 사기업협회(Cohep)는 이 법안을 '면책 협약'으로 분류했다.[1] 공동 성명에서 그들은 다음과 같이 말했다.

1) "Pronunciamiento 'Pacto de impunidad'", 3/2/2022, disponible en 〈www.cna.hn/pronunciamiento-pacto-de-impunidad/〉.

> 2006년부터 2009년 사이 재직 중이던 관리들 가운데 일부는 과거에도 그리고 현재도 국가 쿠데타에 대한 반대 의사를 표명할 표현의 자유를 가지고 있어왔음을 부정할 수 없지만, 그럼에도 이 사실이 그들의 부패 혐의나 공공행정에 반하는 범죄사실 여부를 보여주는 지표가 될 수는 없다. 그들은 면책 대상으로 남아있어야 할 텐데, 왜냐하면 본질적으로 2009년 같은 사건들이 향후 재발할 때 그 전례가 될 수 있을 것이기 때문이며, 이런 방식으로 현재 부패라는 형태로 정부에 매년 초래되는 막대한 손실에 책임이 있는 자들이 혜택을 누리고 있기 때문이다.

올리바에게 있어 셀라야 정부시절 재직했던 관료들에 대한 사법 조사는 쿠데타 이후 '독재자'와 결탁했던 사법 권력의 연장선 하에 있으므로 하등 가치가 없다.

하지만 비판의 소리는 셀라야 가족들에서 터져 나오기도 했다. 현재 첨렴부장관인 에드문도 오레야나는 사면 법안을 비판했고, 심지어 이는 새로운 면책 협약이라며 비난했다. 그는 "법안은 시민사회에서 나왔다."고 주장하며, 누가 석방되고 누가 그렇지 않을지 최종 결정은 판사에게 달려있을 것이므로 자신에 대한 비난은 온당치 않다고 믿는다.

"법안은 Cofadeh가 만든 것이지 정부가 만든 것이 아니라는 점을 명백히 할 필요가 있다. 그럼에도 중요한 사실은 정치적 범법자들은 정작 법안을 문제 삼지 않았다는 점이다. 여기에 이견이 없다는 데에 모두 동의한다."라고 오레야나는 이제 말한다.

사면은 셀라야 카스트로 가족에게도 유리하게 작용했다. 법안이 시행된 지 열흘도 지나지 않아 대통령의 조카인 마르셀로 치미리 카스트로는 집행법원에 자신에 대한 부패사건 종결을 요청했다. 치미리 카스트로는 2006년부터 2007년까지 국영기업 온두텔의 관리책임자로 재직했는데, 검찰에 따르면 조직 내 한 미인증통신망(국제전화를 통한 사기) 운영에 그의 참여가 결정적이었고, 그 결과 국영기업 몫의 국제전화와 무선망 일부를 빼돌려 막심한 피해를 끼쳤다.[2] 또한 사건 보고서에 따르면 이는 온두텔의 재정 파탄을 야기했다.

쿠데타 발발 이틀 후인 2009년 6월 30일, 치미리는 권력남용과 사기죄 그리고 뇌물수수 및 그 대가로 미국 회사 라틴노드(Latin Node)에 특혜를 주기 위한 매수 혐의로 기소되었다. 2013년 법원은 그에게 무죄를 선고했지만, 검찰청의 항소로 결국 그는 2018년 권력 남용과 사기죄로 8년형을 선고받았다. 그 후 4년의 복역 끝에 그는 사면조치로 올해 석방되었다.

온두라스에서 치미리 카스트로 사건파일은 17편에 걸쳐 약 7천 장 분량으로 구성되었다. 온두라스 검찰은 자체 조사 이외에도 플로리다 남부지부 조사를 통한 절차증거, 그리고 과테말라 검찰과 합동으로 수집한 조사 자료들을 확보했다. 사건파일에는 증거들로 가득한데, 여기에는 온두텔과의 계약에 합의하기 직전 온두라스에서 라틴노드가 치미리 카스트로 회사에 지불한 3만 달러에 대한 건도 포함되어 있다. 또한 온두텔과 라틴노드의 659계약 관련 교신 이메일, 그리고 당시 내무부 장관의 아들이자 전 대통령 셀라야와 매우 가까웠던 인물인 카를로스 에두아르도 레이나 등 일부 정치인들의 연류 사실도 포함되어 있다. 레이나는 자유재건당의 대통령 예비 후보인 적도 있다. 라틴노드의 한 직원은 중앙아메리카 측 접촉 관계자와의 이메일 교신에서 치미리와의 대화에 유리하게 작용하게 하려고, "카를로스 에두아르도가 우리를 위해 일한다고 그들에게 말하세요,"라고 적었다. 이메일 내용에 따르면, 또 다른 접촉 관계자는 카를로스 셀라야였는데, 바로 멜의 남동생이자 국회 사무총장으로 사면을 승인한 인물이다. 또한 방대한 파일에는 '시민권력' 정부를 지지하기 위한 선거 운동을 위해 국제전

2) "Espionaje, tráfico gris, abusos, traición", en *La Prensa*, 26/1/2008.

화카드 판매 계획도 담겨있는데, 이 역시 멜 셀라야 정부에 이득을 주려는 목적이었다.

2022년 3월 3일, 치미리는 광범위하고, 절대적이며, 무조건적인 사면을 승인받았다. 그의 석방을 뒷받침하기 위해 두 가지 근거가 제출됐다. 하나는 쿠데타 이후 작성된 진실위원회 보고서에 셀라야 측근 관료들이 정치적으로 탄압받았다고 언급한 대목을 발췌한 것이고, 다음은 축출된 전직 대통령과의 관계를 입증하기 위해 그와 전 대통령이 동석한 모습이 찍힌 사진이다.

"사면은 특히 쿠데타 지원 세력에 의해 격렬한 공격을 당했다. 그들은 언제나 파시즘에 굴종해왔고, 애국자와 투사들을 학살하고 매도했다. 그리고 그렇게 수많은 이들이 존엄한 곳에서 살기 위해, 다시 말해 자유롭고 민주적인 조국을 위해 목숨을 바쳤다."라고 대통령은 라디오와 TV 녹화 방송으로 전파된 취임 백일 기념사에서 말했다. 이후 연설문 전문은 신설 잡지이자 정부 선전 매체로 활용되고 있는 『민중권력』(*Poder Popular*)에 게재됐다.

3월 18일, 플로레스 란사를 위해 멜이 조직한 환영식에서 멜은 사면이 '범죄시'되었지만, 쿠데타에 저항했다는 이유로 기소된 7천 명이 그 수혜자가 될 것이라고 말했다. "사면은 우리나라에서 작동하지 않은 정의를 위해, 바로잡는 계기가 될 것입니다. 이번 사면은 청부 살인자와 같았던 사법부로부터 스스로를 방어하지 못했던 수많은 남성들과 여성들에게도 마침내 정의가 구현되게 할 것입니다."라고 발언했다.

하지만 플로리스 란사와 같은 진정한 수혜자들은 복수를 갈망하며 복귀했다. 공동 항의를 통해 그는 여러 전직 관료들과 함께 온두라스 국가를 쿠데타 행위로 고소했다. 고소건은 2021년 8월 미주인권위원회(CIDH)에 접수됐다.[3] 조사가

3) Informe No 382/21 Petición 100−10 Informe de Admisibilidad José Manuel Zelaya Rosales y otros, Honduras, 〈www.oas.org/es/cidh/decisiones/2021/hoad100−10es.pdf〉.

진행되면 판결은 미주인권위원회 관할이 될 것이다. "우리는 그들이 우리로부터 빼앗은 것을 돌려주기를 갈망한다. 그들은 거짓말로 네 번째 투표함을 범죄로 몰아갔다. 따라서 이에 대해 우리는 진실을 밝히고자 한다."라고 란사는 언급했다.

란사는 다섯 차례 석방 서한을 받았고, 3월 4일 마지막 서한을 받았다. 이를 통해 그는 공문서 위조 관련 범죄와 권력 남용과 공공행정에 위해가 되는 사기죄와 관련된 세 건의 범죄에 대한 혐의에서 벗어났다. 자신의 벗을 환영하는 자리에서 셀라야는 마치 일화를 들려주듯 조롱조로 그들이 자신에게도 부패 혐의를 씌우려고 했다고 언급하며, "대통령실에서 사용한 연료조차도 꼬투리를 잡으려고 했답니다. 이제는 여기 이 자리에 계신 분들께 식사 대접을 한다는 이유로 나를 조사하려 들지도 모르겠네요."라고 말했다.

농장으로의 귀환

4월 23일, 멜 셀라야는 헬기를 타고 엘 아구아카테 활주로에 착륙했다. 이곳은 온두라스에서 가장 큰 행정구역 중 하나로 토지 규모만으로는 엘살바도르를 능가하는 올란초 주의 카타카마스에 위치한 엘 에스피노 공동체에 있는 그의 소유지에서 몇 구역 거리다. 올란초 주는 그라시아스 아 디오스 주와 콜론 주에 인접하고 있기도 한데, 이 두 지역 모두 마약밀매와 조방 목축의 경로에 위치한 전형적인 농업 지역이다. 거대한 대지에는 산, 밀림, 소규모 거주민들의 정착지, 다양한 보호구역들이 위치하며, 모두 마약밀매와 정부의 방치로 인한 갈등에 시달려왔다.

여행의 동기는 극도로 민감한 협상이었다. 그 아내의 정부는 천연자원 환경청(MiAmbiente) 청장인 럭키 메디나를 통해 3월 말 불법 도로 철거를 약속한 바 있었다. 이 도로는 리오 플라타노 생물권 보호구역(Reserva de Biosfera de Río Plátano, 인류무형문화유산으로 지정됨)을 관통하는데, 목장주들과 원주민들에게는 그라시아스 아 디오스에서 올란초로 물자를 수송하기 위한 통로로 활용되었다. 지역민들은 이 도로가 마약밀매업자들을 위해서도 사용되고 있으며, 사실상 현재는 '마약도로'라고 불린다고 증언한다. 도로 완공 시점은 후안 올란도 에르난데스 집권 마지막 해인 2021년으로 과도한 환경파괴 우려로 논란을 일으켰다. 그렇지만 도로 건설 사업이 개시된 년도는 멜 셀라야가 집권하고 있던 2007년이다.[4)]

올란초에서 성난 민심을 달랠 사람은 멜만한 적임자가 없다. 그는 거의 귀족에 버금갈 정도로 존경받는 가문 출신으로, 마을의 유지들 중 한 명이다. 엘 에스피노에서 농업대학(Universidad Agrícola) 방향으로 개통된 도로에 여러 부지들이 셀라야 명의로 등록되어 있다. 2016년 셀라야 부부는 사위이자 변호사인 후안 카를로스 멜라라에게 이 일대 13,454.13 평방미터 규모의 땅을 증여했다. 멜라라는 그들 장녀이자 마찬가지로 변호사인 소에 셀라야의 남편으로, 그녀는 셀라야 부부 자녀 중 유일하게 공직을 맡고 있지 않다. '시민권력' 시대 멜라야는 셀라야를 보조했지만, 2007년 연고주의 의혹이 불거지자 멜은 이를 '회피'하기 위해 그를 해고했다.[5)]

대통령 재임 시절, 셀라야는 엘 에스피노에 소유한 지분 일부를 텔레톤(Teletón)에 기부했고, 농업대학에 야간수업을 위한 건물을 세웠다. 이후 국민당 출신 전 대통령 포르피리오 로보 소사도 유사한 건물을 세웠다. 두 건물들은 모두 올란초의 두 지주들을, 그리고 그들 각자의 정치적 전통을 상징하는 의미로 세워졌다.

4) "Descubren misteriosa carretera en la Biosfera de Río Plátano", en *Proceso Digital*, 28/9/2007.

5) "Mel Zelaya despide a su hermano y a su yerno", en *La Prensa*, 28/1/2007.

환경부장관의 약속이 있고 한 달도 지나지 않아 셀라야는 모스키티아 목장주들과 합의를 이끌어냈다. 서명된 합의서에 따르면, 도로 철거를 하지 않는 대신이 일대 목장주들은 조방형 목축을 중단하기로 약속했다. 며칠 후 미스키토 지도자들은 정부가 자신들의 입장도 고려할 것을 요구하며 테구시갈파에 도착했다. "미스키토 사람들을 그만 좀 괴롭혀라"며 미스키토 조직인 마스타(Masta) 소속 올란도 칼데론은 항의했다. "도로의 목적은 강 건너 마약밀매 목장주들의 농장들이 대부분 자리하고 있는 와룬타(Warunta)로 가기 위해서다. 이제 군대도 침략자 대열에 합류하여 조금이라도 땅을 차지하려 안달이고, 조직의 한 패가 되어가는 이상, 이제 그곳에는 아무런 통제도 없다."

"도로가 철거될 것이며, 보호를 위해 정부가 무엇을 할 것이고, 또한 군대가 침략을 막을 것이라고 장관이 말했을 때 우리는 기뻤다. 하지만 뒤이어 목장주들과 만난 자리에서 멜이 도로 철거를 막고, 그들이 근무지로 출입할 수 있도록 보장해주겠다고 말한 사실이 알려졌다. 목장주들 대부분은 올란초 사람들이고, 그들 다수는 정치적으로 높은 위치에 있는 자들의 대리인들이다"라고 칼데론은 비난한다. 그의 말이 맞다. 올란초 주도인 후티칼파의 문화원에는 백발의 남자가 있는데, 그는 이 도시뿐만 아니라 셀라야 가문의 역사에 대해서 정통하다고 내세우는 인물이다. 그의 이름은 다리오 에우세다 로케로, 작가이자 전직 대통령의 동창이고, 대통령궁 연설문 작성에 참여하기도 했다. 에우세다 로케는 셀라야의 선조가 정복 이전 시대로까지 거슬러 간 사실을 확인했다고 주장한다. 그의 주장에 따르면, "셀라야 가문 최초의 조상은 산티아고, 미겔, 조셉 형제로, 그들은 정복자 에르난 코르테스와 함께 스페인에서 멕시코로 왔다. 멕시코에는 셀라야 라는 도시가 있는데, 그들이 이 도시를 설립하고, 칼로 정복했다. 도시에는 단지 c자로 기록되어 있다"라는 것이다. 이 작가에 따르면, 셀라야 가문이 올란초에 도착했을 때 그들은 후티칼파의 레파구아레 계곡을 무척 마음에 들어 했고, 그래서 스페인 국왕에게 그곳을 소유할 수 있도록 요청했다. "그건 마치 그의 정복 사업에 대한 포상과 같았고, 왕은 그곳에 대한 사적 권리를 승인했다. 레파구아레 계곡은 여전히 그들 가문의 소유이다. 1536년 스페인 국왕의 서명이 담긴 권리증이 하사되었다. 변호사로서 나는 이 권리가 유효하다고 판단한다." 올란초의 셀라야 가문은 한 번도 영향력이 없었던 적이 없다. 18세기 올란초는 중앙아메리카에서 가장 크고, 가장 방대한 목축 지대였다. 에우세다에 따르면 셀라야 가문은 항상 주지사였고, 시장이었으며, 군사령관이었다. "이제 이 상황을 두 대통령들을 통해 목격하고 있다. 아내인 시오마라와 멜을 통해서 말이다."

하지만 올란초 사람들 모두가 셀라야와 로보 같은 이들을 칭송하는 것은 아니다. '쥐를 쫓아내자'라는 슬로건의 무소속운동을 통해 카타카마스 시장직에 도전했던 세르히오 안토니오 캄포스는 셀라야 가문이 "신격화되었다. 쿠데타가 발생하기 전, 여기저기에서 네 번째 투표함 사업 명목으로 돈을 뿌려댔던 사실을 떠올려봐라, 지금 그들을 추종하는 사람들은 그때 받은 돈 때문이라는 게 나의 생각이다."라고 비판했다.

일반적으로 모든 걸 가진 사람은 자신이 축적한 것을 지키기 위해 왕국을 건설한다. 셀라야 가문에서 멜의 정치적 성공과 그 가족들의 전면적 정계 진출은 카타카마스 최초의 호세 마누엘 셀라야, 즉 그의 아버지가 그에게 가했던 압박으로 거슬러간다. 멜의 부친인 호세 마누엘 셀라야와 모친인 오르텐시아 로살레스는 네 명의 아들을 두었는데, 장남인 전직 대통령 멜에 이어 둘째 카를로스(국회 사무총장), 셋째 엑토르(청년기 암살당함) 그리고 막내 마르코다. 마르코는 자유재건당 전직 대통령 카를로스 로베르토 레이나(1994년~1999년 재임)의 딸들 중 한 명과 결혼했다. 셀라야 로사셀스의 부친은 일부 군인들과 함께 '오르코네스(Los Horcones)'라고 불리는 사건에 가담한 것으로 알려졌는데, 이는 온두라스 역사에서 가장 잔혹했던 농민 학살 중 하나다. 그는 비록 이로 인해 1970년대에 수감됐지만, 이후 사면을 받고 석방되었다.

외교부 차관인 헤라르도 토레스에 따르면, 오르코네스는 "그들에게 항상 부담이 되어 왔고, 셀라야 대통령에게는 특히 그랬다." 그럼에도 토레스는 멜 셀라야와 그의 부친의 행위를 구분하며, 당시 "그는 올란초 아구아카테에 주둔한 니카라과 콘트라스 비밀 기지를 비난했다."[6]라는 이유를 제시한다. 멜은 자신이 청소년기를 보내기도 했던 그 도시의 카스타뇨 지구에 있는 다양한 구역들과 후티칼파에 있는 오르코네스 부지를 여전히 소유하고 있다.

하지만 멜 셀라야가 정치에 입문하게 된 시기는 1980년대로 거슬러간다. 이 당시 자유재건당의 지도자는 "불명예 퇴진했고", 그 자리는 공석인 상태였다. 그때 당시 국회 사무총장이자 셀라야 가문의 가까운 친척이었던 인물이 멜의 부친에게 제안을 했다. 다리오 에우세다를 인용하자면, "멜, 정치적 공석이 생겼다는 데 주목하세요, 아들 멜을 그 자리에 세우세요." 멜의 부친은 "좋습니다. 그 자리에 세워야겠어요."라고 답했을 것이다. 하지만 멜 셀라야가 전국 수준의 정치적 자리까지 오르기 위해서는 뒷배가 필요했고, 멜의 부친은 자유재건당 출신의 당시 대통령 호세 시몬 아스코나(1986~1990)의 선거 승리를 가져온 운동의 이념성향을 고려해, 멜의 후원자로 당시 국회의장이었던 카를로스 오르빈 몬토야를 즉각 선택했다. 멜은 이 오래된 충신들을 잊지 않았다. 2006년 오르빈 몬토야가 중미경제통합은행(BCIE) 온두라스 대표로 지명되고, 이후 온두라스중앙은행(BCH) 총재로 지명됨에 따라 지난날의 호의는 보상받았다. 쿠데타가 있기 전에 오르빈 몬토야는 '네 번째 투표함' 사업을 조직한 인물들 중 하나였다. 2022년에도 그는 잊히지 않았고, 시오마라 카스트로는 그를 국영회사 온두텔의

6) 콘트라는 미국의 지원을 받아 산디니스타 혁명을 진압하던 무장세력이었다.

경영진에 임명했다.

멜, 책략가

다리오 에우세다는 정치인으로서 멜 셀라야의 주된 특징으로 영악함을 드는데, "책략을 잘 쓰고, 무엇이든 탐색한다."고 설명한다. 국회에서 장악력을 확보하려고 소란을 피웠던 자유재건당 내 반대파 의원들을 대상으로 셀라야가 제안한 협약을 보고 에우세다는 그의 이런 책략을 감지했다. 멜은 자유재건당을 통제하고, 당규는 그가 법적 대표뿐만 아니라 총 지도자 직무를 수행하고, 더 나아가 전국조직위 최고위원뿐만 아니라 전국협의회에 관여하는 것도 허용한다. 전국조직위나 전국협의회에서 내리는 결정은 모두 전 대통령인 셀라야의 손을 거쳐야 한다. 2012년 정당 등록 이래로 자유재건당은 단 한 명의 법적 대표와 최고지도자를 배출했다. 그리고 이런 상황은 적어도 2025년까지 이어질 전망이다. 엘살바도르 부켈레 가문처럼 셀라야 가문 역시 정당 창당의 주역으로서 당내 핵심 지위를 확보하고 있다. 멜의 곁을 대통령, 그의 남동생들, 조카, 국방부장관, 그리고 정부 요직을 맡고 있는 기타 인물들이 지키고 있다. 대표적으로 산페드로술라 전직 시장 로돌포 파디야 순세리(부패혐의로 기소되었지만 네 차례의 석방서한의 수혜자가 되었다.), 현 재정부장관 릭시 몬카다, 당시 노동조합원이었다가 이제 의원직 신분이 된 후안 바라오나, 농민지도자이자 전국농업연구소 부소장 라파엘 알레그리아, 온두라스 육상운송연구소 소장 라파엘 에드가르도 바라오나, 국회의원으로 현재는 멜 셀라야와 소원해진 베아트리스 바예를 들 수 있다.

2012년 정당 창립 과정에서 멜이 주창했던 운동으로 현재도 자유재건당에 소속돼 활동하는 M28의 명실상부한 두 지도자인 바예와 호르헤 칼릭스는 최근 총선에서 온두라스 사상 가장 높은 득표율을 기록한 의원들이 되었다. 하지만 국회에서 최고위원회 선거로 인해 발생한 위기로 그들은 지도자에서 소위 '변절자'로 비난받게 되었다. 일반적인 기대와는 달리 시오마라 카스트로의 역사적 승리, 그리고 총선에서 자유재건당이 달성한 압도적 득표가 정당의 화합으로 이어지지는 않았다. 현재 바예는 이미 시효가 다한 관계가 이어지는 가운데 정치적 권력 구도 재편에 자신이 둘러싸이게 되었다는 생각을 표명해왔다. 단편적 예로, 바예는 자신이 의원직에 출마했을 때부터 셀라야와의 관계가 틀어졌다고 주장한다. "저는 멜이 제게 거의 말을 걸지 않는다는 사실을 눈치 챘습니다. 저와는 거의 말을 섞지 않았죠, 저는 말했어요, 너무 이상한 일이라고, 하지만 마찬가지로 생각해보세요, 23년이에요, 내가 어떻게 멜을 신뢰하지 않을 수 있다는 거지? 저는 아무런 생각도 할 수 없었습니다."

온두라스에서는 일반적으로 의회 지도자들이 향후 대선을 위한 선거철 이동메뉴판 역할을 한다. 아니면 적어도 의회에서 핵심적인 지도력을 행사할 위치를 차지한다. 칼릭스와 바예는 선거에서의 승리에 힘입어 이 경로를 밟는 듯했지만, 이내 해묵은 반목과 사전 조율된 약조들이 모습을 드러냈다. 이처럼 칼릭스가 바예와 그 밖의 의원들의 지지를 받아 의회에서 왕좌를 차지하려 할 때, 대통령 당선인은 이와는 다른 노선을 요구했고, 후보 시절 도움을 받았던 온두라스 살바도르당(Partido Salvador de Honduras)과 맺었던 합의를 지키려 했다. 이 합의에 따르면 혁신과 사회민주통합당(PINU-SD) 의원인 루이스 레돈도가 의장직에 지명될 예정이었는데, 이후 대통령이 불참한 가운데 대통령궁에서 멜 셀라야와 호르헤 칼릭스가 협약서에 서명함으로써 합의는 수정 없이 유지되게 되었다.

자유재건당에 균열이 생긴 지 백 일 이상이 경과한 무렵, 셀라야 가문은 더 강해져 있었다. 카를로스 셀라야는 국회 사무총장으로 지명되었는데, 이 자리는 의회의 운영에 있어 핵심적인 위치이자 사실상 실제 입법부의 의장 대행과 같은 역할이다. 자유재건당의 입법대표로는 라파엘 사르미엔토가 지명됐는데, 그 역시 대통령의 직계 가족이다.

온두라스에서는 시간이 지나치게 빠르게 흐른다. 카타카마스에서, 그리고 국회와 대통령궁에서 누군가는 셀라야 가문의 다음 행보를 예측하기 위해 상상력을 발휘하고 있으며, 여기에는 시오마라를 잇는 후계자가 될 수 있도록 가문 내 누군가에게 힘을 실어주는 행위가 수반된다. 정부 홍보실의 실질적 수장인 다사에브 아길라르는 지난 5월 9일 시오마라의 아들이자 개인 비서인 엑토르 셀라야의 사진을 배포했다.[7] 아길라르는 "온두라스의 차기 대통령과 함께" 있는 모습이라고 언급한 바 있다. 이 발언에 대해 질문을 받자 다음 선거에서 있을 일이라고 말한 것은 아니었다고 답변하여 얼버무리려 했다. 분명한 사실은 셀라야 가문은 힘을 축적해왔고, 2009년 6월에 발생했던 일이 반복되기를 원하지 않는다는 것이다.

Cofadeh의 베르타 올리바는 자신은 역사가 반복되기를 원하지 않기 때문에 쿠데타라는 말도 다시 입에 담고 싶지 않다고 말한다. 그럼에도 그녀는 쿠데타가 일어나게 한 구조는 여전히 온전히 남아있다고 주장한다. "대통령을 그만두게 하고, 되게 하는 사람들은 누구인가? 전 세계에서 쿠데타를 일으키는 이들은 누구인가? 바로 미국이다"라고 그는 말한다. 이어 그는 다음과 같이 주장한다.

> 실권세력들이 지금 의도하는 바는 시오마라 정부가 허약함을 입증하는 것이다. 그들은 사면을 비난하며, 초창기에는 국회를 끌어들여 정부를 약화시키려했다. 셀라야가 통제권을 가지고 있고 힘을 행사하는 사람이라는 점이 문제라면, 정말로

7) Rony Martínez: "Con el próximo presidente…", tuit, 10/5/2022, disponible en 〈https://twitter.com/ronymartinezhn/status/1523855693790564352〉.

> 그가 권력자이고 나라를 좌지우지하고 있다면, 그렇다 해도 무엇이 문제인가? 이 사람(후안 올란도 에르난데스)이 독재정권을 구축하고, 형제를 국회에 보내고, 남매를 장관으로 임명하고, 또 다른 형제를 치안고문으로 고용하는 등 정부 곳곳에 온 가족을 두었어도 당시에는 이를 문제 삼지 않았다.

쿠데타를 일으킨 지 12년이 지나 로메오 바스케스 장군은 이제는 거대한 집의 크기에 비하면 작디작은 의자에 앉아, 자신에게 그토록 큰 두려움을 안겼던, 그리하여 나라를 "베네수엘라 같은 체제"로 만들려는 시도를 저지하기 위해 차라리 헌법 위반을 선택하게 했던 자들이 지휘하는 온두라스를 분석한다. "2009년 발생한 사태 때문에, 그들은 돌아와 다시 경기를 시작할 수 있게 됐다. 그 사람들은 행복해야 할 것이다."라고 그는 말한다.

바스케스는 대통령이 다른 역사를 만들 수 있다는 의견이다. "그녀가 입성할 수 있었던 이유는 국민이 아름답고, 민주적이며, 공명한 행위로서 그녀에게 투표했기 때문이다." 비록 첫 행보에는 만족하지 않지만, 그는 갓 발걸음을 뗀 정부에게 여유를 주어야 한다고 믿는다.

강정원 옮김

제3부 정치

변혁 프로세스와 개헌 프로세스: 라틴아메리카 관점에서 본 2019-2022년 칠레 사례

마누엘 안토니오 가레톤

칠레 대학교 사회학과 교수

원제와 출처: Manuel Antonio Garretón, "Proceso de transformación y proceso constituyente: El caso chileno 2019–2022 en perspectiva latinoamericana", 서울대학교 라틴아메리카연구소 석학강좌 '오르비스 테르티우스: 라틴아메리카 석학에게 듣는다' 발표문, 2022.11.17.

핵심어: 구조적 역사적 문제, 중대 국면, 변혁 프로세스, 개헌 프로세스, 보리치 정부, 국민투표

이 글은 폴리스, 즉 공동체의 약화라는 구조적 역사적 문제에 우리가 직면해 있다는 가설에서 출발하여, 이를 극복하고자 하는 중대 국면이 발생했으며 그 과정에서 재건 혹은 변혁 프로세스가 추진되었다는 점을 짚어보고자 한다. 칠레의 경우 중대 국면이었던 2019년의 사회적 폭발을 기점으로, 광범위한 시민 참여 속에 2021–2022년 개헌 프로세스가 촉발한 변혁 프로세스가 있었다. 이는 국민투표에서의 개헌안 부결, 제한적인 새로운 개헌 프로세스 착수, 변혁 프로세스라는 어려운 과제를 떠안은 가브리엘 보리치 정부의 출범으로 이어진다.

보수의 복원, 변혁 프로세스의 침체, 이 난국에도 불구하고 지속될 프로세스 등 열린 무대들이 존재한다는 점이 이 글의 결론이다.

새로운 구조적·역사적 문제?

이 글에 담긴 성찰들은 (1960년대 유엔 라틴아메리카 카리브 경제위원회[ECLAC]의 고전적인 개념을 떠올려보자면) 라틴아메리카 국가들이 폴리스, 즉 공동체의 약화라는 구조적·역사적 문제에 직면해 있으며(다만 나라마다 상이한 방식으로 이 문제가 표출되고 있다), 여러 가지 차이에도 불구하고 폴리스 구성원들 간의 통합을 지향하면서 온갖 문제를 해결해야 한다는 가설에 입각해 있다. 이를 위해서는 사회와 구성원 개개인에게 영향을 미치는 문제들을 공동으로 직면하는 행위인 정치가 바로 설 필요가 있다.

현재 라틴아메리카의 정치와 정치 제도는 매우 급진적인 위기에 처해 있다. 세계적으로 볼 때 20세기는 전통 사회가 사라져 가고 경제적 합리성이 심각한 구조적 불평등을 낳은 시기였다. 그리고 20세기의 그 오랜 시간 동안 정치는 각 사회의 문화적 토대였다. 따라서 폴리스, 즉 문제 해결을 위해 함께 스스로를 조직하는 방식으로서의 '정치적인 것'으로 정의되는 공동체가 위기에 처했다면, 우리는 일부 지역의 위기가 아니라 전 세계적인 위기, 그것도 심각한 위기에 처해 있는 셈이다.

이는 집단으로서의 사회적 행위자들의 파편화 또는 파열, 사회 전체 등의 갈등이 아니라 개인의 갈등으로 취급되는 종류의 갈등의 존재 또는 배가를 의미한다. 그러면 영토, 젠더, 교육, 환경, 불평등 등의 문제들은 예전 시대들과 달리 전 지구적 문제의 표현이 아니라 각자가 혹은 각 집단이 개별적으로 해결해야 할 문제가 된다. 이로써 자신들을 대변하는 행위자 혹은 심급이 누구인지 모호해지고, 결국은 의견 표명과 문제 해결 요구의 통로가 사라지게 된다. 이는 국가와 정당이라는 과거의 두 주요 정치 행위자(물론 이 정치 행위자들은 사회마다 다른 형식을 띠고 있다)의 정당성 상실로 이어졌다.

가령, 한편으로는 반독재 투쟁의 산물인 대의민주주의가 정당성의 위기에 봉착했다. 다른 한편으로는, 비록 온갖 비판을 받기는 했지만, 국가는 예전에는 집단행동들이 불만을 표출하고 문제 해결을 요구하는 주요 대상이었건만 이제는 더 이상 아니다. 사회 서비스, 교육, 의료, 연금, 주택, 노동의 상품화를 특징으로 하는 전 세계적인 자본주의가 야기한 정치경제적 변화 때문에 국가는 고작 일부 특정 순간에 호소할 수 있는 대상일 뿐이지 사회 전체를 위해 무언가를 할 수 있는 존재로 간주되지 않는다. 마지막으로, 민주적이라는 환상을 야기하는 가상 네트워크가 대의민주주의와 국가의 정당성 상실로 인한 민주주의의 위기를 가중시킨다. 가상 네트워크는 아무 말이나 하고 행동할 수 있는 공간이지만, 개인 혹은 특정 그룹이 의사를 표출하는 이 공간에는 민중 주권 혹은 시민 주권이 전혀 행사되지 않기 때문이다.

이리하여 폴리스는 파괴되고 뒷전으로 밀려났다. 그리고 비록 비전이 달라도, 사회의 염원들을 어떤 식으로든 대변하던 국가와 정당 같은 제도는 정당성을 상실했다. 물론 대체물들이 출현했다. 그러나 이제 갈등은 정당성 있는 제도들을 통해 합의를 도출하고 해결 방안을 제공하는 정치적 행위자들이 결코 대변할 수 없는 갈등이 되었다. 우리는 부문별, 계층별, 직능별, 문화적 지향별로 갈등이 팽창하고 첨예화되고 증식되어 대단히 분열된 사회와 직면했다. 그리하여 총체적인 기획이나 지평에 입각한 집단행위라는 원칙 대신 행위자들의 정치성들이 득세하는 경향이 있다. 그렇다면 사회 각 부문, 집단, 분야를 가로지르는 총체적인 표현, 집단적인 표현은 어느 순간에 발생할 수 있을까? 제도적 리더십과 무관한 사회적 폭발, 대규모 자발적 동원 등의 순간이다. 이 순간 우리는 각 영토,

집단, 정체성, 사회운동이나 사회적 행위자라는 정치성들의 총체적인 출현과 팽창에 직면한다. 문제는 이 각각의 정치성이 자신의 특수성을 보편성과 동일시하는 경향이 있다는 점이다. 실제로 사회적 폭발 때마다 이런 동일시 현상을 목도할 수 있었다. 개별 운동이 전체 사회와 동일시되어 버리는 문제가 발생한 것이다. 개별 운동의 요구와 기획이 거대한 역사적 기획이 아니라 기존 질서를 거부하고 자신들 혹은 자신들과 함께 하는 이들을 위한 요구와 기획일 뿐이라는 점을 인식하지 못하는 것이다. 즉, 사회적 폭발을 야기하는 모든 운동이 정치적 요소를 띠고 있지만, 사회적 제 갈등을 각 운동의 특수성을 가로지르는 정당한 새로운 사회 질서로 전환시킬 수 있는 공간이나 행위자들이 존재하지 않는 분열된 사회를 우리는 살고 있다. 우리가 보기에는 이 점이 주요 문제이고, 실제로 이 문제적인 틀에서 다양한 형태의 지배, 억압 또는 착취가 발생한다.

사회과학은 폴리스 재건이라는 이 문제의 분석에 유용한 개념들을 주조하고 정교화시켰다. 그 중 하나가 '중대 국면'이라는 개념이다. 이는 여러 모순이 응축되어 기존 질서에 대한 전면적인 거부로 표출되는 국면을 가리킨다. 가령, 1930, 40년대 포퓰리즘이 탄생한 국면이나, 1980, 90년대의 권위주의 정권들이 위기를 맞이한 국면이 그 사례이다. 이는 여러 종류의 새로운 행위자들이 등장하고, 서로 간의 상호대화를 강요받고, 새로운 질서를 모색하는 국면이었다. 중대 국면은 항구적인 해체 프로세스나 퇴행 프로세스로 귀결될 수도 있고 진화나 변혁 프로세스로 발전할 수도 있다. 이 프로세스에 '재건 국면'이라는 두 번째 개념이 입각해 있다. 사회와 정치 사이의 관계를 재구성하는 긴 과정이 시작되는 순간으로, 대중 정치를 통해 그저 다양한 집단이나 행위자들의 문제와 요구에 대한 해결책을 제시하는 수준을 넘어 폴리스의 재구축이 시작된다. 라틴아메리카에서는, 비록 지금은 침체에 빠지고 말았지만, 좌파로의 전환이 재건 국면에 해당하고, 가장 성공적인 사례는 볼리비아였다. 중대 국면이 발생했고, 재건 국면에 돌입했고, 그 재건 프로세스를 통해 새로운 문제들과 맞서는 새로운 국가가 탄생했기 때문이다. 즉, 폴리스가 재구축된 것이다. 그 재구축의 성격에 대해서는 저마다 판단이 다를 수는 있지만 말이다. 반면 다른 라틴아메리카 국가들은 항구적인 해체 프로세스를 겪었다. 선거 때마다 상이한 성격의 정부가 들어선 것이 해체 프로세스의 징후이다.

칠레 사례: 변혁 프로세스의 의미와 한계

칠레의 경우 독재 시절부터 문제 해결이 지연되기만 했고, 그러다가 소위 2019년 10월의 사회적 폭발로 이어졌다. 우리가 보기에 이 폭발이야말로 바로 폴리스 해체의 표현이다. 폭발을 대표하는 조직된 행위도 정당도 없었기 때문이다. 그러나 이 폭발은 이중의 의미를 지닌 변혁 프로세스의 기원이기도 했다. 한편으로는 신자유주의라는 사회경제적 질서의 종식 혹은 극복이라는 의미가 있었고, 또 한편으로는 정치와 사회의 관계를 재구성하는 공간이라는 의미가 있었다.

그리하여 2019년 10월 18일의 사회적 폭발 이래의 일련의 연속적이고 역사적인 사건들은 칠레에 재건 성격을 띤 변혁의 국면과 서사가 촉발되었다는 것을 보여준다. 그 사건들이란 갈등을 제도의 틀 안으로 끌어들여 개헌 프로세스로 귀결시킨 다양한 스펙트럼의 정당들 간의 국가적 합의, 시민이 제정하는 신헌법 구상에 80%의 지지를 보낸 입구 국민투표, 개헌회의 구성 선거, 개헌회의의 신헌법안 기초, 좌파 연합을 이끈 가브리엘 보리치의 대통령 당선 등이다. 2019년 10월의 사회적 폭발이 야기한 포괄적 위기에 직면하게 되면서 비로소 새로운 사회경제적 정치적 질서를 구축할 가능성이 열린 셈이었다. 이 칠레 프로세스는 대단히 민주적인 틀 안에서 이루어졌기 때문에 동시대의 다른 재건 프로세스들과는 차별화된다.

이 사회적 삶의 토대 변화는 세 가지 주요 특징을 띤다.

먼저, 지난 20년 동안 우리는 정치와 사회의 균열을 목도했다. 즉, 20세기 상반기부터 국가적 풍경이었던 행위자, 사회운동, 제도권 정치 사이의 접점들이 단절되는 양상을 목도하게 된 것이다. 심지어 군부독재의 혹독한 탄압에도 불구하고 파괴되지 않았던 접점들이었는데도 말이다. 이러한 단절은 2006년의 사회적 동원, 2011년의 학생 시위, 2019년의 사회적 폭발 과정에서 현실 정치에 대한 참여의 감소, 정당과의 거리 두기, 심지어 정당 배격을 통해 명백하게 드러난다. 정치와 사회 간 관계의 현 위기는 종종 '폭발한 사회' 혹은 '사지가 잘려나간 사회'로 정의된다. 또 '찢어진 사회', '척추가 동강난 사회', '파편화된 사회', '부서진 사회'라고 부르기도 한다. 즉, 기본적 가치들을 공유하는 사회적 기반 및 최소한의 응집력을 지닌 진정한 정치 공동체의 부재 현상을 지칭한다. 그런데 개헌 프로세스는 이 상황을 극복하기 위해 사회 전체에 호소하는 만남의 공간이자 국면을 의미했고, 개헌의원 선출은 탄핵된 기존 사회질서와 일체화된 정치 엘리트 집단과는 거리를 둔 채 새로운 제도에 정당성을 부여하는 대의 형식의 표현으로 여겨졌다.

그래서 개헌 프로세스는 정치 공동체 재건을 위한 근본적 계기로 간주되었다. 동등성(paridad) 존중, 무소속 인정, 남녀동수 구성, 선주민 의석 보장에 입각한 개헌의원 선출은 그 가능성의 확인으로 보였다. 또한 2021년 12월 아프루에보 디그니다드(Apruebo Dignidad, 존엄성 승인)를 이끌고 세를 결집하고 확대한 가브리엘 보리치의 당선은 구조적 변화를 위한 투쟁, 기획, 요구의 제도화로 여겨졌다. 고전적인 용어를 사용하자면, 그의 당선은 동원된 사회의 정당성과 선출된 정부의 제도적 법적 정당성이라는 두 정당성이 통합되는 과정일 수 있다. 물론 이 두 정당성이 최근 몇 년간 긴장 상태에 있었다는 것은 의심의 여지가 없다. 그러나 긴장 관리의 측면에서 볼 때 개헌 프로세스도, 또 새 대통령과 그의 정부의 탄생도 진일보한 것이다.

따라서 2022년 9월 4일의 출구 국민투표(Plebiscito de salida)의 개헌회의 헌법안 부결 이전까지는 정치와 사회의 관계를 재건할 가능성이 있는 국면이었고, 그 이후는 변혁 프로세스의 지속 가능성에 커다란 의구심이 발생한 또 다른 국면이다. 개헌 프로세스가 칠레 사회의 포괄적 위기를 해결할 근본적인 프로세스임에도 불구하고, 변화에는 찬성하되 자신들의 요구가 당파적 혹은 정치적으로 비치는 것을 거부하는 계층들이 존재했던 것이다. 개헌 프로세스가 정치 공동체의 재건을 위한 조건을 창출할 수 있다는 점은 분명했다. 매우 다양한 행위자들의 만남이라는 그 자체의 역동성 때문에, 또 시민의 정치 참여를 보장했기 때문에, 나아가 다수의 뜻에 반하는 정치 시스템 제거를 신헌법에 담을 수 있었기 때문이다. 그러나 정당 시스템의 재구성과 정부의 변혁적 성격을 보장하는 정치 연합의 구축을 요하는 일이었기 때문에 의구심의 대상이 되었던 것이다.

둘째, 이른바 '칠레의 10월'의 원인 중 하나인, (민주주의 시대에 몇 차례 수정이 있었다지만 독재정권에서 확립되어 그 이후의 민선정부 체제에서 영속화된) 신자유주의 사회경제적 질서(사회 각 부문에서 불평등과 전횡의 심화, 삶의 조건들의 상업화, 일상생활 영위의 어려움 등을 야기한 질서)에 대한 불만과 거부다. 이 상황에서 사회적 폭발과 개헌 프로세스는 사회권, 노동권, 경제권, 문화권의 확대와 보장을 지향하는 발전 모델을 생각하는 근본적인 이정표로 비쳐졌다. 이 연장선상에서 개헌회의는 칠레가 사회적·민주적 인권 국가라는 점을 명문화시킨 조문을 신헌법에 넣고, 나아가 칠레의 상호문화적·복수국민적·생태적 특성을 확언하는 항목들을 마련하는 등 실질적인 발걸음을 내딛었다. 그 밖에도 새로운 제도를 지배할 대원칙으로 보조 국가에서 사회적 국가로 나아간다는 의지를 담았다. 신자유주의 모델의 변혁 시도는 사회와 자연의 관계를 고려하여 현재의 발전 모델을 극복하려는 토대를 구축하려는 시도이기도 하다.

이는 오늘날의 환경 위기를 고려한 것으로, '칠레 최초의 생태 정부'를 만들고자 하는 보리치 정부 및 아프루에보 디그니다드의 의지와 이러한 유형의 헌법을 세계 최초로 기초한 개헌회의의 의지가 일치하는 대목이다.

마지막으로, 변혁 서사의 또 다른 핵심 요소는 토착민에 대한 체계적 배제, 과도한 중앙집권주의, 성 불평등, 칠레 사회의 역사적 부채(민주주의 질서 중단, 군사독재, 인권침해에 대한 전면적인 단죄의 결여) 청산과 관련 있다. 독재는 오늘날까지 지속되는 칠레 사회의 깊은 분열들을 초래한 중차대한 분열을 의미했다. 이러한 관점에서 볼 때 지난 대선 결과와 독재정권을 종식시킨 1988년 국민투표 결과의 밀접한 유사성은 우연으로 간주할 수 없다. 2021년 대선에서 독재의 유산을 대변하는 호세 안토니오 카스트의 득표율은 44%였다. 1988년 국민투표 때 피노체트의 권력 유지에 찬성표를 던진 이들의 비율과 정확히 같다. 반면 독재의 유산에 대한 반대를 표명한 후보자인 가브리엘 보리치는 30여 년 전의 반대표 55%와 동일한 득표율을 달성했다. 물론 오늘날에는 그동안 누적된 문제들, 특히 사회적 폭발과 개헌회의 의원 선출을 통해 표출된 누적된 분열들이 존재한다. 그리고 이 누적된 분열들이 독재가 야기한 분열에 더해져서 두 개의 국가가 존재한다는 사실을 단적으로 드러냈다(두 개의 국가 상태의 극복은 독재의 형식과 내용에 반하는 민주적 재건 프로세스의 핵심 과제 중 하나일 것이다). 개헌 프로세스는 변혁의 서사에 응답하여 칠레를 지역적 다국민적 다문화적 국가로 선언한 헌법을 마련했다. 또한 평등 민주주의 및 여성과 성적 다양성과 직접 관련이 있는 일련의 권리도 담았다. 같은 맥락에서 보리치 정부는 다국민성 인정, 상호문화적 관점 채택, "페미니스트적 미래 건설"을 위한 제안을 명시적으로 밝힌 강령을 채택했다.

비록 개헌 프로세스와 보리치 정부가 이미 중심적인 역할을 수행하고 있지만, 칠레에 예고된 민주적인 변혁 프로세스는 분명 점진적이고 장기적인 과제이다. 그리고 모든 변혁 프로세스는 구조적 변화, 민주적 구성 요소, 새로운 사회적 포용을 거부하는 반대에 직면하기 마련이다. 칠레의 경우 이는 2022년 9월 4일 국민 투표에서 무려 62%에 달하는 반대표로 표출되었다. 그 조짐이 이미 있었다. 2021년 11월의 대선 1차 투표에서 카스트의 승리, 2차 투표에서 그의 44% 득표, 출구 국민투표에서 반대표의 증가, 개헌과 변혁 프로세스의 본질을 왜곡시키고 나아가 반대표를 던진 이들 사이에서 헤게모니를 장악한 정치적 사회적 우파 등이 칠레가 분열된 사회임을 여실히 보여주었다. 즉, 입구 국민투표 때의 압도적 찬성에서 볼 수 있었던 일체감이 점차 사라지고 재건의 서사가 희석된 것이다. 출구 국민투표 때 우파는 대선 때 카스트에 대한 악감정 때문에 보리치에게 투표했을 것 같은 유권자 층을 집중 공략한 바 있다.

달리 말하면, 2021년 대선 결과와 1988년 국민투표 결과의 유사성이 두 국가의 존재를 드러낸 것처럼, 앞서 언급한 일들은 칠레 사회에 '변혁 지향적 세계'와 '현상유지 세계'라고 부를 수 있을 두 세계가 존재한다는 것을 보여준다. 이 두 번째 세계는 정치적 사회적 우파와 그때까지 독립적이었던 지식인 부문을 흡수한 특정 언론 매체들이 주도하고 있지만 동질적인 세계는 아니다. 기업과 노동조합, 극우 및 우파에서 예전의 콘세르타시온에 이르는 광범위한 스펙트럼의 정치인 및 불확실성의 위협을 참지 못하는 여론 주도층 인사들까지 포함되어 있다. 담론의 측면에서 볼 때, 현상유지 세계는 입구 국민투표에서 가장 보수적인 우파가 개진한 반대 담론에서부터 연속성과 전통에 입각한 점진적 개혁 담론에 이르는 스펙트럼을 포괄하고 있다. 이 세계는 개헌회의 활동 내내, 결코 용인되지 않았는데도 마치 승인된 규범인 양 논의에 스며들었다. 또한 개헌회의가 '모든 사람의 집'이 될 헌법을 기초하겠다는 약속을 달성하지 못했다면서 실망을 표했다. 칠레처럼 분열된 사회에서 만장일치가 가능한 것처럼 말이다. 마치 소수가 절대적인 비토권을 부여받은 형국이다. 현상유지 세계는 개헌 프로세스를 폄하했다. 다양한 집단의 의견 표명을 "근본적인 망상"으로 몰아가고, 입구 국민투표의 결과를 적은 차이의 승리로 치부했다. 그 세계가 사실은 우파의 전략에 놀아나고 있다는 것을 숨긴 채 여러 부문의 국민을 상대로 개헌 프로세스와 그 변혁적 성격의 정당성을 훼손한 명백한 사례들이다. 현상유지 세계는 다양한 집단을 포괄하고 있지만, 이 집단들의 공통점은 이렇듯 반(反)변혁적인 시각이고, 출구 국민투표에서 신헌법 부결을 목표로 한 담론을 형성하고 있었다.

사회적 폭발이 물꼬를 트고 개헌 프로세스를 통해 제도화를 시도한 민주적인 재건 프로세스의 잠재력이 크게 약화된 이유는 지금까지 설명한 대로 반대파 때문이기도 하지만, 또 다른 이유도 있다. 개헌회의 내부의 여러 집단이 자신들의 정체성 및 마냥 실현 지연되어 온 요구들을 국가의 전체 기획과 동일시하는 오류를 범한 것도 약화를 거들었다.

9월 4일의 출구 국민투표는 의무투표제 덕분에 역사상 가장 많은 유권자들이 참여했는데, 여덟 곳을 제외한 전체 코무나(comuna, 칠레의 기초 행정단위로 346개 코무나가 있다)에서 '반대'가 승리했다는 점은 의미심장하다. 신헌법의 주요 수혜자가 될 빈곤층, 농촌, 토착민 같은 서민 부문은 물론 청년과 여성 부문에서도 '반대'가 승리했다. 무엇보다도 지금까지 한 번도 투표한 적이 없고 정치권과 대단히 유리되어 있던 부문들에서도 반대표가 압도적으로 우세했다.

개헌 프로세스가 2019년 10월의 사회적 폭발로 표출된 칠레 사회의 위기에 대한 응답이었다면, 전적으로 시민으로 구성된 개헌회의의 신헌법안에 대한 부결은 정치와 사회의 거리가 아직 좁혀지지 않았다는 점, 사회 구성원 다수가 개헌회의의 활동과 결과물을 새로운 엘리트의 이해관계가 반영된 산물로 인식하고 있다는 점을 보여준다. 즉 개헌회의 의원들이 기존 지배 엘리트와는 아주 다르지만 일반인들의 삶의 조건이나 일상의 삶과 관련된 요구들을 수용하지 못했다고 본 것이다.

이 결과들의 원인과 파장에 대한 필요한 분석을 넘어, 우리가 이 글에서 다룬 변혁 과정이 어떤 무대들을 개막했는지 물어볼 필요가 있다.

첫 번째는 보수의 복원 무대다. 보수 진영은 신헌법안 부결을 변혁 기획 자체의 패배로 몰아가려 할 것이다. 즉, 현 국면을 이용하여 현상유지 세계가 원하는 핵심 요소들을 확고히 하는 새로운 정치적 사회적 연합을 구축하고, 이에 입각하여 새로운 기획을 추진할 것이다. 현재로서는 이것이 (소수파이건만 신헌법안 부결로 다수파가 된 양 행동하는) 우파의 전략이라고 단언할 수 있다. 투표 결과가 곧 이 정치 부문과 그 강령의 승리는 아니었다. 그럼에도 불구하고 승리했다는 그들의 주장에는 모든 본질적인 변화를 막으려는 의도가 담겨 있다. 보수의 복원을 위해 사회적 폭발을 순전히 폭력적 혹은 범죄적 사건으로 규정하고, 그러한 위기를 초래한 구조적 요인과 개헌 프로세스를 부정하는 보다 폐쇄적이고 강화되고 공격적인 반대 태도를 취하고 있는 것이다.

두 번째는 침체의 무대라고 부를 수 있다. 보수의 복원 시도 때문이 아니더라도 변혁 프로세스가 담당한 방향타 역할은 끝났다는 의미이다. 구체적으로 말하면, 칠레는 '프로세스'를 살아가는 국면(즉, 위기나 갈등 국면이 의미를 창출하고, 특정 행위자들이 이 의미를 체화시키는 현상)에서 '상황'(앞으로의 정부들 그리고/혹은 때때로 발생할 사회적 동원의 개혁주의적 혹은 반개혁주의적 시도들이 염증으로 점철된 정치 행위로 그치는 현상)을 경험하는 국면으로 이행하고 있는 것이다. 이로써 칠레는, 핵심 문제는 실종되고 위정자들이 응답해야 할 개별적 문제들만 존재하는 라틴아메리카 다른 나라들의 현재 모습과 유사해질 것이다. 사회적 정치적 위기가 지속되면 위정자들은 강력한 거부에 봉착할 것이고, 그리하여 그다음 선거에서는 다른 성향의 정치적 행위자들이 당선될 것이다. 그러나 이들 역시 이내 국민의 염증을 살 것이다.

침체의 무대, 특히 보수 복원의 무대는 하나의 주기, 즉 2011년에 시작되어

2019년에 심화된 주기의 종식을 의미한다. 그래서 세 번째 무대는 변혁 프로세스가 지속되되 그 구성 요소들은 약화된 채로 전개될 전망이다. 실제로 중고등학생 경우를 제외하고는 새로운 형태의 사회적 동원의 가능성과 잠재력은 없어 보인다. 또 다른 관점에서 볼 때, 정부는 국민투표로 타격을 입었을 뿐만 아니라 제도권 내에서 자신의 프로그램을 추진할 수 있을 정도의 다수파를 점하지 못하고 있다. 또 다수 정치 세력이 개헌에 찬성한다고 천명하지만 새로운 개헌 프로세스의 성격은 아직 불확실하다. 마지막으로, 확고한 정치적 사회적 연합의 구축을 가능하게 할 명확하고 차별화되고 실행 가능한 변혁 기획도 없어 보인다. 정치와 사회의 거리 및 정계 개편이 이를 어렵게 하고 있다. 그러나 2019년의 사회적 폭발에 투영된 시민들의 불만, 우려, 고뇌는 사라지지 않았다. 심지어 2년 이상 지속된 팬데믹, 실패한 개헌 프로세스, 향후 수개월 동안 심화될 경제 위기, 실질적인 생활비 증가 때문에 더 커졌다고 할 수 있다. 게다가 연금, 교육, 의료보험, 주택 분야에서 실질적인 개혁이 결여된 상황에서 인플레이션, 실업, 범죄가 시민들의 최우선 관심사가 되고 있다. 그리하여 우리는 항로가 불확실한 매우 복잡한 상황 속에서 살고 있다. 보수 복원이나 침체의 무대들은 변혁 프로세스를 촉발한 위기들을 해결하지 못할 뿐만 아니라, 이를 악화시키고 정치 공동체로서의 사회를 파괴하려는 위협을 가하고 있다. 그렇다면 근본적인 질문은 '변혁에 대한 소명의식은 있으나 안정적인 다수를 점하지 못한 이 정부 하에서 다양한 변혁 세력이 저지른 오류를 되풀이하지 않고 현 정세에서 어떻게 변혁 기획을 재개할 것인가?' 하는 것이다.

이미 언급했듯이, 사회적 폭발로 촉발된 정치적 문화적 무대는 개헌회의의 신헌법이 2022년 9월 4일 출구 국민투표에서 부결되면서 분명 중차대한 변화를 맞이했다. 야권은 이 결과를 정부의 패배로 몰아붙였고, 의회에서 다수파라는 유리한 상황을 이용하여 정부의 구조적 개혁들을 거부하는 분위기를 조성했다.

이런 정세에 겹쳐 치안 문제가 부상하면서 정부는 개혁 의제들을 재검토해야 했고, 이는 연정 내부에서 여러 문제를 촉발하는 경향이 있다.

출구 국민투표 이후 의회에서 새로운 개헌 프로세스에 대한 정치적 합의가 있었다. 우파는 헌법의 기본 원칙, 초안을 마련할 전문가 협의회, 상원 구성 방식을 적용한 개헌위원회 위원 선출 등에서 일부 조건들을 관철시켰고, 이 위원회가 마련할 헌법안이 다시 국민투표에 부쳐질 것이다. 비록 피노체트 헌법을 완전히 종식시킬 동력이 상실되었다고는 하나, 개헌위원회가 변혁 프로세스를 재개할 가능성이 완전히 배제된 것은 아니다. 이를 위해서는 한편으로는 개헌 프로세스에 관한 한 중도파와 좌파의 연합을 이끌어내어 보수적 퇴행을 저지해야 한다. 그리고 또 다른 한편으로는 연정 내부의 결속력을 높이기 위한 조치들이 필요하다. 주요 변혁 과제(조세, 연금, 의료보험 개혁)의 흔들림 없는 추진, 국민의 삶의 요구(치안, 주택, 임금 안정성)에 대한 적절한 대응, 특히 출구 국민투표 때까지 변혁 기획을 지지한 다수의 사회 계층, 시민, 지역, 사회운동들과의 안정적인 관계 재구축이 필요한 조치들이다. 현재 지평에서 볼 때 변혁 기획의 완전한 실현은 불가능해 보이지만, 그 가능성을 살리고 유지해 차기 정부에 투영해야 할 것이다.

우석균 옮김

칠레 신헌법이 부결된 이유

노암 티텔만 / 토마스 레이튼

전(前) 칠레 가톨릭 대학교 학생연합회장 / 칠레 민주혁명당 당원

원제와 출처: Noam Titelman y Tomás Leighton, "¿Por qué ganó el rechazo a la nueva Constitución chilena?", *Nueva Sociedad*, No. 301, septiembre–octubre de 2022, pp. 4–14.

핵심어: 제헌의회, 정체성, 신헌법, 칠레

1년 전 헌법 제정 과정의 단순한 절차로 계획되었던 국민투표는 칠레 진보 세력의 가혹한 패배로 끝났다. 기록적인 투표율을 보여주었던 국민투표에서 반대표는 거의 25% 포인트 차이로 찬성표를 압도했고, 전국 346개 자치구 중 8개 지역을 제외하고 승리했다. 승자들은 거리에 나와 "재건" 헌법안과 "보복주의"에 맞서 "칠레의 영혼"과 "칠레인들의 상식"이 승리한 것을 축하했다.

칠레 역사에서 전례가 없는 지지를 받으면서 시작되었던 헌법 제정 과정이 어떻게 좌절되었을까? 그렇다면 헌법 제정 과정을 지지하던 흐름은 어디로 갔을까?

이 헌법 제정 절차는 2019년 11월 15일에 시작되었다. 그해 10월 대규모 시위의 결과로 주요 정당들은 정치적 합의를 통해 새 헌법을 위한 일정을 확정했다. 첫 번째 이정표는 독재 시절 만들어진 헌법을 폐기하고 민주적으로 선출된 제헌의회가 새 헌법을 마련하도록 78%의 찬성으로 압도적인 지지를 보여준 국민투표였다. 선거 결과는 투표율 측면뿐만 아니라, 지역적 분포에서도 인상적이었다. 새 헌법 제정에 반대하는 지역은 경제 엘리트들이 거주하던 상징적인 세 지역을 포함한 5개 행정구역에 불과했다. 몇몇 사람들은 선거 결과로 보면 칠레는 좌우파로 양극화 되어 있는 것이 아니라, 국민과 엘리트 계층으로 분열되어 있다는 것을 보여준다고 지적했다. '동질적인 국민'과 이에 대립하고 있는 '엘리트 계층'이라는 개념은 이들이 주로 거주하던 "세 행정 구역"이라는 언급을 통해 구체화되었는데, 이는 정치적 논쟁에서 공통적으로 사용하는 어휘가 되었다.[1]

진보 사회단체들은 제헌의회 선거 이전에 정당들과 협력하여 제헌의회 구성을 위한 매우 특별한 조건들을 얻어냈다. 제헌의회를 구성할 때 젠더에 있어 평등, 원주민 부족에 대한 쿼터 마련, 2019년 시위에 나타난 강력한 반(反)정당 정서에 따라 무소속 후보 등록을 위한 몇몇 우호적인 장치 마련 등이 그 내용이었다. 특히, 정당과 연대하지 않은 무소속 후보들이 정당 명부와 동일한 무소속 명부를 만들 수 있도록 했다.

제헌의회 선거 결과는 2019년 시위 이전의 정치로 돌아갈 것을 기대했던 사람들의 희망에 찬물을 끼얹었다. 칠레의 전통적인 두 정치 연합은 보잘 것 없는 성과를 거뒀다. 우파 연합은 20%라는 최악의 득표율로, 잠재적인 거부권 행사에 필요한 1/3 의석도 얻지 못했다. 중도좌파 연합에서는 중도와 보다 온건 세력들이 붕괴했다. 아마 이 위기의 가장 대표적인 사례가 기독민주당으로 당선자는

1) Juan Pablo Luna: 《El problema de las tres comunas: cómo evitar que las elites dominen la Constituyente》 en *CIPER*, 26/10/2020.

당대표가 유일했다. 그러나 제헌의회 선거의 가장 중요한 이정표는 2019년 시위를 통해 등장한 무소속 후보들이 거둔 압도적인 승리였다. 155명의 제헌의회 의원 중 103명은 전통 정치에 참여하지 않았던 사람들이다. 따라서 진보 세력, 특히 2019년 시위 이후로 페미니즘, 원주민주의, 과격한 반(反)엘리트 담론을 주장했던 새로운 정치세력이 절대 다수 세력을 형성하게 되었다.

제헌의회가 임기를 시작하기 전 국민들의 분위기는 매우 우호적이었다. 국민 중 52%는 새 헌법 제정 과정이 가져온 감정으로 "희망"을, 46%는 "기쁨"을 선택했다. 향후 몇 년 동안 진보와 좌파 세력은 이런 낙관론이 어떻게 무너졌는지를 설명하기 위해 고민하게 될 것이다.

약화된 제헌의회

더 많은 데이터가 공개되고 토론이 진행되게 되면 무슨 일이 일어났는지를 더 정교하게 분석할 수 있을 것이다. 현재로선 의무 투표(다른 선거에는 사용되지 않음)로 인해 이전 선거에는 투표하지 않았던 5백만 명이 추가로 투표를 하게 한 상황 속에서 9월 4일 국민투표 결과를 설명하는 두드러진 이유는 세 가지다.[2)]

(a) 제헌의회에 등장한 보여주기 정치에 대한 거부
(b) 전통 정당과 제헌의회와의 동질화
(c) 새 헌법제정 과정에서 하위주체 정체성들이 가지고 있던 힘에 대한 전통적인 정체성들의 반발

보여주기 정치는 제헌의회의 토론에 나타난 두드러진 특징들 중 하나였다. 곧

2) Ricardo González:《Retorno del voto obligatorio: quiénes fueron los nuevos votantes》en *CIPER*, 8/9/2022.

제헌의회를 진보적인 대의를 추구하던 활동가들의 일종의 비밀회의로 의심했던 우파 지지자들을 중심으로 지지를 철회하기 시작했다.[3] 결론적으로 사회운동가 출신 의원들에게 시위를 중단하는 것이 배신이라면, 일부 유권자들, 특히 질서를 중요시하는 사람들에게 계속되는 시위는 하나의 악몽이었다.

몇몇 의원들은 전통적인 정체성을 자극하는 변장과 선언들을 포함한 거리의 퍼포먼스를 통해 유명세와 사회적 정당성을 얻은 바 있다. 거리 시위 이후로 구호와 노래를 통해 권위에 대한 공격 또한 빈번했다. 그럼에도 불구하고 거리에서 권력과 권위에 맞서기 위한 적절한 행위로 받아들여졌던 행동들이 제헌의회 내에서 벌어지자 다른 관점으로 받아들여졌다. 예를 들어, 한 쌍의 의원들이 피카추와 공룡의 의상을 입고 의회에 나왔고, 다른 의원은 총회에서 기타를 치면서 농담을 했고, 또 다른 의원은 칠레에 접두사 "pluri"(다국적을 의미하는)를 추가한 다른 애국가 가사를 제안하고 불렀다. 몇몇 의원들은 제헌의회 의원의 역할을 개인적인 목적을 드러내는 것으로 착각했다. 한 의원은 자신이 걸린 암과 항암 치료비를 낼 수 없는 사정을 투쟁의 깃발로 삼았다. 그러나 언론의 심층 보도에 따르면 암은 거짓말이었고 가슴에 꽂혀있는 화학 요법 도관 역시 거짓으로 밝혀졌다. 이 사건은 제헌의회에 큰 타격을 주었다.

게다가 제헌의회 공간 내에서 벌어지는 이런 행동들에 사회적 의미를 부여하는 시위의 정신 지속되었다. 독재 시기의 헌법을 대체하여 새 헌법을 만들어야 하는 바로 그 공간에서 말이다. 이러한 사례들 중 몇몇의 경우 극단적이고 자극적이며 상징적인 안들을 제시하는 것에 치중했다. 비록 이런 안들이 승인될 만한 충분한 표를 가지고 있지는 못했지만 말이다.(예를 들어, 어떤 의원은 모든 국가 권력 기관을 해체하고 의회로 대체하자고 제안했다.)

3) Roberto Martínez:《Cadem: confianza en la Convención Constitucional llega a su punto más bajo desde su proceso de instalación》en *La Tercera*, 8/3/2022.

언론은 이런 에피소드들을 과장했고, 가장 엉뚱할 뿐만 아니라 소셜 네트워크의 공격적인 가짜 뉴스들을 통해 왜곡된 안들을 퍼뜨렸다. 이와 보조를 맞춰 가장 엉뚱한 안들이 새 헌법 반대를 위한 캠페인과 텔레비전 선거 광고에 등장했다. 처음에는 화려하고 시선을 끌었던 것들이 결국에는 불안을 야기하게 된 것이다.

제헌의회와 전통 정치의 동질화는 반(反)제도적이고 기성 질서 해체적인 정치가 강력하게 추진되던 배경에서 출현한다. 공공연구소(Centro de Estudios Publicos)의 데이터에 따르면, 특정 정당을 지지하는 사람들의 비율은 2006년 인구의 53%에서 2019년 19%로 떨어졌다. 또한 일부 연구에 따르면 자신의 주요한 정체성을 "전통적인" 정당에 반대하는 입장에 둔 유권자가 무려 12.9%에 달한다.[4] 제헌의회의 힘은 처음에는 전통적인 정치와는 다를 것이라는 기대에서 나왔다.

역설적이게도 보여주기 정치의 사용과 남용 그리고 명분 싸움들로 인해 제헌의회 의원들은 이런 관행이 빈번했던 전통적인 정치 및 의회와 닮아갔다.5) 어쨌든 적어도 그들은 합의에 도달하고 시민들의 요구를 충족시키는 데 있어 전통적인 정치인보다 더 효율적이라는 이미지를 보여주지 못했다. 또한 헌법 제정 과정 중에 대통령 선거가 있었다. 새 정부는 헌법 제정 절차의 시작과 밀접하게 연관되어 있었고, 특히 가브리엘 보리치 대통령은 의원으로서 자신의 역할을 가지고 있었다. 헌법 제정 절차에 대한 반대가 새 정부에 반대하는 수단이 된 것이다. 정치적 제도성에 반대하는 세력의 일부는 반대 측으로 넘어갔다.

전통적인 정체성들의 반발과 관련하여, 새 헌법의 첫 조항은 칠레를 "사회적

4) Carlos Meléndez y Cristóbal Rovira Kaltwasser: 《Political Identities: The Missing Link in the Study of Populism》 en *Party Politics* vol. 25 No 4, 2019.

5) J.P. Luna: 《Los partidos no funcionan distinto a los independientes》 en *Tercera Dosis*, 30/8/2022.

이고 민주적인 법치국가"로 규정하고, 이 국가가 "다민족적, 상호문화적, 그리고 생태적"이라고 선언했다. 칠레를 다민족 국가로 정의하면서, 원주민 공동체들에 몇몇 집단적 권리를 부여했고, 원주민들의 사법 제도를 제안했다.

제헌의회 의원들에 대한 부정적인 평가에 이어 새 헌법을 거부하는 사람들이 가장 많이 언급하는 것이 이 다민족성이다. 이런 입장처럼 헌법 초안이 제출된 이후 에스파시오 푸블리코- 입소스(Espacio Publico-Ipsos) 여론조사에 따르면 가장 부정적으로 평가된 두 가지 조항은 다민족 국가와 원주민 사법제도 설립이었다.[6] 그래서 새 헌법 반대 세력은 다민족성 개념에 위협을 느꼈던 칠레성(chilenidad)을 지지하는 전통적인 정체성들을 중심으로 지지 기반을 강화할 수 있었다. 이것은 애국가, 국기, 그리고 기타 국가 상징물에 대한 경멸적인 언급이나 행동들을 포함해 제헌의회 의원들의 몇몇 퍼포먼스와 행위들로 인해 더욱 강화되었다. 이러한 입장들이 헌법 본문에는 표현되지 않았지만, 새 헌법 반대 캠페인에서 중요한 역할을 했다.

두 번째 국민투표

최종 국민투표를 앞두고 정치세력들의 입장에는 큰 이변이 없었다. 기독민주당부터 좌파까지의 정당들은 찬성을 명확히 했다(일부 지도자들이 당론에 반기를 들었지만 말이다). 모든 우파 정당은 반대편에 섰다. 그럼에도 불구하고 두 진영 내에는 이질성이 있었다. 일부 개혁 조치들을 통해 현행 헌법을 유지해야 한다는 입장과 새 헌법 제정 과정이 등장하게 된 정신을 유지해야 한다는 입장 사

6) BHP, IPSOS y Espacio Público: 《¿Cómo vemos el proceso constituyente? Miradas a un proceso histórico. vi entrega》, 7/2022, disponible en 〈https://espaciopublico.cl/wp-content/uploads/2022/08/Informe-sexta-entrega-v6.pdf〉.

이의 차이가 상당히 일찍부터 나타났다. 선거전이 진행되면서 두 번째 입장은 반대편의 모든 입장들을 공격했다.

찬성 측에서는 새 헌법이 통과된 이후에 벌어질 일들에 대한 논의를 강력하게 제지했다. 그럼에도 불구하고, 선거전이 진행되면서 찬성 측이 상당한 수준으로 열세가 됨에 따라 새 헌법에 일부 변화가 필요하다는 생각에 동의하게 된다. 게다가, 이런 변화를 약속하여 국민들이 가진 몇몇 불쾌감을 완화하는 것이 중요하다고 판단했다. 다민족성 개념에 대한 거부감이 대표적이다. 이는 찬성 측이 반대 측과의 격차를 줄이지 못하고 있을 뿐만 아니라, 찬성 편 투표자의 절대 다수가 새 헌법이 통과되더라도 수정 필요성을 인정하고 있다는 일련의 여론조사에 의해 확인되었다. 선거전이 상당히 진전된 후 입장에는 다소 차이들이 있었지만 정당들은 국민 투표 후의 정치 시나리오들에 대해 합의했다.

결국 두 가지 선택지가 있던 국민투표는 실제로 찬성, 개혁을 위한 찬성, 반대, 그리고 갱신을 위한 반대라는 네 가지 선택지를 갖게 되었다. 따라서 최근 카뎀(Cadem)이 실시한 국민투표 이전의 여론 조사에서 응답자의 17%가 반대를 지지했으며, 갱신을 위한 반대 35%, 개혁을 위한 찬성 32%, 그리고 제헌의회의 헌법 초안을 그대로 적용하는데 찬성하는 입장은 12%에 불과했다.

최종 국민투표에 나타난 반대 결과는 개헌 여부를 물었던 국민투표의 결과와는 매우 달랐다. 반대 입장은 엘리트들의 구역인 "세 행정 구역"보다 실질적으로 더 넓었을 뿐만 아니라, 더 많은 사회 부문들로 확산되었다. 여론 조사에 따르면 반대는 큰 차이 없이 모든 사회경제적 수준에서 승리했으며 이는 9월 4일에 확인되었다. 찬성이 압도적이어야 했을 메트로폴리탄 지역의 서민 주거지들에서도 찬성은 간신히 이길 수 있었다.

차이가 있었던 곳은 유권자들의 이념적 프로필에서였다. 좌파 지지자들 사이에서 찬성이 여유 있게 승리했고, 반대는 우파와 중도 지지자들, 그리고 무당파 사이에서 대다수였다. 또한 연령에 따라 상당한 차이가 있었는데, 18세에서 30세 사이의 젊은이들 사이에서 찬성이 다수였고, 나머지 연령대에서는 반대가 다수였다. 즉, 개헌 여부를 묻던 국민투표와 달리 반대 측이 찬성 측보다 더 다양한 사회 정치적 동맹을 형성하는데 성공했던 것이다.

게다가, 의무 투표와 국민투표에 대한 관심은 선거에 참여하지 않았던 많은 유권자들을 투표장으로 이끌어냈다. 1,300만 명에 달하는 전체 인구의 약 85%가 참여한 가운데, 반대가 얻은 780만 표는 개헌 여부 국민투표 총투표수를 넘어섰다. 초기의 분석들에 따르면 이러한 대규모 참여는 덜 정치화된, 아마도 좌우파를 지지하지 않는 서민 계층이 투표에 참여했기 때문이었다.

반대 측이 승리한 이유

이 지점에서 찬성에 대한 지지가 하락하고 반대가 증가한 이유를 설명하기 위한 두 가지 해석이 등장한다. 첫 번째는 "중도 투표자"를 강조하는데, 이는 2019년 시위의 에토스와의 갑작스러운 단절을 의미한다. 또 다른 하나는 새 헌법 안에 반대하여 강화된 전통적인 반동적 정체성을 강조하는데, 이는 2019년 시위가 분명 반(反)엘리트적이지만 그렇다고 꼭 "좌파적인" 것은 아니라는 것을 의미한다.

논쟁 중인 프로젝트

첫 번째 해석에서 개헌 여부 국민투표와 제헌의회 선거는 '국민 대(對) 엘리트' 갈등이라는 프레임에 영향을 받았다. 이러한 정치 구도는 좌파와 우파 사이, 그리고 국민들 사이에 존재하던 다양한 이익과 관점들 사이의 차이들을 상당 부분 가렸다. 그럼에도 불구하고, 이 해석에 따르면 이제 "위"와 "아래" 사이의 갈등의 시기가 끝나고 그 대신, 좌파와 우파 간의 고전적인 갈등이 다시 돌아왔다. 이런 의미에서 일부 여론조사에 따르면 반대 측이 마약과의 전쟁 및 경제 성장과 관련되어 있는 반면, 찬성 측이 사회적 권리들을 통한 부의 재분배와 연계되어 있다는 것은 흥미롭다. 전자가 전형적으로 우파와 관련되고, 후자는 좌파와 연결되는 속성들이다.

이 관점이 시사하는 바는 현행 헌법이 중도 유권자의 "오른쪽"에 있는 반면, 거부된 헌법안은 그의 왼쪽에 있다는 것이다. 이것은 "갱신을 위한 반대"와 "개혁을 위한 찬성"을 지지하는 유권자들이 늘어난 것을 설명해준다. 또한 국민투표가 정치적 스펙트럼의 중도에서 승리했다는 것을 확실히 해 준다. 이런 상황에서 문제는 헌법을 제정하면서 정치제도와 같은 몇몇 핵심 주제에 대해 우파와의 합의가 빠져 있다는 것이다. 이런 관점에서 여론조사 응답자의 77%가 몇몇 주제에서는 양보를 의미할지라도 합의를 위한 협상을 선호한다고 밝혔다. 동시에 61%는 제헌의회 의원들이 그들의 입장을 양보하지 않았다고 느꼈다.

한편 선거 쟁점들은 여러 개의 동시적인 축에서 진행되었다. 동일 유권자가 한 축에서 더 왼쪽에 위치하고(예를 들어, 사회적 권리에 대해), 다른 축에서 더 오른쪽(예를 들어, 다민족성에 관한)에 위치하는 것이 가능하다. 이런 점에서 중도적 입장들에 대한 지지는 사람들이 몇몇 주제에 있어서는 개별 조항 보다 "왼쪽"에 있고, 또 다른 주제에 있어서는 "오른쪽"에 있는 것이 가능하다는 것을 보여준다. 그러나 제안된 안들을 추가하고 빼는 과정을 거치면서 최종 안은 다수가 선호하는 것에서 멀어지게 되었다.

게다가, 찬성 측 선거전이 겪어야 했던 어려움은 통합적인 레토릭을 만들어낼 능력이 없다는 것이다. 볼리비아 같은 나라의 헌법 제정 과정과 달리 칠레의 경우는 개별적인 요구들을 주장하기 위해 선출된 많은 제헌의회 의원들로 인해, 입장들과 요구들이 극단적으로 분열되었다는 것이다.[7] 정당의 존재감 약화,

리고 지역 집단에 기반을 둔 다수 무소속 의원들의 존재는 이러한 분열을 심화시켰다. 예를 들어, 이것은 텔레비전 선거 캠페인에 드러났다. 내부의 다양성에도 불구하고 반대 측 캠페인은 새 헌법안이 부결되면 헌법 제정 과정을 계속해 반목이 아닌 국가 통합을 진작하는 새로운 헌법을 만들자는 메시지를 통합해 내는 데 성공했다, 반면 찬성 측 캠페인에는 서로 다른 요구들과 관련된 다양한 조문들을 지지하는 집단들 간에 불협화음이 있었다.

요컨대 국가에 끼치는 부담을 고려하면 전체 개별적인 요구들이 국가적 프로젝트인 것은 아니다. 따라서 새 헌법이 물 민영화를 끝내고 환경보호를 강력하게 보장하고자 했지만, 반대 측이 페토르카(Petrorca)나 퀸테로-푸초노비(Quintero-Puchuncavi) 같은 환경 피해에 맞서 시위가 벌어졌던 상징적인 지역에서 승리했다는 것은 특히 의미가 있다. 또는, 원주민 공동체들을 인정하려는 헌법의 많은 조항들에도 불구하고 원주민 공동체 인구가 많은 지역에서 특히 부정적인 결과가 나타났다. 새 헌법안을 긴 쇼핑 목록으로 만들어 버린 것이 결국 유권자들을 혼란스럽게 한 것이다.

논쟁 중인 나라

두 번째 관점은 "위"와 "아래" 사이의 갈등 에토스가 유지되었지만 이러한 반엘리트적 입장은 헌법 제정 과정에서 우파적으로 변화했다고 가정한다. 즉, 2년 동안 벌어졌던 일들로 인해 우파는 저항, 나아가 그때까지 좌파가 헤게모니를 가지고 있던 분노를 놓고 좌파와 경쟁할 수 있게 되었다.[8] 좌파와 우파 사이에 위치한 온건 중도를 강화하는 대신, 전통적인 사회적 정체성의 강화와 정치화가

7) 이렇다고 해도 볼리비아의 새 헌법은 최종 국민투표에서 승인되기 전에 의회에서 백 개 이상의 조항들이 수정되었다.

8) Ver Pablo Stefanoni: *¿La rebeldía se volvió de derecha?*, Siglo Veintiuno, Buenos Aires, 2021.

진행된 것이다.

이런 관점에서 비(非)극단적인 입장들("개혁을 위한 찬성"과 "갱신을 위한 반대")이 강화된 것은 많은 시민들이 현재의 정치적 갈등에서 선명하게 드러나지 않는 복잡한 사회적 정체성을 갖고 있다는 것을 보여준다. 릴리아나 메이슨이 설명하듯이, 특정한 정치적 입장을 지지하는 사람들이 사회적 동질성이라는 특징을 가질 때 정서적으로 극단화되는 경향이 있다.[9] 반대로 복합적인 정체성들은 탈(脫)극단화를 진작한다. 즉, 많은 사람들은 자신들의 당파적, 계급적, 종교적, 나이, 민족적, 또는 거주지에 따른 정체성에 따라 국민투표에서 서로 반대 방향으로 "당겨진" 것이다. 이것은 갈등을 바라보는 중간자적 입장들을 배제하게 된다.

이런 입장에 따르면 헌법 제정 과정이 가진 한계는 전통적인 정체성들을 새 헌법이 만들어지는 상징적인 과정에 통합하지 못했던 것이다. 특히 다민족성을 포용적 애국주의의 틀 내에서 풀어내는 방법을 찾지 못했다는 것이다. 이것은 몇몇 제헌의회 의원들이 보여준 불협화음을 야기하는 선언들과 퍼포먼스들에서 분명하게 두드러진다. 더 이상 저항의 편이 아니라 이제는 권력의 편에서 행해진 이러한 행동들은 전통적인 국가적 정체성들을 가지고 있던 사람들을 경멸하는 담론처럼 보였다. 또한 다양성의 틀 내에서 평등성을 보다 명시적으로 만들기 위한 구체적인 헌법의 규정들이 있다. 예를 들어, 원주민 자치와 사법 제도의 경계들이 보다 명시적으로 만들어졌다.

찬성과 반대 사이의 차이는 농촌 지역에서 더욱 두드러졌고, 이는 다시 전통적인 관습과 정체성들을 강조하는 경향으로 이어졌다. 이렇게 반대 측은 새 헌법을 애국주의에 대한 위협이라고 효율적으로 프레임화했고, 찬성 측 캠페인은

9) L. Mason: 《A Cross-Cutting Calm: How Social Sorting Drives Affective Polarization》 en *Public Opinion Quarterly*, vol. 80 No s1, 2016

오히려 이 주제에 대한 새 헌법의 모호함이 야기한 두려움들을 심화시켰다.

역사적으로 칠레의 진보주의가 칠레 정체성을 위해 해온 오랜 헌신의 과정을 고려할 때 조국의 상징들에 대해 합의를 이루지 못했다는 것은 놀랍다. 이미 1939년 페드로 아기레 세르다와 마르마두케 그로베의 인민전선(Frente Popular)은 정권의 방향성으로 "국민의 이익에 봉사하기 위해 칠레성을 완전히 이해"하는 것을 강조했다. 그 후 1970년대에 살바도르 아옌데 정부는 의미 있는 사회적 변화들을 민주적인 방식으로 이끌며, "사회주의에 이르는 칠레의 길"을 주도했다. 아옌데 정부의 상징은 "엠파나다와 적포도주 맛을 지닌" 칠레식 사회주의였다. 혁명을 명분보다는 경제적 성격의 제2의 독립으로 이해하고자 했던 것이다. 조국에 대한 대통령의 자부심을 매우 커서 친한 친구들 앞에서 자신을 "칠레의 아옌데"라고 부를 정도였다.

민주주의가 회복되었을 때, 중도좌파는 피노체트 독재정권에 빼앗겼던 국가 상징들을 되찾고자 노력했다. 가장 시급한 과제 중 하나로 군부가 국가주의 기획에 발맞춰 포고령으로 변경했던 애국가를 복원했다. 독재 정권이 저지른 반인륜적 범죄 이후 진보주의와 애국적 정체성들을 다시 결합해내는 것은 쉽지 않았다. 그러나 국가를 떠맡는다는 것은 칠레를 한 목소리로 만드는 것을 의미했다. 민주주의 회복을 기념하는 연설에서 파트리시오 아일윈 전 대통령은 조국의 건국자들이 물려준 가치에 충실한 국민적 화해라는 약속을 내걸었다. 그런 다음 그는 "갈등을 극단화하지 않고 합의된 방안을 통해 해결하려는 경향"으로 정의된 칠레의 영혼을 회복하자고 말했다.

진보주의와 국가 정체성의 길들은 어느 때 갈라졌는가? 1978년 스페인 국민들 또는 1988년 브라질 국민들과 달리 칠레 국민들은 민주주의를 회복할 때 새로운 헌법을 만들지 않았다. 이로 인해 전 독재자 피노체트는 권위주의적 기구들 중에서 상원의원이자 군 총사령관으로 권력을 유지할 수 있었다. 인권 침해에 대한 면책 처분으로 인해 화해의 열망과 더 깊은 의미에서 국가 상징의 회복이 좌절되었다. 그러나 근본적인 문제는 1980년에 통과된 독재 헌법이 오늘날까지 해결되지 않은 분열을 야기했다는 것이다. 일부 국민들은 공화국의 기본 원칙들에 불만을 제기했지만, 다른 일부는 계속해서 전통을 옹호했다.

그런 식으로 볼 때, 새 헌법 제정 과정은 아일윈이 연설에서 약속한 것을 실행에 옮길 수 있는 유일한 기회였다. 즉, 헌법의 민주적 가치에 대한 천착을 통해 국민과 국가적 상징들 사이의 화해를 이루는 것 말이다. 사실, 헌법 제정 논쟁 동안 논의된 개념 중 하나는 전후 독일에서 대중화된 "헌법적 애국주의"였으며, 이에 따르면 정치 공동체의 통합성은 헌법이 제공하는 공통의 합의들에 있다. 그 틀 안에서 문화적 다양성의 인정은 국가가 동질적인 전체가 아니라는 이해 속에서 애국적 정체성과 양립할 수 있다. 동시에 칠레의 광범위한 부문들이 칠레 역사에 대해 진행한 평가들을 문제 삼지 않았다. 불행하게도 그 기회는 사라져 버렸다.

세 번째는 패배?

아마 헌법 제정 과정의 교착상태를 피해야 한다는 비교적 폭넓은 공감대가 있는 것으로 보인다. 게다가, 새로운 헌법 제정 과정에 국민들이 참여해야 한다는 일정한 합의가 있는 것 같다. 새로운 제헌의회를 소집하고, 새로운 헌법 초안을 비준하기 위해 국민투표를 실시할 가능성이 있다. 즉, 칠레는 몇 달 안에 세 번째 헌법 제정 국민투표가 실시될 가능성이 높다.

이 과정이 취할 정확한 방법은 여전히 논쟁 중이며, 관련된 이해관계를 넘어 설명된 두 가지 진단 중 어느 것이 적절한 지에 달려 있다. 만약 반대가 다수 온건 세력의 요구의 결과이자 좌우 세력 간 대화의 산물로 간주된다면, 무소속 후보출마는 쉽지 않을 것이다. 이 진단에 반하는 한 측면은 반(反)정당 정서가 2년 전과 마찬가지로 유효해 보인다는 것이다. 크리테리아(Criteria) 조사에 따르면 응답자의 82%는 2020년 10월 대비 통계적으로 유의미한 차이 없이 새로운 제헌의회 의원들로 비정당 후보들을 선호했다.[10] 그럼에도 불구하고 같은 조사에서는 이미 2년 전 다수였던 "전문가들"에 대한 선호도가 이 기간에 증가했음을 보여준다. 대조적으로 "일반인"에 대한 지지는 37%에서 20%로 곤두박질친 반면, 전문가에 대한 요구는 63%에서 80%로 증가했다. 이것은 "위"와 "아래" 사이의 갈등에 대한 해석을 어렵게 하고, 합의하기가 더 쉬운 심의기구를 모색해야 한다는 견해를 강화할 수 있다.

반면 진단이 정체성 논쟁을 강조한다면, 헌법 제정 과정에서 유지되어야할 원주민 의석수에 문제가 제기될 수 있다. 게다가, 새로운 헌법 제정 과정은 애국적이고 상징적 측면들에 훨씬 더 많은 주의를 기울이는 특징을 보여줄 것이다. 원래의 제헌 과정이 끝날 무렵 이미 이런 의미에서 중요한 변화가 감지되었다. 칠레 국기가 새 헌법의 상징으로 선택된 것은 괜한 일이 아니었다. 이번에는 다민족성에 대한 의구심을 해소하는 것을 훨씬 넘어 긍정적인 신호가 제공되어야 한다. 칠레 시인 가브리엘라 미스트랄은 국가 공동체가 개인적 정체성의 정의와 밀접하게 연결되어 있다는 사실을 언급하며 "조국은 어린 시절의 풍경"이라고 말하곤 했다.

헌법 제정 과정을 궁극적으로 지속하는 여정은 간단하지 않다. 국민 투표의 큰 승리에 고무된 일부 우파 세력은 제헌의회 의원을 선출하기 위한 총선거 보다는 새 헌법안을 마련하기 위한 전문가 위원회를 주장하고 있다. 가장 급진적인 우파 세력들은 심지어 국민투표 결과를 현행 헌법의 비준으로 해석하려고

10) Agenda Criteria, 7/2022, disponible en https://www.criteria.cl/#c-acc...

한다.

칠레 정치가 직면한 도전은 마침내 광범위한 국민들의 지지를 받는 새로운 헌법을 추진할 수 있는 새로운 합의를 달성하는 것이다. 이를 위해서는 이러한 기대들을 배반할 경우에 이 과정에 대한 지지와 희망이 얼마나 빨리 사라질 수 있는지를 기억하는 것이 좋을 것이다.

이성훈 옮김

볼리비아 사회주의운동당(MAS)은 더 이상 에보의 리듬에만 맞춰 춤추지 않는다

페르난도 몰리나
기자, 작가

원제와 출처: Fernando Molina, "El MAS boliviano ya no baila solo al ritmo de Evo", *Nueva Sociedad*, No. 299, mayo–junio de 2022, pp. 93–104.

핵심어: 사회주의운동당(MAS), 루이스 아르세 카타코라, 에보 모랄레스, 볼리비아

2022년 3월 29일, 사회주의운동당(Movimiento al Socialismo: MAS)은 광산 도시 오루로에서 창당 27주년 기념행사를 개최했다. 당의 주요 지도자 세 명, 즉 이 운동의 확실한 리더로 여겨지는 에보 모랄레스, 볼리비아의 현직 대통령이자 모랄레스 내각의 전 경제재정부 장관이었으며 2006년부터 볼리비아에서 시행 중인 경제모델을 만들어낸 루이스 아르세, 현재 부통령이자 모랄레스의 전 외교부 장관이었으나 2017년부터 모랄레스와 소원해진 다비드 초케우앙카가 참석했다. 행사는 별 이변 없이 진행되었다. '단합'의 필요성을 강조하는 연설이 아니었다면 볼리비아 집권 여당이 처한 심각한 문제들을 아무도 깨닫지 못했을 것이다.

모랄레스는 연설에서 자신의 운동이 '독특하다'고 짚었는데 이는 타당한 지적이다. 그가 언급한 대로, 농민과 노동자로 이루어진 다양한 노동조합들이 직접 조직을 구성했다는 점에서뿐만 아니라 좌파 진영에게 20세기 내내 실현 불가능한 꿈이었던 볼리비아 좌파의 단합을 거의 27년간 표상했다는 점에서 그렇다. 그러나 볼리비아 역사상 매우 특수하고도 유일무이한 집단이라는 점 때문에 탄생한, 유일한 좌파 전선이라는 사회주의운동당(MAS)의 여건은 현재 의문스럽다. 기념행사 무대에 함께 앉아 있던 인물들은 제각기 다른 당파를 대표한다.

모랄레스는 멕시코와 아르헨티나에서의 망명생활을 마치고 2020년 11월에 귀국한 이후 당 집행부를 매우 엄격하게 통제하고 있다. 아르세는 얼마 전인 2020년 10월에 55%라는 놀라운 득표율로 대통령에 당선되었고, 당 내의 여러 기구와 정파 간에 권력을 배분하긴 했지만 아르세주의자가 핵심을 이루고 과거 모랄레스의 주요 협력자들, 즉 2006 2019년에 권력을 쥐고 있던 측근들은 지엽적으로만 통합된 정부를 구성했다.

사회주의운동당 내부에서 혁신에 대한 요구는, 모랄레스의 리더십을 계속해서 압박하는 파벌들의 논쟁과 일치한다. 그러나 이런 혁신을 주창하는 주요 인물은 오랫동안 모랄레스의 최측근 중 한 명이자 후계자로 여겨진, 옛 친위대의 일원 다비드 초케우앙카다. 2020년 11월 8일 부통령 취임 선서 후의 연설에서 초케우앙카는 권력은 흘러야 한다고 말했다. 또한 그는 청년들에게 바통을 이어받으라고 끊임없이 독려하고 있다. 초케우앙카는, 모랄레스가 지배하는 국가 지도부에 의해 어떤 이유로든 사회주의운동당에서 멀어지거나 내쳐졌다고 느끼는 중견 지도자들에 해당하는 인물이다. 따라서 혁신이 필요하다는 주창은 모랄레스 전직 대통령에게 해가 되는 만큼 초케우앙카에게는 도움이 된다.

초케우앙카는 2016년 당시 대통령의 세 번째 재선 자격을 묻는 국민투표 이후 모랄레스와 대립했다. 사회주의운동당은 패배했고, 초케우앙카는 모랄레스의 후임으로 거론되기 시작했다. 이에 모랄레스는 2017년 초케우앙카를 외교부 장관에서 해임하는 것으로 대응했다. 이후 초케우앙카는 차관급 외교직으로 '추방'되었고, 그의 직접적인 협력자들은 모두 한직으로 보내졌다. 결국 모랄레스는 헌법재판소의 판결을 통해 논란 끝에 네 번째 대통령 선거에 출마할 자격을 얻게 된다.

초케우앙카에 대한 대응은 에보 모랄레스의 측근자들이 새로운 대통령을, 나아가 새로운 측근자들이 형성되는 것을 허용할 수 없었기 때문이다. 그것이 볼리비아 정치 집단의 논리다. 즉, 그들의 논리는 근본적으로 카우디요 중심주의다. 리더가 몰락한다는 것은 한 집단 전체가 권력에서 이탈된다는 것을 의미하기 때문에 집단은 이를 강하게 막으려고 한다. 반대로 새로운 지도자가 부상하는 것은, 아르세가 대통령으로 취임한 후 일어났던 것처럼 새로운 집단이 부상한다는 의미다. 아르세가 모랄레스의 측근이었으며 그가 대선 후보가 된 것도 모랄레스 개인의 결정에 따른 것이었음에도 불구하고 이런 일이 벌어진 것이다. 2020년 볼리비아 대통령 선거에서 사회주의운동당이 선택한 후보는 초케우앙카였다. 모랄레스와, 아르헨티나로 망명한 핵심 인사들은 아르세를 앞세웠다. 그들에게는 볼리비아가 겪고 있는 경제 위기에 아르세가 더 나은 후보로 보였을 뿐만 아니라 원주민인 경쟁자가 최고 자리를 차지하는 것을 원치 않았기 때문이다. 그 결과, 초케우앙카는 대통령이 될 기회를 잃었다. 이로 인해 모랄레스와의 골이 더욱 깊어진 것은 당연지사였다. 모랄레스는 극도로 자제하며 활동 중이고 그래서 엄혹한 시기에도 살아남을 수 있었지만 옛 친구의 영향력을 약화시키려고 할 만한 많은 이유가 있었다.

기념행사에서 모랄레스와 초케우앙카는 서로 냉랭하게 인사했다. 이 두 사람이 공개석상에 함께 모습을 드러내는 것은 매우 드문 일이기 때문에 언론은 이들의 만남에 주목했다. 반면, 아르세와 모랄레스는 포옹하며 미소를 주고받았다.

모랄레스가 개인적으론 정부가 무능하다고 생각하는 것으로 알려져 있지만 두 집단 간의 불화는 아직 사적인 것으로(또는 적어도 공공연히 사적인 것으로) 변하지는 않았다. 그러나 이 상황이 변함없이 계속될 것이라고 생각하는 사람은 거의 없다.

균열의 원인

"사회주의운동당의 주적(主敵)은 배신, 야망, 거짓말로 우리와 맞서려고 하는 우파입니다. 우리의 의무는 단합을 유지하는 것입니다." 3월 25일 모랄레스가 트위터에 올린 글이다. 며칠 전 아르세 정부는 공식 성명을 통해 볼리비아 집권여당에 "우리 '변화의 과정'[1]의 내부 세력이 붕괴하기를 바라면서 다차원적 전쟁의 모든 힘을 활용한 비전통적인 전술"에 저항하도록 촉구한 바 있다.[2] 이러한 성명을 통해 사회주의운동당 내에서 분열을 두려워한다는 것과 분열의 가능성을 인정한다는 것, 그리고 분열의 책임을 제3자, 즉 볼리비아 우파와 우파의 '비전통적인 전쟁 전술'에 전가하는 경향이 있다는 것을 추론할 수 있다. 중립적인 관찰자가 보기에 사회주의운동당 문제의 원인은 오히려 내부적인 것들이다. 그러나 야당이 파벌 간의 싸움을, 각별한 관심을 갖고 주시하지 않는다는 것은 아니다. 이 싸움이 어떻게 전개되느냐에 야당의 미래가 달려 있기 때문이다. 또한 반(反)사회주의운동당 편집 노선을 가진 주류 언론이 각기 다른 좌파 지도자들 간의 여하한 마찰이나 의견의 불일치를 대서특필하는 것도 사실이다. 사회주의운동

1) '변화의 과정(Proceso de Cambio)'은 사회주의운동당 정부가 주도해온 변화의 정치적 상상을 표현하는 용어다(역주).

2) Ministerio de la Presidencia: 《La unidad del pueblo es la garantía de la democracia intercultural》, 3/2022.

당에 가장 공공연히 적대적인 태도를 보이는 신문인 〈파히나 시에테〉는 앞서 언급한 기념행사 이후 "분열에도 불구하고 단합된 모습을 보여주려고 안간힘을 쓰는 사회주의운동당"이라는 제목의 기사를 내보냈다. 최근 몇 달간 볼리비아 정치는 거의 전적으로 집권당 분쟁의 변천으로 이루어졌다.

그렇지만 이 분쟁의 원인은 무엇일까? 첫째, 사회주의운동당은 볼리비아의 모든 정당과 마찬가지로 강력한 제도적 틀이 부족하다. 볼리비아의 여러 정당은 이데올로기적이고 일정한 내부 생활을 해왔지만, 그들의 주요 경향은 항상 개인 중심적이었으며, 이는 완전히 현대적이지 않고 식민화의 잔재에 의해 매개되는 국가의 지배적인 사회관계 형태와 관련이 있다. 볼리비아에서 국가는 약하고 늘 여러 사회 부문에 의해 채택되거나 조작되어 왔으며, 사회에 완전히 강요하거나 전체 국토를 포괄할 수 없었기 때문에 아무도 제도의 완전한 기능을 위한 필수 조건인 규칙과 권리가 영구적으로 적용될 것이라고 확신할 수 없었다.

19세기 말, 자유당의 창립자인 엘리오도로 카마초는 자신의 당을 볼리비아에서 '특정 개인에서 벗어난 최초의 정당(primer partido impersonal)'이라고 칭송했다. 그러나 실제로는 그렇지 않았다. 자유당은 집권하자마자 정권을 계승한 대통령에 따라 여러 파벌로 나뉘었다. 든든한 제도적 뒷받침이 없고 제도가 약할 때에는 깨달은 개인만이, 세상이 필요로 하는 질서와 확실함을 제공할 수 있다. 지도자는 그렇게 '카우디요'가 된다. 카우디요 중심주의는 종종 나쁘게 정의되는 개념이지만 라틴아메리카에서 오랜 문학적 전통을 가지고 있는 개념이다. 볼리비아의 가장 저명한 마르크스주의 사회학자인 레네 사발레타는 볼리비아에서 "대중을 조직하는 방식은 카우디요다"라고 말하기에 이르렀다.[3)]

전국의 광범위한 노동조합과 사회단체로 이루어진 광범위한 네트워크를 연합

3) R. Zavaleta: 《La creación de la conciencia nacional》 en *Obras completas I. Ensayos 1957-1974,* Plural, La Paz, 2011.

하고 있지만 사회주의운동당은 에보 모랄레스라는 인물을 중심으로 형성되었다. 이 점 때문에 농민 지도자 알레호 벨리스나 사회주의운동당의 창립자 중 한 명인 로만 로아이사처럼 최고 지도자에 오를 가능성이 있는 이들은 떠나야 했다. 최근 분열의 위협이라는 맥락에서 모랄레스는 정당을 떠나 다른 정치세력을 형성한 이 지도자들을 다시 언급했다. "우리의 첫 대통령 후보는 알레호 벨리스였습니다만 2002년에 대선 후보 만프레드 레예스 비야를 따라 떠났습니다. 최초의 배신이었지만 당은 분열되지 않았습니다"라고 그는 말했다. 그 다음 그는 "두 번째 배신자는 로만 로아이사라고 말하고 싶습니다. 그는 다른 당에서 대통령 후보로 출마했지만[4] 당은 역시 분열되지 않았습니다"라고 지적했다.[5]

당의 지도자가 선거에서 엄청난 인기를 얻어 투표용지에서의 그의 존재가 추종자들에게 승리를 보장하는 한, 지도자에 대한 당의 종속은 매우 잘 작동했다(모랄레스가 회상했듯이 어떤 반체제 인사도 사회주의운동당을 분열시킬 수는 없었다). 또한 모랄레스 정부가 많은 경제적 자원을 보유해서 국가에 대한 접근 경로를 끊임없이 확장하고 많은 지지자들과의 후원 관계를 유지할 수 있는 동안은 지도자에 대한 당의 종속이 성공적이었다.

몇 년 전 파블로 스테파노니와 에르베 도 알토가 지적했듯이, 사회주의운동당을 결속케하는 것은 빈곤층과 원주민이 선거에 참여할 수 있게 한 사회주의운동당 덕분에 명백해진 '국가에 대한 접근성이라는 관점'이었다.[6] 얼마 전 모랄

4) 로만 로아이사는 농민조합운동의 저명한 지도자로, 1999년부터 에보 모랄레스와 정치적으로 함께 했고 사회주의운동당을 창당한 인물 중 한 명이다. 그는 2009년 인민당(Partido de la Gente)의 대선 후보로 출마했다(역주).

5) Agencia de Noticias Fides: 《Evo anuncia registro de nuevos militantes en el MAS por la existencia de 'muchos traidores'》, 21/3/2022.

6) P. Stefanoni y H. Do Alto: *La revolución de Evo Morales. De la coca al Palacio,* Capital Intelectual, Buenos Aires, 2006.

레스는 선거에서 예기치 않게 2위를 차지한 2002년까지만 해도 그조차 사회주의운동당의 미래를 믿지 않았다고 말했다. 이유는? 그는 자신이 마약 밀매범으로 기소되었기 때문에 절대 대통령이 될 수 없고 따라서 이 운동 자체가 결실을 맺지 못하리라고 생각했던 것이다.[7] 이것이 볼리비아 정치의 실제적인 측면이다. 2002년과 2009년 사이에 원주민과 민중 대다수는 사회주의운동당이 효과가 있다는 것을 깨닫고 완전히 그에게로 돌아섰다. 이렇게 해서 실제로는 실용적이지만 매우 중요한 조약이 체결되었다. 즉, 가난하고 차별받던 다수가 사회주의운동당과 에보에게 투표하고, 그 대가로 사회주의운동당과 에보는 이 다수에게 물질적이고도 상징적인 권력에의 접근을 부여한 것이다.[8] 그 결과 모랄레스는 카우디요로 가득한 이 나라에서 역사상 가장 중요한 카우디요가 되었다. 더욱이, 국가에서 관리하는 그의 경제 모델이 특히 2006 2015년 사이에 잘 작동했기 때문에 번영과 사회적 이동이 있었다. 이렇게 해서 모랄레스는, 민족혁명(Revolución Nacional)[9]의 지도자이자 4선(1964년 재선에 성공해 3개월간 짧게 재임한 뒤 쿠데타로 축출된 것을 포함해) 대통령 빅토르 파스 에스텐소로와 볼리비아 공화국을 건국한 안드레스 데 산타크루스(Andrés de Santa Cruz)를 포함해, 그 어떤 볼리비아 대통령보다 오랜 기간 통치할 수 있었다. 그렇게 그는 이미 언급한 것을 얻었다. 즉, 그는 다음과 같은 집단들을 지지자로 확보할 수 있었다. 그 지지자 집단이란 거의 모든 농민 노조(처음에는 그를 코카 재배 부문의 리더로만 보았다), 중산층 노동자 노조(그들은 노동 운동가들로 농촌 지도자를 지지할 가능성에 저항했다), 대다수의 아이마라족(그가 아이마라 공동체에서 태어나긴 했지만

7) Radio Kausachun Coca: 《27 aniversario del MAS-IPSP》, 29/3/2022.

8) P. Stefanoni: 《El MAS puede ganar sin Evo》 en *El País,* 19/10/2020.

9) 1952년 민족주의혁명운동(MNR: Movimiento Nacionalista Revolucionario)이 주축이 되어 자유주의자, 공산주의자들과 연합해 볼리비아에 새로운 사회경제적 모델을 수립하려던 혁명(역주).

코차밤바의 케추아족 지역에서 살았기 때문에 처음에는 그를 외부인으로 여겼다), 대다수의 케추아족(그들은 자기네 부족의 일원을 선호했을 것이다), 많은 과라니 원주민(그를 '콜랴(colla)', 즉 서부 안데스 고지대 사람으로 인식했다), 가장 교양 있는 신(新)마르크스주의자부터(모랄레스 정권의 부통령 알바로 가르시아 리네라처럼) 볼리비아에 남아 있는 가장 교조적인 공산주의자, 게바라주의자, 모택동주의자 그룹에 이르는 대다수 좌파 동인과 지식인 집단이다(모랄레스의 성공은, 20세기 동안 좌파 자리를 독차지하던 마르크스주의 집단들이 1980년대에 몰락한 이유를 부분적으로 설명할 수 있다).

엄청난 지지를 받으며 카우디요로 변신한 모랄레스는 정치 전략가로서 뛰어난 재능을 보였고, 그 덕에 이후 사회주의운동당이 권좌에서 치러야 했던 많은 싸움과 권좌에서 범한 여러 과실에도 불구하고 — 그 중 가장 중대한 실수는 개인 중심적인 특징, 즉 '특정 개인에 대한 숭배'였다 — 지나치게 많은 피를 흘리는 걸 면할 수 있었다.

스테파노니는 이 정당의 독특한 성격을 환기시킨다. 그는 사회주의운동당이 "노동조합, 도시와 농촌, 원주민 공동체, 여러 유형의 민중 단체로 구성된 일종의 연합체로, 유기성은 거의 없지만 '서민층'의 다양한 사회적 이해관계를 대변할 수 있는 역량을 많이 보유하고 있다"고 설명한다. 그래서 사회주의운동당은 항상 "영구적이면서 불안정한 균형 상태에 있다. 예를 들어, 포토시 북쪽에서는 원래의 아이유(ayllus),[10] 광부 노조, 그리고 농민 단체들을 연결해야 하고, 모든 사람에게는 하원의원, 상원의원, 시장 등 후보자 명단에 자기를 대표할 수 있는 사람들이 있어야 한다."[11] 이는 볼리비아 내의 다른 지역에서도 마찬가지다.

10) 잉카 시대부터 이어져온 원주민들의 집단 공동체 제도로, 토지를 공동으로 소유하고 공동으로 경작하는 것을 핵심으로 한다(역주).

11) Ibíd.

자신이 통치하던 '영광의 시대, 즉 전성기'에 모랄레스는 숙련된 수완을 발휘해 이 균형을 유지하는 법을 알고 있었다. 모랄레스의 통치 스타일에 대한 페르난도 마요르가의 연구를 보면 이를 알 수 있다.[12] 이 연구에 따르면, 모랄레스 전직 대통령은 공공정책, 입법, 투자 프로젝트 또는 많은 경우 직책과 고위직에 대한 정부의 주요 결정 사항들을 놓고서 사회주의운동당에 속한 노조연합인 '단합 협정(Pacto de Unidad)'의 지도자들과 협상해야 했으며, 그렇게 해서 모랄레스는 내부 집단 간의 최소한의 조정 및 당과 정부 간의 연계를 일상적으로 보장했다.

이러한 노력으로 모랄레스는 '에보주의(evismo)'를 구성하는 여러 부문들의 단합 협정(노조 연합 이름이 아니라 문자 그대로)을 계속 갱신하고, 끊임없이 재창조했다. 이 협정은 전략적인 동시에 후원주의적[13]이었다. 이런 협정에서부터 그람시적 의미에서의 힘의 블록, 즉 헤게모니적 영향력을 가진 역사적 행위자가 나왔고, 동시에 포퓰리즘적 사회 동맹, 즉 다양한 이념적 입장뿐만 아니라 다양한 요구를 통합할 수 있는 동맹이 등장했다. 문제를 신속하게 처리하고 해결하는 정부를 가능케 한 조건들은 2019년 11월, 경찰과 군부의 결정적 지원을 받은 백인의 후손[14]이자 중산층의 반란에 의해 사회주의운동당의 수장이 전복되면서 끝났다. 모랄레스와 그의 집행부는 지하로 숨은 후 본국을 떠나 외국의 보호를 구해야만 했다. 그때 모랄레스는 당원이 거의 백만 명에 달하는 거대 정당에 대한 통제력을 부분적으로 상실했다. 당원 대부분은 권력의 혜택을 받고자 열망하는

12) F. Mayorga: *Mandato y contingencia. Estilo de gobierno de Evo Morales,* CESU / FES, La Paz, 2019.

13) 호의와 서비스를 대가로 충성도를 확보하여 권력을 획득하고 유지하는 정치적 관행을 말한다(역주).

14) 이 개념은 비록 오래 전부터의 일일지라도 식민 시대의 크리오요부터 시작해, 볼리비아인들이 겪은 여러 변화와 혼혈을 포괄한다. 서벌턴적 조건을 유지하면서 동시에 그 조건을 변화시키는 원주민의 후손도 있는 데 비해 전자, 즉 크리오요는 계속해서 지배적인 에토스를 차지하고 있다. Ver F. Molina: *Racismo y poder en Bolivia,* Oxfam / FES, La Paz, 2021.

젊은이들이었다. 부패가 항상 포함되지는 않지만 이런 계산에서는 부패가 낯선 것도 아니다. 일단 카우디요가 멀어지자 모랄레스의 끊임없는 재선을 지지하는 사람들이 실제적이든, 수사적이든 우려하던 일이 벌어졌다. 분열이 일어난 것이다. 이에 가르시아 리네라는 이렇게 말했다. “저는 매우 분열되어 있는 하층민, 서민, 민중 사회의 단합을 보장하는 유일한 인물이 에보라는 점을 계속해서 재확인하고 있습니다. 2020년에 우리 당이 에보 모랄레스를 후보로 내세우지 않고도 단합해 이길 수 있었던 것은 쿠데타 때문이었습니다.”[15]

그 후 지역 카우디요가 몇 명 등장했는데, 이들이 등장하면서 사회주의운동당의 태생적 특징인 조직의 불안정성이 심화되었다. 지역 카우디요들이 에보의 뒤를 따르길 꺼렸기 때문이다. 그들은 에보와 그의 측근자들을 비판하기 시작했다. 이때 모랄레스의 카우디요 중심주의, 권력을 영속화하려고 했던 점을 비판한 것이 아니라 다른 것들, 즉 국가를 탈주한 점, 중산층을 포기한 것으로 보인 점, 중견 지도자들만 내버려둔 점 등을 비판했는데 이는 정치 분석에 있어 매우 흥미로운 제스처였다. 극도로 취약한 상황에서 모랄레스는 초케우앙카처럼 자신과 반대되는 인물이 후보가 될 수 있다는 것을, 다른 상황에서라면 감히 생각도 할 수 없는 가능성을 받아들여야 했다. 그는 단지 초케우앙카가 선거판에서 1위가 되는 것을 막았고, 비교적 더 가깝고 자기만의 사회적 기반이 없는 인물을 후보로 내세웠다. 즉, 10년 넘게 모랄레스 정권에서 장관을 역임하면서 특별한 정치적 야망을(또한 정치적 재능도) 보이지 않았던 루이스 아르세 카타코라다.

2019–2020년에 모랄레스가 그토록 높은 국제적 신용이 없었다면, 그리고 코카 재배 노조로부터 무조건적이고도 역사상 중요한 지지를 받지 못했다면, 19세

15) Gabriel Romano: 《García Linera advierte sobre una 'fragmentación popular' en el MAS para 2025》, *Agencia Efe*, 6/3/2022.

기의 강력한 카우디요이자 대통령인 안드레스 데 산타크루스나 호세 바이비안처럼 완전히 축출되었을 수도 있다. 대신 사회주의운동당에 대한 영향력을 일부 유지할 수 있었고, 적들에게 박해받고 굴욕 당하면서 모랄레스는 살아남길 원한다면 당 내부에 생긴 모든 집단을 받아들여야 하는 것처럼 이를 받아들여야 한다는 것을 이해했으며, 결국 권력으로 돌아갈 수 있었다. 가르시아 리네라는 이를 다음과 같이 표현했다. "사실 [모랄레스 이후 사회주의운동당을] 하나로 묶어준 것은 쿠데타였습니다. 민중 부문을 권력에서 잔인하게 몰아낸 것이 그들을 다시 하나로 모이게 한 것입니다."[16]

2020년 11월에 모랄레스는 많은 사람들의 환호에 영합하여 본국으로 돌아온 후 자기의 중심적 위치를 되찾으려는 과업에 착수했다. 그는 전례 없는 엄청난 저항에 부딪치며 2021년 3월 선거에 출마할 시장과 주지사 후보 명단을 확정했다. 그는 가장 반발이 심한 지역의 카우디요들과 의견을 조율했다. 그 결과, 모랄레스는 헤아니네 아녜스 임시대통령 정부 시절, 사회주의운동당에 속한 전 상원 의장이자 인기 있는 정치인 에바 코파를 쫓아낸 후 다른 당 소속으로 엘 알토 시장에 출마하도록 그녀를 밀어붙였으며(그럼에도 불구하고 코파는 선거에서 압승했다), 얼마 전에는 평소 적대적인 지역인 산타크루스의 동부 블록 지도자 롤란도 쿠에야르가 계속 모랄레스를 적대시한다는 이유로 그를 사회주의운동당에서 제명했다. 그러나 모랄레스는, 2020년 10월 선거에서 사회주의운동당이 승리했다는 단순한 사실만으로 과거에 누렸던 모든 지위와 특권을 되찾을 수는 없었다. 그는 자신에 대한 박해가 멎어서 본국으로 돌아갈 수 있기를 간절히 바랐지만 동시에 볼리비아 같은 대통령제 국가에서 가장 중요한 권력인 행정권을 자기가 아닌 두 사람에게 넘겨주었다.(더구나

16) Ibíd.

그 중 한 명은 자기의 정적이라고 선언한 초케우앙카였다.)

한편, 모랄레스가 선거에서 발휘하는 매력과 정치적 매력은 더 이상 예전 같지 않다. 그는 수년간의 거의 절대적인 권력 행사, 야당이 그를 상대로 행한 온갖 종류의 비난, 그리고 무엇보다도 임기 제한 없이 국가 정치의 최고 자리를 차지하려는 고집 때문에 일그러졌다. 그는 여론 조사에서 아르세보다 인기와 투표 참여 의향이 낮은 것으로 나타났고, 단지 야당 지도자들보다 약간 높은 지지율을 보였다.

이 사실, 즉 권력을 그의 손에 완전히 되돌릴 수 없다는 것이 사회주의운동당 균열의 주요 원인이다. 그러나 모랄레스 전직 대통령은 2025년에 다시 집권할 의사가 있음을 이미 분명히 드러냈다. 초케우앙카는 이러한 가능성이 자신의 정치적 운명을 결정지을 수 있다는 것을 알기 때문에 이에 맞서 자신의 세력을 구축하려고 노력 중이다. 아르세는 자신의 행정부가 성공하기 위해서는 두 사람이 모두 필요하기 때문에 두 경쟁자 사이에서 균형을 유지하려고 노력하고 있다. 아직 임기가 한참 남아 있는 정부에 대한 초케우앙카의 반란이나 모랄레스의 정면 공격은 아르세 대통령에게 매우 복잡한 일일 것이다. 그러면 야당은 그를 약화시키거나 더 나쁜 경우, 권좌에서 그를 끌어내릴 수 있는 절호의 기회를 얻게 될 것이다. 이는 2005년 이후 선거를 통해서는 불가능했던 일이다. 반대로, 아르세가 대통령직을 수행하는 동안 그와 사이가 틀어진다는 것은 다른 두 지도자가 정부에 부분적으로라도 관여하기를 중단한다는 것을 의미할 것이다. 이는 두 지도자들이 결정적 순간까지 유보하려는 것이고, 이런 순간은 아직 오지 않았다.

대통령으로 취임하면서 아르세는 원하건 아니건 간에 자동적으로 카우디요가 되었다. 이는 사회주의운동당의 여러 단체와 정파가 정부 내에서의 일자리를 얻기 위해 필요한 것이다. 정부 내 일자리는 볼리비아 정치인들의 주요 욕망의 대상이다(이는 비단 사회주의운동당 정치인의 욕망에 국한되지 않는다. 최근 몇 달간 볼리비아에서 가장 큰 시장 관할 지역이며 사회주의운동당은 한 번도 주도한 적이 없는 지역인 산타크루스 데 라 시에라에서 거대한 공직 거래 네트워크가 적발되었다). 아르세는 정치 마케팅 전문가들이 에보 모랄레스에 대해 말하지 말라고 요구하자 선거 운동에서 에보를 부정하는 습관이 생겼다. 그는 의회에서 대통령직을 수락하는 연설을 할 때도 모랄레스의 이름을 언급하지 않았다. 모랄레스가 귀국한 후 아르세는 그를 만나기 시작했지만 국정은 전적으로 자기 책임이라는 점을 분명히 했다. 그는 에보 모랄레스의 옛 측근들을 자기 팀에 합류시키지 않았고, 심지어 배후에도 포함시키지 않았다. 그는 일부 장관을 교체하라는 모랄레스의 공개적인 청원을 받아들이지 않았다. 아르세는 모랄레스를 공개적으로 공격한 친(親)초케우앙카 관료들을 해임하지 않았는데, 이는 그의 옛 상관 모랄레스의 계산적인 기질과는 대조되는 점이다. 전직 대통령이자 사회주의운동당 수장인 모랄레스가 대규모 군중의 장거리 행군 '조국을 위한 행진(Marcha por la Patria)'[17]을 조직했을 때 아르세 대통령이 언짢아했다는 건 잘 알려져 있다. 이 행군은 야당의 공격으로부터 아르세 정부를 옹호하기 위한 서사였지만 이는 분명히 모랄레스의 사회적 힘을 과시한 것이기도 하다. 또한 내무부 장관 에두아르도 델 카스티요가 2022년 1월 모랄레스 전 정부의 마약 단속 책임자였던 레네 사나브리아를 체포했을 때 — 미국 마약 단속국(DEA)의 이전 수사에서 사나브리아는 마약 밀매를 보호하는 범죄집단과 연계되었다는 혐의로 체포되었다 —[18] '미국 마약 단속국의 아젠다를 따른다는 추정 때문에 모랄레스와

17) 아르세 정부가 대자본가에 대한 세금을 승인하고, 포괄적 자금 세탁 방지 법안을 발의하자 이에 반대하며 2021년 11월 무기한 파업과 거리 봉쇄가 이어졌다. 아르세 정부는 시위를 진압하기 위해 경제 관련 법안 하나를 폐지하고, 다른 법안의 초안을 철회했다. 이에 에보 모랄레스가 아르세 정부와 민주주의의 수호를 외치며 대규모 시민들의 행군을 주도했다. 1주일간 수천 명의 볼리비아 시민들이 약 200km를 행군했고, 아르세 대통령도 이 행군에 참가했다(역주).

18) 사나브리아는 2011년 파나마에서 미국 마약 단속국에 의해 체포된 후 미국으로 송환되었고, 마이애미 법원은 볼리비아산 코카인 144kg을 미국으로 밀반입하려 한 혐의를 자백한 그에게 징역 14년과

코카 재배 노동자들이 분노했음에도 불구하고 지금까지 아르세는 카스티요를 지지하고 있다. 또한 카스티요는 코카 생산을 허가함으로써 이익을 얻는다고 추정되는 지도자들을 비난했다.

이 모든 공개적인 사실과 정부의 내부 집단에서 논의되는 내용을 통해 알 수 있는 것은, 아르세 대통령이 처음에는 그러지 않을 것이라 말했지만 2025년 이후에도 국정을 운영하길 원한다는 것이다. 그러기 위해서는 초케우앙카와 모랄레스가 필요하다. 지금까지 아르세는 팬데믹과 아녜스 정부(오늘날 볼리비아 정치권에서 아무도 지지하지 않는)의 난입 때문에 야기된 엄청난 위기 이후 국가를 안정시키는 데 성공했지만 그 이상은 아니다. 모랄레스는 공개적으로는 아르세 행정부를 칭찬하지만 사적인 대화에서는 아르세의 통치를 무능하다고 여기기 때문에 장관 교체를 청원한 것이었고, 방금 우리가 본 것처럼 아르세 대통령은 이 청원을 거절했다.

가르시아 리네라는 이것을 "아르세와 초케우앙카에게 속하는 정치적이고 국가적 리더십과 모랄레스가 상징하는 사회적 리더십이 분리되면서 각각 따로 입후보하는 것으로 나타날 수 있는 무언가 새로운 것"이라고 평했다. 전직 부통령은 말을 이었다. "이론적으로 그들은 2025년에 대선 후보로 출마할 가능성이 있고, 그렇게 할 모든 권리가 있습니다. 문제는 사회주의운동당 내에서 입후보할지 아닐지 선거에 대한 그들(아르세와 초케우앙카)의 입장을 우리가 모른다는 것입니다."[19]

집행유예 5년을 선고했다. 사나브리아는 미국에서 복역한 후 볼리비아로 귀국했으며, 수년 전 체포 영장이 발부된 이 사건의 예비 심리를 위해 라파스로 이송되었다(역주).

19) G. Romano: ob. cit.

불확실한 미래

요컨대, (사회주의운동당 내부의) 원심력 경향은 매우 크다.[20] 모랄레스의 전직 부조종사 가르시아 리네라가 찾고 있는, 사회주의운동당 내의 여러 파벌이 조직의 동일한 틀 안에서 계속 활동하도록 해줄 '알고리즘'은 존재하는가? 이를 아는 사람은 없다. 볼리비아의 정치 역사, 구체적으로는 항상 분열을 일으켜온 볼리비아 좌파 정치 역사에 근거해 내기를 해야 한다면 우리는 '아니오'라고 답해야 할 것이다.[21] 그러나 사회주의운동당은 이미 국가 정치에서 전통적인 사고방식과 행동양식을 깨고 여러 번 놀라움을 안겨주었다. 2019년 말 모랄레스 정부의 전복 이후 이미 일어난 것처럼, 여당이 분열하면 야당에게 엄청난 이점을 줄 것이며, 야당은 이를 이용해 좌파 정당을 패배시킨 후 파괴하려 할 것이다. 그리고 생존 본능과 권력을 유지하려는 욕망이 결합되어, 오늘날엔 불가능해 보이는 것을 마침내 성취할 수도 있다.

조혜진 옮김

20) Ibíd.

21) 혁명적 민족주의운동당(MNR: Movimiento Nacionalista Revolucionario)과 좌파운동정당(MIR: Movimiento de la Izquierda)처럼 과거에 민중을 기반으로 한 두 개의 정당 중 혁명적 민족주의운동당은 6개의 무리로, 좌파운동정당은 3개의 각기 다른 정당으로 나뉘어 이전의 영향력을 잃었다. 사회주의운동당과 이 정당들의 차이점은, 사회주의운동당은 사회적 혈통과 힘으로 인해 국가의 지배 엘리트와 이념적 타협을 추구하지 않았다는 것이다.

베네수엘라의 민주화는 국가의 재건을 통해서 이루어진다

마리엔 히메네스

옥스퍼드 대학교 & 우드로우 윌슨 센터 연구원

원제와 출처: Maryhen Jiménez, "La democratización en Venezuela pasa también por la reconstrucción del Estado", *Nueva Sociedad*, No. 299, mayo–junio de 2022, pp. 120–133.

핵심어: 권위주의, 국가, 우고 차베스, 니콜라스 마두로, 베네수엘라

베네수엘라에 대한 대부분의 정치 연구는 차베스주의 정권 아래 일어난 민주주의의 침식과 권위주의의 공고화 양상에 주목했다. 이 관점이 베네수엘라의 정치를 바라보는 주요한 방법인 것은 분명하다. 정치 엘리트와 활동가뿐만 아니라 체계적인 인권 침해 아래에 있는 시민 전체에게 영향을 미치는 여러 가지 정치적 도전과 다층적이고 복잡한 사회 양상을 파악하고, 또한 반대 세력과 반체제 인사에 대한 박해, 활동가들의 범죄자화, 법치주의의 부재, 경제 붕괴, 베네수엘라의 핵심 기반 산업인 석유산업의 경영 부실과 부패 등과 같은 문제들에 대해 이해하는 데 도움이 되기 때문이다. 그러나 국가의 붕괴, 그리고 이러한 상황이

어떻게 권력과 시민들과의 관계를 약화시키고 사회 조직에 침투하였는지에 대해서는 심도 있게 다루어지지 않았다.

지난 20년 동안 확인했듯이, 차베스주의는 참여 민주주의를 구축하고 빈곤과 불평등 및 사회적 배제를 근절하며, 석유산업 의존도를 줄이고 경제를 다각화하겠다는 공약을 이루지 못했다. 반대로, 우고 차베스가 기반을 닦고 니콜라스 마두로가 고착시킨 경쟁적이고 권위주의적 정권은 이러한 공약에서 제시한 정치적 원칙에서 벗어나, 도리어 베네수엘라 사회를 총체적인 위기에 빠뜨렸다. 이는 불완전하게나마 유지되어온 베네수엘라 민주주의의 중추를 훼손하면서 심각한 제도적 쇠퇴를 가져왔다. 차베스주의에 대한 모든 평가의 핵심적인 지적은, 국가 역량, 즉 국가 기관들이 공식적인 목표를 효과적으로 구현할 수 있는 능력이 부재하다는 점이다.[1] 차베스의 정치적 활동, 이후 마두로가 계승한 차베스주의 운동은 국가를 국민의 요구에 응답하도록 강화하는 대신 그 기능을 와해해버렸다. 비록 각각의 방식은 달랐지만, 두 통치자는 베네수엘라를 무력하고 취약하며 불법이 만연한 사회로 만들어 국가를 훼손시켰다. 차베스의 경우, 개인이 국가의 기능을 구현하는 데 전념하면서, 민주화 시대에 구축된 역량을 재강화하는 데 도움이 될 다양한 행위자(정치, 사회, 경제)의 개입과 전략적 계획 수립, 합의 도달 등 일련의 과정을 만들어 나갈 가능성을 축소해버렸다. 그가 꿈꾸던 전지전능한 국가는 석유산업에 의존하는 지대추구 양상을 한층 악화시켰고 국가와 사회, 특히 그의 지지 기반과의 지속 불가능한 종속 관계를 형성했다.

한편 마두로는 차베스 정권이 초래한 경제 위기와 그의 기반 세력과 기득권층에게 분배할 소득 부족에 직면하여, 원래 차베스주의의 이상향에서 벗어난 일련의 과감한 경제 조치를 취하였다. 시장의 자유화와 규제 완화를 포함해, 다른

1) Kathryn Sikkink: *Ideas and Institutions: Developmentalism in Brazil and Argentina*, Cornell UP, Ithaca, 1991.

외화 사용과 더불어 사실상의 달러화를 시도했고, 현금, 볼리바르 화폐, 외화 또는 전자상거래와 같은 다양한 지급 방법을 허용하고 외환 통제를 해제했다. 베네수엘라에 대한 외교적 고립과 경제 제재의 산물이기도 한 이러한 조치들은 대다수의 국민에게 불리하지만 소수에게 혜택을 주는 약탈적 국가 형성에 기여했다.[2] "하게 두어라, 지나가게 하라"라는 명백한 슬로건은 소수를 살찌우는 대신, 다수의 국민들을 저버릴 뿐만 아니라 국민을 위협하고 강탈하는 국가를 만들었다. 공공 서비스와 시민 안전 보장, 영토 주권을 유지할 능력이 없는 국가 앞에서 베네수엘라 사회는 미시적 현실에 각기 대응하고 삶의 대부분의 영역을 사유화할 수밖에 없었다.

본 글은 권위주의의 강화, 야당 세력의 분열, 복잡한 인도적 차원의 비상사태에 대한 분석의 초점을 전환하고자 한다. 과거부터 현재까지 이어져 온 권위주의와 잇따른 병폐를 극복하고, 시급한 사회 문제 해결을 위해서는 국가 역량을 재건하는 것이 필수 불가결해 보인다. 이런 의미에서, 첫째 베네수엘라의 민주화 과정을 두 가지 시간적 층위에서 즉, 단기적 관점과 장기적 관점으로 재분석할 것이다. 둘째, 공동의 이익을 증진할 수 있도록 역할 하는 국가 건설에 대해 합의를 도출하고자 한다. 반복해서 실패한 반대 세력 제거라는 단선적인 방법에서 벗어나, 국가의 역할 자체에 주목한다면 아직 남은 변화의 기회를 인식하고 살릴 수 있을 것이다.

차베스주의 국가

국가는 무엇인가? 국가가 해야 할 일은 무엇인가? 많은 학문 분야에서 이

2) Antulio Rosales: 《Cómo Maduro 'liberalizó' la economía venezolana》 en *Nueva Sociedad* edición digital, 10/2021, disponible en 〈www.nuso.org〉.

질문들에 대해서 광범위하게 다뤄왔다. 막스 베버의 고전적 정의에 따르면, 국가는 현재의 질서 유지를 위해 물리적 강제를 사용하며, 이를 합법적으로 독점하고자 하는 목표를 성공적으로 유지할 때 존속되는 정치 기관을 뜻한다.[3] 이에 따르면, 영토 및 행정의 통제는 국가의 본질적인 특징이다. 정치 체제의 유형에 따라 목표는 달라질 수 있을 것이다. 이와 관련한 다른 부문의 연구로는, 국가 역량을 세금징수 역량, 강제 역량(영토와 시민 안전에 대한 통제), 그리고 행정 역량(공공서비스의 설계와 공급; 사회 및 경제에 대한 규제) 세 가지 유형으로 구분한다.[4]

차베스주의 정치 개념과 국가의 역할에 대한 개념은 시간에 따라 변해왔다. 대부분의 이러한 변화는 우고 차베스 개인의 비전과 견해와 연관이 있다. 국가와 권력과 대한 그의 방식의 첫 변화는 1996년 차베스가 반란 대신에 정치 플랫폼 형성하고 선거에 참여하기로 하면서 일어났다.[5] 첫 선거 캠페인에서, 차베스는 참여적이고 선도적 민주주의를 약속했으며 엘리트 간의 협약보다 통치자에 초점을 둔 새로운 정치 공약을 내세웠다. 대부분이 차베스주의자(90%)로 이루어진 제헌국회에서 제정한 1999년 헌법은 국가로서 베네수엘라를 다음과 같이 정의한다. 베네수엘라는 개인에 대한 보호와 발전, 인간의 존엄성 존중, 국민 의사의 민주적 집행, 정의와 평화의 사회 건설, 대중의 번영과 복지 증진을 우선하는 법과 정의의 민주적 사회국가다. 이전의 민주주의 시대와 마찬가지로,

3) Max Weber: *Economía y sociedad*, FCE, Ciudad de México, 1977.

4) Jonathan K. Hanson y Rachel Sigman: 《Leviathan's Latent Dimensions: Measuring State Capacity for Comparative Political Research》 en *The Journal of Politics* vol 83 No 4, 10/2021; Peter B. Evans, David Rueschemeyer y Theda Skocpol: *Bringing the State Back In,* Cambridge UP, Cambridge, 1985.

5) Juan Eduardo Romero: 《El discurso político de Hugo Chávez (1996-1999)》 en *Espacio Abierto* vol. 10 No 2, 6/2001.

'교육과 노동은 언급된 목표를 이루기 위한 가장 근본적인 과정'으로 인정한다.[6] 사회, 경제, 문화 및 환경을 포함한 광범위한 권리를 보장하는 주체이자 경제와 개발 계획의 핵심 행위자로서 국가의 개념은, 이후 정권(2000-2025)의 모든 차베스주의 정책에 계속해서 반영되었다. 2006년 주목할 만한 변화를 가져온 것은, 헌법의 목적과 다양한 정부 계획의 이행에 긴장을 불러일으킨, 차베스의 "사회주의자"로서의 자기 정의였다. 이 새로운 개념에 따르면, 참여적이고 선도적인 민주주의 구축만으로 불충분하며, 이를 넘어서 "혁명적이고 선도적인 민주주의" 그리고 "새로운 사회주의 윤리"를 함께 달성해야 했다. 차베스는 공동체 내 시민의회의 조직을 통해 공동 권력을 창출하여, 시민과 국가의 관계를 재구성하고자 했다. 하지만, 자신이 그리던 야망을 실현하는 데는 실패하고 만다.[7]

실제 차베스주의 전반에 걸쳐 발견하게 되는 것은 국가와 여당의 공생 관계 및 패권적인 정치 목표다. 이 시기부터 권력은 개인적, 수직적으로 행사되었고, 이는 차베스 정권하에서 국가를 경쟁적 권위주의로 몰아갔으며 마두로 정권에서 이러한 상황은 한층 악화되었다.[8] 석유 붐에 힘입은 경제 호황을 맞아, 차베스주의 정권은 공공 지출을 늘리고, 대중의 요구에 영합하기 위해 "미션(misiones)"(2003-2014)이라는 사회 프로그램을 통해 보건, 교육 및 훈련, 식량과 주택 분야에 투자했다.[9] 2013-2014년 사이에 대두되기 시작한 다차원적

6) Constitución de la República Bolivariana de Venezuela, 1999; José Ignacio Hernández: 《Estado social y ordenación constitucional del sistema económico venezolano》 en *Anuario de Derecho Constitucional Latinoamericano* II, Konrad-Adenauer-Stiftung, Berlín-Montevideo, 2006.

7) 공동체 국가(el estado comunal)에 대한 자세한 분석은 Margarita López Maya의 다음 글을 참조하라. 《Socialismo y comunas en Venezuela》 en *Nueva Sociedad* No 274, 3-4/2018, disponible en ⟨www.nuso.org⟩.

8) A. Rosales y M. Jiménez: 《Venezuela: Autocratic Consolidation and Splintered Economic Liberalization》 en *Revista de Ciencia Política* vol. 41 No 2, 2021.

9) Yolanda D'Elia y Luis Francisco Cabezas: 《Las misiones sociales en Venezuela》, ILDIS, Caracas, 5/2008.

위기에 대해 대응하여, 마두로 정부는 최근에 부족한 석유 세금 수입의 분배를 위해서 '조국 카드'(Carnet de la Patria)와 '공급 및 생산에 대한 지역 위원회'(CLAP)라는 두 가지 대통령령을 발의하였다. 두 제도 모두 정치적 충성의 대가로 공공자원을 분배받는 방식의 후원주의를 위한 도구 역할을 했다.[10] 차베스주의 정권은 처음부터 국가 기관에 투자하는 대신, 병렬적 메커니즘으로 사회 프로그램을 제공하였다는 점에 주목할 필요가 있다. 수평적 관리 절차, 즉 설계와 실행, 평가와 정치에 대한 모니터링을 수반하는 공공 행정의 중개 역할을 제거하고, 지도자와 추종자 간의 직접적인 관계를 우선시하였다.

정부는 호황기에 빈곤과 소외를 일시적으로나마 감소시키는 "미션" 프로그램의 효과를 강조하지만, 이 프로그램이 민중을 동원하고 통제하기 위한 후견 네트워크로 사용되었다는 점에 유의해야 한다.[11] 모순적인 것은 광범위한 대중 지지와 전례 없는 수입, 시민의 권리를 보장하는 헌법 그리고 좌파에 우호적인 흐름("핑크 타이드") 등 유리한 요소에도 불구하고, 좌파 운동인 차베스주의는 실제로 국가의 중심적 역할을 입증하지 못했고, 국가적 역량을 구축하지 못했다는 점이다. 오히려 공공 행정, 기본서비스, 영토 통제에 대한 투자 중단과 잘못된 관리로 국가를 약화시켰다.[12]

12가지 지표를 통해 다층적으로 국가 역량을 측정하는 국가 취약성 지수(State Fragility Index)의 최신 자료에 따르면, 베네수엘라는 2021년 기준 195개국 중 25위를 기록했다. 2006년에는 63위였고, 2013년에는 89위를 기록했다. 이전과 달리 베네수엘라는 최근 7년 내내 취약 국가 목록에 등장했고, 리비아,

10) M. López Maya: 《El colapso de Venezuela ¿qué sigue?》 en *Pensamiento Propio*, 6/2018.

11) Guillermo Tell Aveledo: 《Venezuela: de las protestas a la coyuntura electoral》 en *Diálogo Político* No 2/2014.

12) Diego Lombardi: 《Venezuela, salir del pozo o revolución》 en Agenda Pública , 4/10/2020.

시리아, 말리, 예멘과 함께 지난 10년 동안 가장 급격하게 취약성 지수가 악화된 국가다.

이러한 상황은 베네수엘라의 국가적 역량 약화가 가져온 심각한 결과를 보여주는 한편, 다른 사회경제적 지표 및 연구와도 일치한다. 예를 들어, 영토 통제와 폭력의 측면에 관한 국제 보고서는 베네수엘라의 제도적 취약성이 준군사 조직, 이른바 콜렉티보스(colectivos)의 등장과 활성화를 유발했다고 지적한다. 이 준군사 조직 중 일부는 정부를 지지하는 대가로 정부의 승인 하에 활동하는 것으로 추정된다.[13] 마찬가지로 국가의 기능을 대신하는 비정규 집단이 존재한다는 증거도 발견된다. 또한, 불법적인 이득을 나누는 부패한 국가 공무원 집단과 범죄 집단의 상호 공생관계도 확인되었다.[14]

베네수엘라의 국가적 취약성은 시민 안보의 측면에서 복잡한 상황을 만든다. 베네수엘라가 시민 안보를 제공할 능력이 없는 것도 문제지만, 이보다 국가 자체가 폭력을 양산하는 주체라는 점 자체가 상황을 더욱 어렵게 하는 것이다.[15] 2021년 훔베네수엘라(HumVenezuela) 자료에 따르면, 570만 명이 폭력 사건의 희생자가 되었고 11,891명이 폭력으로 사망했다. 2020년에는 법치주의 부재, 공공기관의 약화, 조직적인 면책의 결과로 최소 3,034명이 보안군에 의해 사망한 것으로 추정된다.[16] 베네수엘라 정부는 범죄에 맞서, 빈곤의 범죄화를 막기 위한 인민해방작전(Operaciónes de Liberación del Pueblo: OLP) 등을 포함한 다양한

13) ACNUDH: 《Report of the United Nations High Commissioner for Human Rights on the Situation of Human Rights in the Bolivarian Republic of Venezuela》, 1/2/2020.

14) Bram Ebus y Thomas Martinelli: 《Venezuela's Gold Heist: The Symbiotic Relationship between the State, Criminal Networks and Resource Extraction》 en *Bulletin of Latin American Research* vol. 41 No 1, 2022.

15) Andrés Antillano y Keymer Ávila: 《¿La mano dura disminuye los homicidios? El caso de Venezuela》 en *Revista CIDOB d'Afers Internacionals* No 116, 2017.

16) HumVenezuela: 《Derecho a condiciones de vida digna》, 6/2021.

군사 및 경찰 작전을 시도했다.[17] 이후 특수작전부대(FAES)가 창설되었는데 앞서 언급한 군경 합동작전과 마찬가지로 지나치게 폭력적이며, 과도한 무력 사용 및 직권 남용으로 비판받았다. 유엔 인권고등판무관 사무소는 이 특수작전부대에 대한 보고를 받은 후 즉각적인 해산을 요구했지만, 아직 이루어지지 않았다.[18] 권위주의적인 환경과 체계적인 인권 침해로 인해 베네수엘라는 유엔 인권고등판무관 사무소와 미주인권위원회의 지속적인 감시를 받고 있다. 2021년 9월, 국제진상조사단은 베네수엘라에서 반인도적 범죄가 자행되었다고 믿을 만한 합리적인 근거가 있다고 결론지었다.

또 다른 일련의 지표들은 베네수엘라 헌법에 명시된 사회적, 경제적, 문화적, 환경적 권리 보장과 양질의 공공서비스를 지속해서 제공하는 데 있어 국가 역량이 부족함을 드러낸다. 실제로, 빈곤과 불평등은 급속도로 증가했다. 2014년에 빈곤층은 52.2%에 달했고, 2021년에는 94.5%까지 치솟았다. 극빈층 수치를 보면 2014년에는 13.1%, 7년 뒤인 2021년에는 76.6%에 달한다. 2021년도 다차원적 빈곤 지수 계산에 따르면, 극빈층은 전체 인구의 65.2%에 해당하는데 2014년에 그 비율이 39.3%였다는 것을 고려할 때 급격한 증가라고 할 수 있다.[19] 여기서 사회적 권리 보장을 불가능하게 만드는 대규모 부패의 영향을 강조하지 않을 수 없다. 국제투명성기구의 부패인식지수에 따르면, 베네수엘라는 180개국 중 177위로 평가되었다.

게다가 베네수엘라는 공공서비스의 질 보장과 지속적인 제공 측면에서 불안

17) Rebecca Hanson y Verónica Zubillaga: 《From Carceral Punitivism to Systematic Killing: The Necropolitics of Policing in Post-Chávez Venezuela》 en *Violence: An International Journal,* 12/5/2021.

18) ACNUDH: 《Venezuela: Informe de la ONU insta a la rendición de cuentas por crímenes de lesa humanidad》, 16/9/2020.

19) 《ENCOVI UCAB: Venezuela es el país más pobre de América Latina y el perfil nutricional se asemeja a países de África》 en *El Ucabista,* 7/7/2020.

정하다. 2021년에는 인구의 74.2%인 2,130만 명이 정전 신고를 했고, 67.3% 해당하는 1,930만 명은 지역 대중교통 이용해 문제를 겪었으며, 58.7%인 1,680만 명은 가스 공급 중단을 경험했다. 식수 공급에서도, 국가 차원의 물 공급 운영 능력이 90% 감소하여 마찬가지로 여의찮은 상황이라 할 수 있다. 2021년도 상수도가 설치된 가구 중 최소 62.2%가 반복적인 공급 중단을 겪었고, 35.1%는 안정적인 식수 공급을 받지 못했으며, 주택의 23%는 아예 수도 공급 시스템에서 배제되었다. 또한, 위생시설의 부재와 고형 폐기물 처리 및 관리 능력의 부족은 시민들의 건강을 위협하고 수질에 악영향을 미치고 있다. 인구의 76%가 제대로 된 하수 처리 시설을 가지고 있지 않으며 460만 명은 아예 하수도망에 연결되어있지 않은 거주지에서 살았다.[20]

제도적, 경제적, 사회적 위기로 인해 수백만 명의 사람들이 이주할 수밖에 없었다. 유엔난민기구(UNHCR)에 따르면, 600만 명 이상의 사람들이 해외로 이주했다. 이 중에서 950,000명 이상이 다른 나라에 망명을 신청했고, 186,000명 이상이 난민 지위를 인정받았다.[21] 국가의 취약성과 복잡한 인권 위기의 상황은 특히 수년 동안 현대판 노예제가 만연한 것으로 알려진 국경 지대를 따라 극도로 취약한 공간을 만들어냈다.[22]

2013년에서 2019년 사이, GDP의 약 70% 감소와 정부 주도 생산의 부족으로 인한 경제 위기를 완화하기 위해, 마두로는 국내외의 여러 압력에도 불구하고 권력 유지를 위해 일련의 무질서한 경제 조치를 단행했다.[23] 그 결과 외환에

20) HumVenezuela: 《Derecho al agua y saneamiento》, 6/2021.

21) ACNUR: 《Situación de Venezuela》 disponible en 〈www.acnur.org/situacion-en-venezuela.html〉, s./f.

22) CDH-UCAB: 《De lo laboral a lo sexual: formas de esclavitud moderna en el estado Bolívar》, 2020.

23) Hugo Prieto: 《Asdrúbal Oliveros: 'Pasamos ya de una crisis económica a una crisis social de gran envergadura'》 en *Prodavinci*, 5/4/2020.

접근할 수 있는 사람들과 국내 통화인 볼리바르화만으로 살아남아야 하는 사람들 간의 격차만 더 벌어지게 되었다. 수년 전부터 경제 위기에 대응하기 위해 정부는 경제 실험을 위한 공간을 만들었다. 그중에는 특별개발구역 아르코 미네로 델 오리노코(Arco Minero del Orinoco, 2016) 조성 및 미국 달러의 사용과 환전을 허용하는 불법 환전 대응법 폐지(2019), 봉쇄방지법(2020), 특별경제지역 추진 등이 있다.24) 이와 같은 자유화는 기득권층에 더욱 유리하고, 불평등을 한층 심화시키고 있다. 아르툴리오 로살레스는 "마두로 정부는 기득권층 보호와 감독 하에 우발적이고 서투르며 권위주의적인 방식으로 석유 수익 국가에서, 여전히 수탈적 성격을 보이지만 새로운 과두 정치인들을 수장으로 하는, 신(新)세습제 국가로의 전환을 재고하고 있다."고 지적한다.[25] 여기서 가장 큰 문제는 이러한 무질서하고 잦은 변화들이 베네수엘라 사회에 깊은 균열을 일으키고 있다는 점이다. 정책 변화와 도입에 있어 대다수의 취약층을 비롯해 전통적으로 특권적 소비를 위한 자원이 없는 저소득층 및 중산층에 대해 고려하지 않기 때문이다.[26]

사실상 달러화(또는 다른 통화의 사용, 예를 들어 콜롬비아 페소나 콜롬비아와 브라질 인근 지역의 레알)와 국가 기능의 부재로 베네수엘라 (일부) 사회에서는, 개인이 각자의 능력을 발휘하며 생존 투쟁을 벌이고 있는 실정이다. 상당한 양의 달러 자금이 있는 사람들은 우물을 만들어 개인 식수원을 마련하고, 그만큼의 달러가 없는 사람들은 정기적으로 물을 배달시키고 비용을 지불한다. 하지만 돈이 없는 사람들은 국가와 공공서비스의 불안정한 공급에 의존할 수밖에

24) Benedicte Bull, A. Rosales y Manuel Sutherland:《Venezuela: de la crisis económica al capitalismo elitista bodegonero》, publicación especial, Friedrich-Ebert-Stiftung, Caracas, 2021.

25) A. Rosales:《Cómo Maduro 'liberalizó' la economía venezolana》en *Nueva Sociedad edición* digital, 10/2021, disponible en 〈www.nuso.org〉.

26) A. Oliveros:《El otro también cuenta》en Revista SIC, 21/12/2021.

없다. 전기 공급과 사용에서도 마찬가지인 상황이다. 돈이 있는 사람들은 (개인 또는 주변 단지를 위한) 자가 발전소를 건설하고, 돈이 없는 사람들은 국가 전력 시스템의 붕괴로 전기 공급 중단을 겪는다. 이러한 특권층과 소외층 사이의 역학관계로 인해서, 시간이 지날수록 지속 가능한 정치적 사회경제적 안정성을 얻기가 더욱 어려워질 것이다.

대안? 국가 역량 구축하기

권위주의가 팽배하고 갈등이 만연한 상황에서, 무엇을 해야 하는지, 구체적으로 말해 이렇게 무능력한 국가 체제가 장기화하는 동안 무엇을 해야 하는지에 대한 질문에 대답하기란 쉽지 않다. 이것은 이러한 사회 맥락에서 비롯되는 불확실성 및 불투명성 때문이기도 하지만, 권위주의 통치에 반대하는 사람들에게는 이러한 상황으로 파생되는 활동의 제약과 비용이 상당히 달라질 수 있기 때문이다. 정권교체 모색을 위한 야권의 전략으로는 선거 과정 참여, 협상, 공공정책 개혁이나 평화 시위 등과 같은 제도적 경로가 있고 반대로 비제도적 경로, 즉 변화를 위한 폭력적인 전략으로 쿠데타, 격렬한 시위 또는 개입 등이 있다. 제도적 경로를 통한다면, 정권 변화 이후에도 일정 정도의 안정성을 확보할 수 있다. 하지만 모든 협상 내지 선거 참여가 반드시 민주화로 이어지는 것은 아니라는 점을 강조할 필요가 있다. 이러한 까닭으로 야권에서는 권위주의적 정권에 합법성과 기반 환경을 조성하지 않기 위한 고심을 해왔다.

국가 역량과 권위주의 사이의 교차점에서 비슷한 불확실성의 상황이 펼쳐진다. 국가적 취약성은 무엇을 의미하는가? 카롤린 반 함과 브리기트 세임은 국가의 역량, 권위주의, 민주주의 사이의 연관성을 탐구로, 국가 역량이 권위주의 정권에서 선거 민주화를 좌우하는 변수 중의 하나일 수 있다는 사실 발견했다.

국가의 역량이 높은 권위주의 정권에서는 행정부의 변화 가능성이 적지만, 국가 역량이 낮을 경우 행정부의 변화 가능성이 커진다고 주장한다. 그러나 후자의 경우, 새로운 민주주의가 지속될 가능성이 낮고, 따라서 공공 정책이나 실질적 개혁 실행이 어려울 수 있다.[27)]

다음 등장할 개념들은 베네수엘라의 사례를 고찰하는 데 도움이 된다. 국가 역량의 건설은 권위주의 정부를 강화하는 것일까? 분쟁이 지속되는 한 답은 불확실할 것이다. 그러나 기존의 연구 경험을 바탕으로 예를 들면, 공공 서비스 제공이라는 측면에서 볼 때 집권당이 국가 역량을 구축하도록 지원하는 것이 시민들에게서 정당성을 확보하는 데 도움이 될 수 있다고 추측할 수 있다. 동시에, 억압과 포섭을 강도를 높여가며 독재 정권을 더욱 공고히 할 수도 있다. 권력 구조의 약화시키는 것 대신 기존의 구조를 더욱 견고하고 안정적으로 만들 수도 있는 것이다. 그런데도 국가의 첨예한 현 상황에 대한 무대책은 시간이 흐를수록 더욱 국가를 취약하게 하는 것일 수 있다. 반 함과 세임의 주장에 따르면, 행정부의 교체가 이루어진다고 해도 새 정권은 필요한 개혁을 실행할 수 있는 위치가 아닐 수 있다는 의미일 수 있다. 새로운 민주주의를 위해서, 이러한 상황은 좋은 시작이 아니며 불확실한 환경을 조성할 수 있다. 이 문제에 관련된 연구에 따르면 정당성과 안정성의 원천은 새 정권의 성과, 즉 공공 서비스 제공 능력, 경제 성장 및 분배와 연관이 있기 때문이다.[28)] 따라서 현재 베네수엘라의 국가 취약성에 대처하지 않는다면 미래에도 부정적인 결과를 초래할 수 있다.

어떻게 민주주의를 향한 길을 만들 수 있을까? 이 질문에 답하기 전에, 차

27) C. van Ham y B. Seim: 《State Capacity, Incumbent Turnover and Democratic Change in Authoritarian Elections》, V-Dem Working Paper No 51, 6/2017.

28) Jørgen Møller, Lasse Lykke Rørbæk y Svend-Erik Skaaning: 《State Capacity and Political Regime Stability》 en *Democratization* vol. 21 No 7, 10/11/2014.

베스주의의 지배력과 시간 관리라는 두 가지 요소를 고려해야 한다. 마두로는 살아남았고, 내부 압력을 무력화했다. 그는 국가의 강압적인 장치를 이용하고, 분쟁의 비용을 사회에 전용함으로써 이를 달성했다. 그 결과 남은 것은 분열되고 박해받는 야권, 빈곤하고 비정치화된 사회 그리고 오늘날까지 이어져 온 상대적으로 단결된 권위주의 연합이다. 비슷한 맥락에서, 정부에 대항한 집단 행동은 어려워 보이며, 마찬가지로 마두로 지지층에서 마두로에 도전하는 반란이 일어날 가능성도 거의 없어 보인다.[29] 아울러, 보안군에 적절한 보수를 지급하지 못한다는 점을 감안할 때, 파산한 국가의 권위주의 정권이 붕괴 위험이 높다는 증거가 있다.[30] 하지만 베네수엘라 정부는 불법 소득에 대한 접근을 분산하여 기득권층의 수입만은 계속해서 보장하고 있다. 따라서 정부의 확고한 입장과 권위주의 기득권층에게 있어 민주주의로의 전환에서 생길 이득과 비용은 무엇일지 이해할 필요가 있다.

이 시나리오는 민주화의 궁극적인 과정, 즉 협상이라는 어렵지만 유익한 경로로 이끌 것이다. 여기서 중요한 변화의 과정은 느리고 점진적으로 일어난다는 점을 감안할 때, 시간과 기대라는 변수가 다시 등장한다. 협상이 전제하는 복잡한 교환관계와 그에 따른 기회비용에도 불구하고, 협상의 장점은 새로운 정치 체제가 제안하는 규칙에 대한 신뢰를 구축하고 안정적 합의를 할 수 있는 정제된 공간을 제공한다는 점이다.[31] 체제이행에 대한 연구에서 기예르모

29) Merete Bech Seeberg: 《State Capacity and the Paradox of Authoritarian Elections》 en *Democratization* vol. 21 No 7, 10/11/2014.

30) Jonathan K. Hanson: 《State Capacity and the Resilience of Electoral Authoritarianism: Conceptualizing and Measuring the Institutional Underpinnings of Autocratic Power》 en *International Political Science Review* vol. 39 No 1, 1/2018.

31) Leiv Marsteintredet: 《With the Cards Stacked against You: Challenges to a Negotiated Transition to Democracy in Venezuela》 en *European Review of Latin American and Caribbean Studies* No 109, 13/5/2020.

오도넬과 필립 C. 슈미터는 1980년대 온건파 권위주의 기득권층이 야당의 온건파와 협상할 때 이러한 사회적 전환이 가능하다고 지적한다.[32] 이러한 복잡한 맥락 속에서 변혁의 기회를 잡기 위해서는 분쟁에 대한 접근 방식을 바꾸는 것이 유용할 것이다. 그렇다면 어떻게 해야 할까? 국가 역할의 중요성과 현재 국가의 취약성에 대한 논의를 먼저 협상테이블에 올려야 할 것이다. 이것은 정권 교체에 대한 열망을 포기하는 것이 아니라, 반대로 국가의 건설과 정치적 협상을 연관 지어 논의하고, 이를 공통의 관심사로 다루는 것을 뜻한다. 전문적인 연구에 따르면, 다른 무엇보다 국가 건설에 있어 중요한 두 가지 요인이 있다. 첫째, 시간적 지평에서 바라볼 때 장기적 관점을 가진 통치자는 국가 역량에 투자할 가능성이 높다. 둘째, 제로섬이 아닌 포용적인 제도의 설계라는 측면에서 여권과 야권이 서로에게 권력을 넘겨주는 것을 두려워하지 않을 수 있는 환경의 조성이다.[33] 공통의 이해관계가 얽혀 있으므로 안정적인 제도적 장치가 마련되면 국가 역량에 투자하게 될 것이다. 베네수엘라에서는 단기적으로 국가 역량에 투자하는 것이 피해 주민과 정부에 도움이 될 수 있을 것이다. 두 번째 요소는, 협상의 인센티브 측면과 관련이 있다고 볼 수 있다. 아울러 새로운 포용적 정치 체제의 토대를 구축한다면, 중장기적으로 민주적인 야당과 사회 전반에도 이득이 될 것이다.

분쟁에 관한 이러한 접근 방식은 각기 다른 목표와 연결된 두 가지 시간적 축, 즉 단기적 지평 그리고 중장기적 지평을 따라 재고할 수 있다. 단기적으로는 본다면, 베네수엘라는 국내 사회 조직들과 정치 관련자 및 국제 동맹국들과 함

32) G.A. O'Donnell y Ph.C. Schmitter: *Transitions from Authoritarian Rule: Tentative Conclusions about Uncertain Democracies,* Johns Hopkins up, Baltimore–Londres, 1986.

33) Timothy Besley y Torsten Persson: 《The Origins of State Capacity: Property Rights, Taxation, and Politics》 en *American Economic Review* vol. 99 N o 4, 2009.

께 가장 시급한 문제, 즉 국가 역량의 행정적 차원에 투자할 수 있다. 국가 역량이란, 기본적인 공공 서비스를 제공하고 베네수엘라 헌법(1999)에 명시된 권리를 점진적으로 준수할 수 있는 국가의 능력을 의미한다. 특히, 보건, 교육 및 교통 부문의 기반 시설에 투자한다면 수백만 명의 시민이 겪고 있는 인도적 비상사태를 완화할 수 있을 뿐만 아니라 국가와 사회 간의 관계 (재)생성, 비정규직의 비중 감소, 국가 정당성의 점진적 회복 등 다른 이득도 얻을 수 있을 것으로 보인다. 현 정부가 권위주의적이고 신뢰할 수 없다는 점을 감안할 때, 제공된 재원과 지지가 전용되지 않고 투자될 수 있도록 기술 지원과 함께 신뢰할 수 있는 방법과 모니터링 형식을 개발해야 할 것이다. 또한, 조직 사회는 결집하여 국가가 책임을 다하도록 압력을 행사할 수 있을 것이다.

새로운 국가와 제도를 건설하는 데 있어, 필수적인 것과 긴급한 사안을 구분한다면 즉각적인 변화를 이루어야 한다는 압박에서 벗어날 수 있을 것이다. 물론 지금까지 실현된 적이 없었고 앞으로도 그럴 가능성이 높지는 않다. 제도와 자원, 동맹 및 권위주의 체제가 가진 소위 노하우는 민주주의로의 성공적인 전환이 이루어진다고 해도 사라지지 않을 것이며 오히려 새로운 정치 체제를 조건 짓는 요건이 될 것이다.[34] 차베스주의의 정치적 소멸이 아니라 기능적이고 민주적인 국가로 차베스 체제를 통합하는 것을 목표로 한다면, 지금의 정부가 자발적으로 민주화를 이루고 또한 이러한 과정을 변화의 단계로 생각할 기회를 제공할 수 있을 것이다. 제로섬 논리에 지배되지 않는 타협과 협상을 통해, 국가의 재(再)제도화는 향후 권위주의 제도의 영향을 완화하는 데 도움이 될 합의를 바탕으로 이룰 수 있다. 예를 들어, 무한 재선보다는 행위자 간의 협력을 촉진하는 비례 선거 제도와 같은 반(反)다수주의 제도를 설계하는 것은 중요한 조건일

34) Michael Albertus y Victor Menaldo: *Authoritarianism and the Elite Origins of Democracy,* Cambridge UP, Cambridge, 2018.

수 있다. 또는 지방 자치 단체들의 역량을 강화하고, 사회와 공공정책 결정 과정 간의 긴밀한 연계를 위해서 1990년대에 시작된 지방분권화를 발전시키는 방법도 있다. 앞서 언급한 행정 역량에 대한 투자는 관료제의 다른 부문으로의 파급효과를 가져올 수 있다. 국가가 전문화되고 역량이 강화되면, 국가 간 협력 관계가 국회 및 대법원, 중앙선거관리위원회 등 다른 국가 기관과 제도를 향상시키는 데도 반영될 수 있을 것으로 기대된다. 즉, 민주주의 국가든 독재 국가든 강력한 국가는 통치자에게 유리하기 때문에, 모든 협상 과정에서 자유화 과정 그리고 궁극적으로 민주화를 촉진할 수 있는 명확하고 신뢰할 만한 메커니즘을 구축하는 것이 필수적이다. 이러한 제안은 권위주의의 기득권층이 개방, 협력 및 재(再)제도화에 대한 믿을 수 있는 신호를 보여줄 때만 실현가능할 것이다.

정치는 대부분 이해관계와 의지에 따라 변화한다. 20년이 넘는 정치적 대립, 양극화, 다층적인 위기를 겪은 후, 민주주의를 위한 새로운 모색을 시작하기 위해서는 공통점을 찾아야 한다. 국가 (재)건설은 또 다른 기회다. "야당은 돌아오지 않을 것이다" 또는 "어떤 대가를 치르더라도 현 정권 퇴진"이라는 주장에서 벗어나 "여러 단계에 걸친 국가 재건과 민주화"로 시선을 돌리면 베네수엘라의 미래는 달라질 수 있을 것이다.

박경은 옮김

부록

라틴아메리카 경제지표 2022

라틴아메리카 경제지표 2022

권기수(한국외국어대학교 교수)

I. 거시경제지표

항목	단위	아르헨티나	브라질	칠레	콜롬비아	멕시코	페루	라틴아메리카 전체
GDP 증가율	% (연증가율)	5.2	2.9	2.4	7.5	3.1	2.7	3.7
1인당 GDP 증가율		4.0	2.2	1.7	7.2	1.9	1.5	2.8
소비자물가 상승률		94.8	5.8	12.8	13.1	7.8	8.5	6.8
명목 GDP	십억 달러	1,924	632	301	344	1,414	242	5,764
1인당 명목 GDP	달러	13,655	8,995	15,094	6,664	10,867	7,094	8,928
실업률(연평균)	%	7.5	9.3	7.9	11.2	3.3	7.7	7.0
수출	십억 달러	90.5	346.5	100.4	63.7	589.2	76.4	1,442.1
수입		80.0	312.0	98.5	72.6	617.3	57.0	1,471.4
무역수지		10.5	34.5	1.9	−8.9	−28.1	19.4	−29.3
외환보유고		38.7	325.5	37.8	56.3	202.1	74.0	866.7
경상수지	% (GDP 대비)	−0.3	−2.9	−7.8	−6.2	−0.9	−4.3	−1.7
총정부부채		79.0	77.1	38.8	60.3	39.8	30.3	51.2

주| 명목 GDP, 1인당 명목 GDP는 IMF 통계 기준, GDP 증가율은 각국 중앙은행 및 통계청 기준, 나머지 통계는 ECLAC 통계 기준.

출처| 유엔라틴아메리카경제위원회(ECLAC), 국제통화기금(IMF), 각국 중앙은행 및 통계청

Ⅱ. 실물경제지표

1. 경제성장률

:: 2022년 라틴아메리카 경제는 2021년에 이어 세계 경제성장률(3.4%)을 상회하는 3.7% 성장을 달성함.

| 2년(2021~2022년) 연속 빠른 경기회복세로 라틴아메리카 경제는 코로나 팬데믹 이전 수준을 회복함.

| 산업 분야별로는 농업, 전력·가스·수자원, 교통 및 통신이 라틴아메리카 경제의 성장세를 견인함.

| 그러나 2022년 라틴아메리카 경제는 기저효과에 힘입어 6.7% 성장을 달성했던 2021년보다는 낮은 성장(3.7%)에 그침.

:: 2022년 라틴아메리카 경제는 대외적으로 러시아-우크라이나 전쟁 장기화에 따른 글로벌 경제성장 둔화, 미국의 금리 인상 여파에 따른 글로벌 금융시장의 불안과 금융조달비용 상승 등의 여파로 악영향을 받음.

| 대내적으로는 고인플레이션 지속에 따른 높은 금리 인상과 이로 인한 소비 및 투자 성장세 둔화, 빠른 수입가격 증가에 따른 교역조건 악화 등의 영향으로 부정적인 영향을 입음.

:: 소지역별로는 카리브가 4.5% 성장으로 라틴아메리카 평균 성장률(3.7%)을 상회했으며, 남아메리카가 3.7% 성장을 달성함.

| 그에 반해 중앙아메리카 및 멕시코 경제는 3.3% 성장에 그침.

:: 국별로는 콜롬비아, 아르헨티나가 라틴아메리카 평균 이상의 성장을 달성한 데 반해 브라질, 칠레, 멕시코, 페루는 라틴아메리카 평균 이하의 성장에 그침.

| 콜롬비아는 강한 고용 회복, 소비자 신용 증가에 힘입은 민간소비 확대와 투자 회복에 힘입어 라틴아메리카 주요국 중 가장 높은 성장(7.5%)을 시현했으며, 아르헨티나도 수출 및 소비 증대 효과에 힘입어 5.2% 성장을 달성함.

| 멕시코는 니어쇼오링 효과에 힘입은 높은 수출 증대 및 외국인직접투자(FDI) 유입, 사상 최고 수준의 해외송금 유입 증가 등의 호재에 힘입어 3.1% 성장을 달성함.

| 브라질은 광업 생산 증가와 유가 상승에 힘입은 수출 증대에도 불구하고 재정지출 축소 및 고금리 등의 여파로 2.9% 성장에 그침.

| 페루는 민간소비가 경제성장을 견인했으나 광업 생산 감소에 따른 수출 증가세 둔화, 주택 건설 투자 감소 등의 영향으로 2.7% 성장에 머묾.

| 칠레는 구리 수출 하락에 따른 수출 증가세 둔화, 재정지출 축소, 지속적인 인플레이션 압박에 따른 고금리 등의 여파로 2.4% 성장에 그침.

라틴아메리카 주요국의 경제성장률 추이 (단위: %)

국가	2018	2019	2020	2021	2022
아르헨티나	−2.6	−2.1	−9.9	10.3	5.2
브라질	1.8	1.2	−3.3	5.0	2.9
칠레	4.0	0.8	−6.0	11.7	2.4
콜롬비아	2.6	3.2	−7.3	11.0	7.5
멕시코	2.2	−0.2	−8.0	4.7	3.1
페루	4.0	2.2	−11.0	13.6	2.7
라틴아메리카(b)	1.1	0.1	−6.8	6.7	3.7(a)

주 | (a)는 잠정치, (b)는 2010년 불변가격 기준
출처 | ECLAC, 각국 중앙은행

:: 라틴아메리카 지역의 1인당 GDP 증가율은 2021년 5.7%에서 2022년에는 2.8%에 그침.

| 라틴아메리카 주요국 중에서는 콜롬비아가 7.2%로 가장 빠른 1인당 GDP 증가를 기록했으며, 다음으로 아르헨티나가 4.0% 성장으로 라틴아메리카 평균 이상의 신장을 보임.

| 그에 반해 브라질, 칠레, 멕시코, 페루 등은 라틴아메리카 평균 이하의 성장에 머묾.

라틴아메리카 주요국의 1인당 GDP 증가율 추이

(단위: %)

국가	2018	2019	2020	2021	2022(a)
아르헨티나	–3.5	–2.9	–10.8	9.4	4.0
브라질	1.0	0.5	–4.0	4.3	2.2
칠레	2.6	–0.4	–6.8	11.1	1.7
콜롬비아	1.0	1.8	–8.0	9.9	7.2
멕시코	1.1	–1.3	–9.0	3.7	1.9
페루	2.2	0.6	–12.1	12.1	1.5
라틴아메리카(b)	0.2	–0.9	–7.6	5.7	2.8

주 | (a)는 ECLAC 잠정치, (b)는 2010년 불변가격 기준

출처 | ECLAC

2. 투자

:: 2022년 라틴아메리카 지역의 투자율(총고정자본형성, GDP대비)은 전년대비 1% 감소함.

| 그 결과, GDP대비 투자율은 2021년 20.6%에서 2022년 20.4%로 소폭 하락함.

:: 그러나 국별로 라틴아메리카 주요 6개국 중 브라질을 제외한 모든 국가에서 투자율(GDP대비)은 상승함.

| 2022년 브라질의 투자율은 전년대비 6.7% 하락한 18.1%를 기록함.

| 그에 반해 콜롬비아(전년대비 14.7%), 페루(7.7%), 멕시코(4.3%), 칠레(4.1%), 아르헨티나(3.5%) 투자율을 상승세를 보였음.

:: 라틴아메리카 주요국(GDP대비) 중에서는 특히 칠레(25.4%), 페루(23.7%)가 라틴아메리카 지역 평균 이상의 높은 투자율을 기록함.

| 그에 반해 브라질(18.1%)은 여전히 라틴아메리카 평균을 밑도는 낮은 투자 수준을 보임.

라틴아메리카 주요국의 투자율(총고정자본형성) 추이 (단위: %, GDP 대비)

국가	2018	2019	2020	2021	2022(a)
아르헨티나	16.6	13.9	16.1	20.2	20.9
브라질	15.1	15.5	16.1	19.4	18.1
칠레	24.2	25.0	21.1	24.4	25.4
콜롬비아	21.2	21.4	19.1	19.0	21.8
멕시코	22.7	21.2	18.8	20.7	21.6
페루	22.4	21.8	19.7	22.0	23.7
라틴아메리카	19.0	18.7	17.8	20.6	20.4

주 | (a)는 추정치
출처 | IMF

3. 수출입, 무역수지 및 경상수지

가. 수출(상품 수출)

:: 2022년 라틴아메리카 지역의 수출은 2021년(28%)에 이어 두 자릿수의 높은 증가세를 이어오고 있으나 그 신장세(20%)는 다소 둔화함.

| 2022년 라틴아메리카 지역의 수출은 물량보다는 가격 상승에 힘입은 바 컸음. 전체 수출 확대의 70%가 수출 가격 증가에 기인함.

| 멕시코와 중앙아메리카 지역이 수출 물량 확대에 힘입어 수출이 증가한 데 반해 석유 등 탄화수소 수출국(콜롬비아, 베네수엘라, 에콰도르, 볼리비아)인 남아메리카 지역의 경우 수출증가는 가격 상승에 기인함.

:: 소지역별로는 남아메리카 지역의 수출이 20% 증가해 중앙아메리카 지역의 수출 증가율(16%)을 앞섬.

| 라틴아메리카 주요국 중에서는 석유 수출국인 콜롬비아가 가장 빠른 수출 증가세(49.0%)를 달성했으며, 브라질(22.0%), 페루(21.0%)가 라틴아메리카 평균 이상의 수출 신장세를 보임.

| 그에 반해 칠레(6.0%), 아르헨티나(16.0%), 멕시코(19.0%)는 라틴아메리카 평균 이하의 수출 증가세를 기록함.

라틴아메리카 주요국의 수출증가율 추이

(단위: %, 전년 대비)

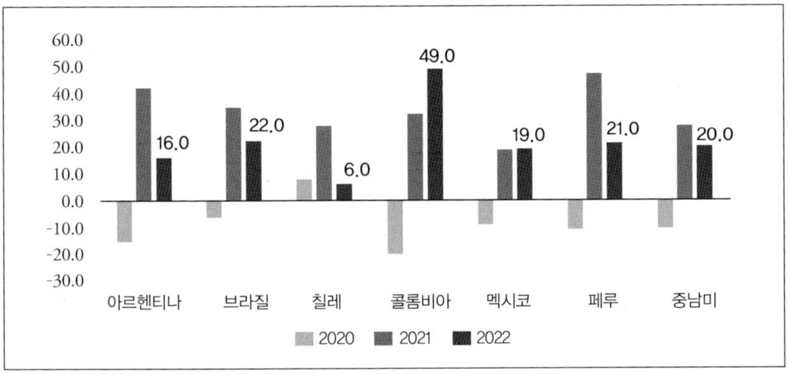

출처| ECLAC

:: 수출 증가세에 힘입어 2022년 라틴아메리카 지역의 수출 규모는 전년보다 2,403억 달러 증가한 1조 4,421억 달러를 기록함.

| 국별로는 멕시코가 5,892억 달러로 가장 큰 수출 규모(라틴아메리카 총수출의 40.8% 비중)를 기록했으며, 그 뒤를 브라질(3,465억 달러), 칠레(1,004억 달러), 아르헨티나(905억 달러), 페루(764억 달러), 콜롬비아(637억 달러)가 잇고 있음.

라틴아메리카 주요국의 수출 추이

(단위: 백만 달러)

국가	2018	2019	2020	2021	2022(a)
아르헨티나	61,801	65,156	54,946	77,987	90,465
브라질	239,537	225,800	210,707	284,012	346,494
칠레	75,200	68,763	74,086	94,677	100,357
콜롬비아	44,440	40,656	32,309	42,736	63,676
멕시코	451,083	460,939	417,323	495,090	589,157
페루	49,066	48,224	42,905	63,151	76,413
라틴아메리카(b)	1,075,071	1,053,089	940,988	1,201,863	1,442,134

주 | (a)는 전망치, (b)는 카리브 제외

출처 | ECLAC

나. 수입

:: 2022년 라틴아메리카 지역의 수입은 수입가격 상승에 힘입어 전년대비 24.1% 증가함.

| 2022년 라틴아메리카 지역의 수입증가는 물량보다는 수입가격 상승으로 인해 추동됨. 전체 수입 확대의 75%가 수입가격 증대에 기인함.

:: 소지역별로 중앙아메리카 지역의 수입이 27%, 남아메리카 지역의 수입이 26% 증가함.

| 라틴아메리카 주요국 중에서는 아르헨티나가 가장 빠른 수입 증가세(35.0%)를 보였으며, 콜롬비아(28.0%), 브라질(26.0%)이 라틴아메리카 평균 이상의 수입 증가세를 기록함.

| 그에 반해 멕시코(22.0%), 페루(18.0%), 칠레(17.0%)는 라틴아메리카 평균 이하의 수입 증가세를 보임.

라틴아메리카 주요국의 수입증가율 추이 (단위: %, 전년 대비)

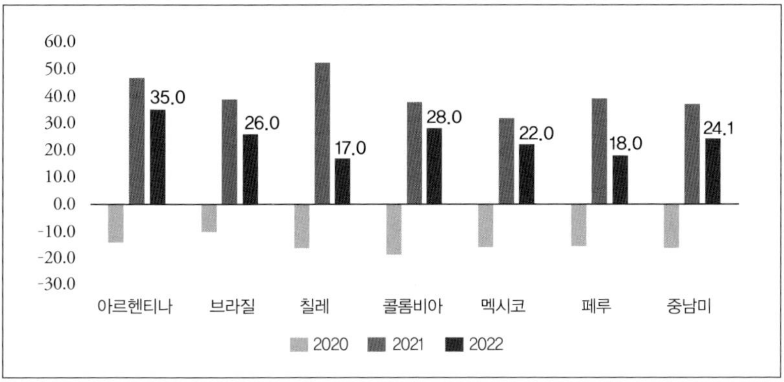

출처 | ECLAC

:: 높은 수입 신장세에 힘입어 2022년 라틴아메리카 지역의 수입 규모는 전년보다 2,862억 달러 증가한 1조 4,714억 달러를 기록함.

| 국별로는 멕시코가 6,173억 달러로 가장 큰 수입 규모(라틴아메리카 총수입의 42% 비중)를 기록했으며, 그 뒤를 브라질(3,120억 달러), 칠레(984억 달러), 아르헨티나(800억 달러), 콜롬비아(726억 달러), 페루(570억 달러)가 잇고 있음.

라틴아메리카 주요국의 수입 추이

(단위: 백만 달러)

국가	2018	2019	2020	2021	2022(a)
아르헨티나	62,544	46,928	40,315	59,291	80,043
브라질	186,490	199,253	178,337	247,648	312,037
칠레	70,555	65,810	55,110	84,148	98,454
콜롬비아	49,584	50,708	41,179	56,719	72,601
멕시코	464,850	455,772	383,172	506,005	617,326
페루	41,870	41,106	34,709	48,317	57,015
라틴아메리카(b)	1,053,258	1,031,251	864,614	1,185,223	1,471,422

주 | (a)는 전망치, (b)는 카리브 제외

출처 | ECLAC

:: 2022년 라틴아메리카 지역의 교역조건은 수출 가격 증가세(14%)를 상회하는 수입가격 신장세(18%)로 전년비 4.7% 하락함.

| 그러나 교역조건은 수출상품의 종류와 소지역별로 차이를 보임.

- 자원수입국인 중앙아메리카 지역의 교역조건이 에너지 및 식품의 국제가격 상승으로 8.5% 하락한 데 반해, 자원 순수출국인 안데스공동체(Andean Community)의 교역조건은 5.2% 개선됨.

| 라틴아메리카 주요 6개국 중에서는 콜롬비아를 제외한 모든 국가의 교역조건이 악화함.

- 특히 칠레(−9.9%), 브라질(−7.0%), 멕시코(−6.1%)의 교역조건이 라틴아메리카 평균 이하로 하락함.

라틴아메리카 주요국의 교역조건 추이

(단위: 2010 = 100)

국가	2018	2019	2020	2021	2022
아르헨티나	100.0	99.3	99.9	109.6	108.7
브라질	100.0	99.9	99.3	86.7	80.6
칠레	100.0	98.2	109.4	122.3	110.2
콜롬비아	100.0	98.6	83.2	99.9	118.1
멕시코	100.0	102.2	101.1	99.6	93.5
페루	100.0	98.3	107.3	119.9	115.6
라틴아메리카	100.0	100.0	100.6	100.7	96.0

주 | 2022년은 전망치
출처 | ECLAC

다. 무역수지 및 경상수지

:: 빠른 수입 증가세로 2022년 라틴아메리카 지역의 무역수지는 2015년 이후 처음으로 소폭이지만 적자로 반전됨.

| 라틴아메리카 주요 6개국 중에서는 멕시코와 콜롬비아가 무역수지 적자를 기록함.

| 무역수지 흑자국 중에서도 페루를 제외한 아르헨티나, 브라질, 칠레의 무역흑자 규모가 감소함.

라틴아메리카 주요국의 무역수지 추이

(단위: 백만 달러)

국가	2018	2019	2020	2021	2022
아르헨티나	–743	18,228	14,631	18,696	10,422
브라질	53,047	26,547	32,370	36,364	34,457
칠레	4,645	2,953	18,976	10,529	1,903
콜롬비아	–5,144	–10,052	–8,870	–13,983	–8,925
멕시코	–13,767	5,167	34,151	–10,915	–28,169
페루	7,196	7,118	8,196	14,834	19,398
라틴아메리카	21,813	21,838	76,374	16,640	–29,288

출처 | ECLAC

:: 대외경제의 기초체력을 평가하는 대표적인 척도인 경상수지도 무역수지가 적자로 반전되며 악화함.

| 2022년 라틴아메리카 지역의 GDP대비 경상수지는 전년보다 0.1%포인트 악화한 –1.7% 적자를 기록함.

| 라틴아메리카 주요국(GDP대비) 중에서는 칠레(–7.8%), 콜롬비아(–6.2%), 페루(–4.3%), 브라질(–2.9%)이 라틴아메리카 평균 이상의 경상수지 적자를 기록함.

라틴아메리카 주요국의 경상수지 추이

(단위: %, GDP 대비)

국가	2018	2019	2020	2021	2022
아르헨티나	–5.2	–0.9	0.8	1.5	–0.3(a)
브라질	–2.9	–3.6	–1.9	–2.8	–2.9
칠레	–4.5	–5.3	–1.7	–6.6	–7.8(a)
콜롬비아	–4.2	–4.6	–3.5	–5.6	–6.2
멕시코	–2.1	–0.4	2.1	–0.6	–0.9
페루	–1.3	–0.7	1.2	–2.3	–4.3
라틴아메리카	–2.7	–2.0	–0.2	–1.6	–1.7

주 | (a)는 추정치

출처 | IMF, 각국 중앙은행

4. 재정수지 및 정부 부채

:: 정부지출 축소와 재정수입 확대로 2022년 라틴아메리카 지역의 재정수지는 전년대비 소폭 개선됨.

| 2022년 라틴아메리카 지역의 재정지출(GDP대비)은 22.6%로 전년(23.4%)보다 0.8% 포인트 감소함. 그에 반해 같은 기간 재정수입(GDP대비)은 19.2%에서 19.4%로 0.2% 포인트 개선됨.

| 그 결과, 2022년 재정수지적자(GDP대비)는 2021년(4.2%) 보다 1.1% 포인트 개선된 3.1%를 기록함.

:: 그러나 소지역별로 재정수지 개선 정도는 다소 달랐음.

| 남아메리카에서 재정수지 개선은 재정지출 감소와 재정수입 증대 효과에 힘입어 크게 개선되었음.

- 2022년 남아메리카의 재정지출(GDP대비)은 전년대비 1.5% 포인트 감소한 24.1%를 기록했으며 재정수입은 0.4% 포인트 증가한 21.2%를 기록함.
- 그 결과, 재정수지적자(GDP대비)는 4.8%에서 3.0%로 축소되어 코로나 팬데믹 이전 수준보다 개선되었음.

| 멕시코 및 중앙아메리카(도미니카공화국 포함)에서도 재정지출 감소와 재정수입 증가에 힘입어 재정수지가 감소했으나 그 개선 정도는 미미했음.

- 2022년 중앙아메리카(멕시코 포함)의 재정지출(GDP대비)은 0.2% 포인트 감소한 21.0%, 재정수입은 0.2% 포인트 증가한 17.7%를 기록함. 이에 따라 재정수지적자(GDP대비)는 3.6%에서 3.3%로 0.3% 포인트 개선에 그침.

라틴아메리카 재정 지출·수입 및 재정수지 추이 (단위: %, GDP 대비)

항목	2019	2020	2021	2022
재정지출	21.4	24.6	23.4	22.6
재정수입	18.4	17.8	19.2	19.4
(명목)재정수지	−3.0	−6.9	−4.2	−3.1

출처 | ECLAC

:: 이 같은 재정수지 개선에 힘입어 2022년 라틴아메리카 지역의 정부 부채 규모는 전년보다 소폭 감소함.

| 2022년 9월 말 현재 라틴아메리카 지역의 총 정부(중앙정부 기준) 부채(GDP대비)는 평균 51.2%로 2021년 말 대비 1.9% 포인트 하락함.

| 이러한 정부 부채 감소에도 불구하고 2022년 정부 부채는 역사적으로 여전히 높은 수준임.

:: 국별(GDP대비)로는 아르헨티나(79.0%), 브라질(77.1%), 코스타리카(64.9%), 파나마(61.2%), 우루과이(60.3%), 콜롬비아(60.3%), 에콰도르(58.8%), 엘살바도르(54.6%)가 라틴아메리카 평균을 상회하는 높은 정부 부채 수준을 기록함.

| 그에 반해 과테말라(25.1%), 페루(30.3%), 파라과이(31.9%), 칠레(38.8%), 멕시코(43.3%)는 라틴아메리카 평균을 크게 밑도는 양호한 정부 부채 수준을 보임.

라틴아메리카 주요국의 총 정부 부채 추이 (단위: GDP대비, %)

〈중앙정부 부채 추이〉

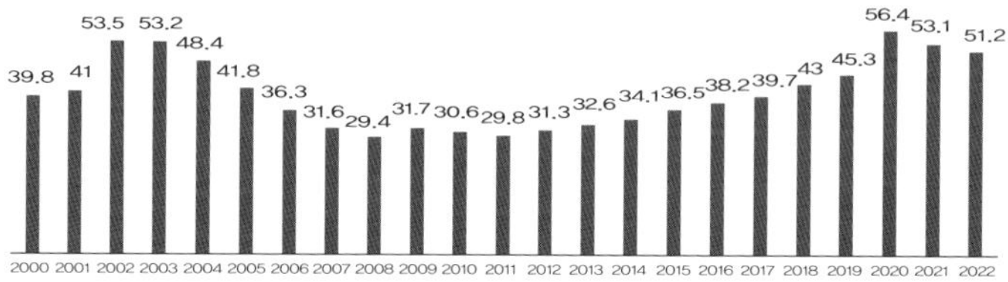

〈라틴아메리카 국별 중앙정부 부채〉

국가	2021	2022
아르헨티나	80.6	79.0
브라질	80.3	77.1
코스타리카	68.2	64.9
파나마	63.6	61.2
우루과이	59.5	60.3
콜롬비아	61.5	60.3
에콰도르	57.0	58.8
엘살바도르	59.0	54.6
라틴아메리카	53.1	51.2
온두라스	55.8	47.9
도미니카공화국	49.9	46.2
니카라과	47.8	43.3
멕시코	40.7	39.8
칠레	36.6	38.8
파라과이	30.9	31.9
페루	32.6	30.3
과테말라	26.4	25.1

주| 2022년은 9월 기준
출처| ECLAC

5. 실업률

:: 봉쇄조치 완화와 경기회복에 힘입어 실업률은 지속적으로 개선되어 2022년에는 COVID-19 이전 수준을 회복함.

| 라틴아메리카 지역의 실업률은 COVID-19 영향으로 2020년 10.2%로 크게 증가했으나 이후 감소세로 돌아서 2021년 9.3%, 2022년 7.0%로 하락함.

:: 2022년 실업률 개선은 분야별로는 서비스업의 고용 증가에 힘입은 바 컸음.

| 도소매, 레스토랑 및 호텔업이 13.2%로 가장 많은 고용 증가를 기록했으며, 제조업(11.2%), 기초 서비스(10.5%), 건설(9.6%), 커뮤니티·사회·개인 서비스(7.3%) 등의 분야에서 고용 회복세가 두드러졌음.

:: 국별로는 라틴아메리카 주요 6개국 모두에서 실업률이 개선되어 COVID-19 이전 수준을 회복했음.

| 특히 그중에서도 페루(3.2% 포인트), 브라질(2.9% 포인트), 콜롬비아(2.5% 포인트)의 실업률 하락이 라틴아메리카 평균(2.3% 포인트)을 상회하는 수준을 보였음.

라틴아메리카 주요국의 실업률 추이

(단위: %, 연평균 기준)

국가	2018	2019	2020	2021	2022
아르헨티나	9.2	9.8	11.6	8.8	7.5
브라질	12.4	12.0	13.8	13.2	9.3
칠레	7.4	7.2	10.8	8.9	7.9
콜롬비아	9.7	10.5	16.1	13.7	11.2
멕시코	3.3	3.5	4.4	4.1	3.3
페루	6.6	6.6	13.6	10.9	7.7
라틴아메리카 (연말 기준)	7.9	7.9	10.2	9.3	7.0(a)

주 | (a)는 2022년 6월 말 기준

출처 | ECLAC, 각국 중앙은행 및 통계청

Ⅲ. 금융 외환지표

1. 환율

:: 미국 금리 인상 등에 따른 국제금융시장의 혼란 속에서도 라틴아메리카 주요국의 통화가치는 오히려 2021년보다 상승하는 모습을 보임.

| 선진국 및 신흥국 통화가 약세를 보인 데 반해, 라틴아메리카 주요국의 통화가 강세를 보인 이유는 △선제적 금리 인상에 따른 미국과의 금리 격차, △자원 가격 상승에 따른 반사이익(남아메리카 국가), △기록적인 해외송금 유입과 니어쇼오링의 특수 효과(멕시코 등 중앙아메리카)에 기인함.

:: 라틴아메리카 주요 6개국 중에서는 아르헨티나와 콜롬비아를 제외한 브라질, 멕시코, 페루, 칠레의 통화가치가 상승함.

| 아르헨티나 페소화 가치(달러 대비)는 전년보다 72.1% 하락해 가장 큰 폭의 감소세를 보였으며, 경상수지 악화로 콜롬비아의 페소화 통화가치도 두 자릿수(19.2%)의 약세를 면치 못함.

| 그에 반해 브라질의 헤알화(5.1%), 멕시코의 페소화(5.0%), 페루의 솔화(4.5%), 칠레의 페소화(0.4%) 가치는 상승세를 보임.

라틴아메리카 주요국의 환율 추이

(단위: 달러 대비, 연말 기준)

국가	2018	2019	2020	2021	2022	
					환율	2021년 대비 변동률(%)
아르헨티나	37.68	59.86	84.08	102.68	176.740	72.1
브라질	3.87	4.02	5.19	5.57	5.286	–5.1
칠레	694.02	752.08	710.00	851.10	847.800	–0.4
콜롬비아	3,247.03	3,282.76	3,419.50	4065.41	4,847.00	19.2
멕시코	19.64	18.93	19.90	20.49	19.4740	–5.0
페루	3.37	3.31	3.61	3.98	3.80	–4.5

주 | 플러스는 환율 상승(자국통화가치 하락), 마이너스는 환율 하락(자국통화가치 상승)을 의미

출처 | 각국 중앙은행

2. 금리

:: 라틴아메리카 각국이 인플레이션 억제를 위해 선제적으로 금리 인상을 단행하며 2022년 라틴아메리카 지역의 정책금리는 전년대비 큰 폭의 상승세를 보임.

| 2021년 하반기 이후 물가상승이 가시화되고 미국의 금리 인상에 따른 환율 변동성이 커지면서 라틴아메리카 각국은 이를 억제하기 위해 본격적인 금리 인상을 단행함.

| 당초 예상보다 높은 물가상승 지속으로 라틴아메리카 지역의 평균 금리는 아시아 신흥시장보다 800bp 높은 12%에 달함.

:: 국별로는 라틴아메리카 주요 6개국 중에서 물가상승 폭이 큰 칠레, 콜롬비아가 가장 적극적인 금리 인상을 단행함.

| 주요 6개국 중에서는 페루(7.5%)를 제외한 5개국이 두 자릿수의 높은 금리 수준을 유지함.

| 국별 금리 수준은 아르헨티나가 75%로 가장 높으며 그 뒤를 브라질(13.75%), 콜롬비아(12.0%), 칠레(11.25%), 멕시코(10.5%)가 이음.

라틴아메리카 주요국의 정책금리 추이 (단위: %, 연말 기준)

국가	2018	2019	2020	2021	2022
아르헨티나	59.25	55.00	38.00	38.00	75.00
브라질	6.50	4.50	2.00	9.25	13.75
칠레	2.75	1.75	0.50	4.00	11.25
콜롬비아	4.25	4.25	1.75	3.00	12.00
멕시코	8.25	7.25	4.25	5.50	10.50
페루	2.75	2.25	0.25	2.50	7.50
라틴아메리카(a)	13.96	12.50	7.79	10.38	21.67

주 | (a)는 6개국 단순 평균
출처 | ECLAC, 각국 중앙은행

3. 소비자물가상승률

:: 2022년 라틴아메리카 지역의 소비자물가상승률은 식품 및 에너지 가격 상승, 높은 환율 변동성 등의 여파로 2021년보다 0.2% 포인트 증가한 6.8%(라틴아메리카 주요 6개국 단순 평균 기준 23.8%)를 기록함.

| 그러나 라틴아메리카 각국의 신속한 금리 인상 정책과 2022년 하반기 들어 경기회복세 둔화에 따른 수요 감소로 인플레이션은 진정세를 보임.

:: 상품별로는 비교역재(non-tradable goods)보다는 교역재(tradable goods), 근원(core) 물가보다는 식품 및 에너지 물가가 인플레이션의 주요 요인으로 작동함.

| 2022년 라틴아메리카 지역의 교역재 물가는 10.3% 상승한 데 반해 비교역재 물가는 4.8% 증가에 그침.

| 식품과 에너지 물가도 각각 11.6%, 14.2% 증가한 데 반해 근원 물가는 7.4% 상승에 머뭄.

:: 소지역별로는 식품 및 원유 등 자원수입국인 중앙아메리카가 남아메리카보다 높은 인플레이션을 기록함.

| 남아메리카 지역의 평균 인플레이션은 6.3%를 기록한 데 반해 중앙아메리카와 멕시코의 인플레이션은 8.1%를 기록함.

:: 국별로는 아르헨티나, 베네수엘라, 쿠바, 아이티, 수리남 등 만성적 고인플레이션 국가 이외에 칠레, 콜롬비아, 온두라스, 니카라과가 두 자릿수의 높은 인플레이션율 기록함.

| 그에 반해 라틴아메리카 주요 6개국 중 브라질(5.8%), 멕시코(7.8%), 페루(8.5%)는 한 자릿수 물가 방어에 성공함.

라틴아메리카 주요국의 소비자물가상승률 추이

(단위: %, 연말 기준)

국가	2018	2019	2020	2021	2022
아르헨티나	47.6	53.8	36.1	50.9	94.8
브라질	3.7	4.3	4.5	10.1	5.8
칠레	2.6	3.0	3.0	7.2	12.8
콜롬비아	3.2	3.8	1.6	5.6	13.1
멕시코	4.8	2.8	3.2	7.4	7.8
페루	2.2	1.9	2.0	6.4	8.5
라틴아메리카	3.0	2.9	2.9	6.6	6.8(a)

주 | (a)는 2022년 10월 기준

출처 | ECLAC, 각국 중앙은행

4. 국가위험도

:: 라틴아메리카 지역의 국가위험도(JP Morgan의 EMBIG[1) 기준)는 글로벌 경제의 불확실성 증가와 투자자들의 위험 회피 성향으로 2021년보다 상승함.

| 2022년 라틴아메리카 지역의 국가위험도는 9월 525bps로 정점을 찍은 이후 연말(11.15일) 들어 447bps로 개선됨.

| 그러나 이러한 국가위험도 수준은 2021년 말보다 66bps, 코로나 팬데믹 직전인 2020년 1월보다는 112bps 높은 것임.

:: 라틴아메리카 주요국 중에서는 브라질의 국가위험도가 소폭 하락한 데 반해 나머지 국가들의 국가위험도는 상승함.

| 국별로 라틴아메리카 국가 중에서는 우루과이의 국가위험도(130bps)가 가장 낮았으며, 칠레(160bps), 페루(195bps)도 다른 라틴아메리카 국가들에 비해 크게 낮은 국가위험도를 기록함.

| 그에 반해 극심한 정치경제 혼란을 겪고 있는 베네수엘라가 라틴아메리카 국가 중에서 가장 높은 국가위험도(4만 5,000bps)를 보임. 채무디폴트 상황에 처해 있는 아르헨티나의 국가위험도도 라틴아메리카 평균보다 약 5배 높은 수준(2,300bps)을 기록함.

1) EMBIG는 JP Morgan Emerging Markets Bond Index Global을 의미하며, 보통 이머징마켓채권지수로 불림. 여기서 국가위험도는 EMBIG 채권 수익률과 미국 국채 수익률 간의 차이를 의미하며, 일반적으로 신흥국의 국가위험을 측정하는 지표로 많이 사용됨.

라틴아메리카 주요국의 국가위험도 추이 (단위: bps, EMBI Global, 연말 기준)

국가	2018	2019	2020	2021	2022(a)
아르헨티나	817	1,744	1,368	1,688	2,385
브라질	273	212	250	306	263
칠레	166	135	144	153	160
콜롬비아	228	161	206	353	391
멕시코	357	292	361	347	386
페루	168	107	132	170	195
라틴아메리카	568	346	386	399	447

주 | (a)는 11월 15일 기준

출처 | ECLAC

5. 주가

:: 2022년 라틴아메리카 주식시장은 다른 신흥시장에 비해 양호한 실적을 달성함.

| 라틴아메리카는 미국의 금리 인상과 강(强)달러, 글로벌 지정학적 리스크 심화, 고인플레이션 지속에도 불구하고 신흥시장 중에서 호실적을 거둔 유일한 지역으로 평가됨.

| 2022년 라틴아메리카 주식시장의 선전은 낮은 주식 가격, 빠른 경기회복, 자원(상품) 가격 인상 등에 기인함.

:: 전체적인 라틴아메리카 주식시장의 호실적에도 불구하고 국별로 차별화된 양상을 보임.

| 아르헨티나, 칠레, 브라질, 페루의 주식시장이 실적 개선을 보인 데 반해 멕시코, 콜롬비아 주식시장은 침체를 보였음.

- 아르헨티나 Merval 주가는 미국 ADR에 상장된 주요 기업 주가의 호실적에 힘입어 외환시장의 혼란 속에서도 전년대비 140.6% 상승함.
- 칠레, 브라질, 페루 주가도 전년대비 각각 28.2%, 4.7%, 1.0% 상승함.

| 그에 반해 멕시코, 콜롬비아 주가는 전년대비 각각 −9.0%, −8.9% 하락함.

라틴아메리카 주요국의 주가 추이

(단위: 연말 기준)

국가	2018	2019	2020	2021	2022	
					주가	2021년 대비 변화율(%)
아르헨티나 (MERV)	30,292	41,671	51,226	84,006	202,085	140.6
브라질 (BOVESPA)	87,887	115,645	119,017	104,822	109,734	4.7
칠레(IGPA)	25,949	23,393	21,007	21,538	27,612	28.2
콜롬비아 (COLCAP)	1,325	1,662	1,437	1,411	1,286	−8.9
멕시코(IPC)	41,459	43,657	44,066	53,272	48,463	−9.0
페루(LIMA) IGBVL	19,350	20,587	20,967	21,112	21,330	1.0

출처 | tradingeconomics.com(검색일자: 2023년 1월 30일)

6. 외환보유고

:: 2022년 라틴아메리카 지역의 외환보유고는 전년보다 7.2% 감소한 8,667억 달러를 기록함.

| 이 같은 외환보유고 감소에도 불구하고 2022년 외환보유고 수준은 2010~2019년 평균 수준을 크게 상회하는 것임.

:: 2022년 외환보유고 감소는 라틴아메리카 각국이 환율 방어를 위해 외환을 사용했기 때문임.

| 라틴아메리카 국가 중에서는 정책금리를 중요한 통화수단으로 사용하고 변동환율제를 채택하는 브라질, 칠레, 페루, 멕시코, 우루과이 등의 국가군에서 외환보유고 감소가 가장 컸음.

:: 국별로 외환보유고 규모는 브라질이 3,255억 달러로 가장 크며, 그 뒤를 멕시코(2,021억 달러)가 잇고 있음.

| 브라질과 멕시코 양국의 외환보유고가 라틴아메리카 전체 외환보유고의 60.9% 비중을 차지함.

라틴아메리카 주요국의 외환보유고 추이

(단위: 백만 달러, 연말 기준)

국가	2018	2019	2020	2021	2022(a)
아르헨티나	65,806	44,781	39,387	39,662	38,676
브라질	374,715	356,884	355,620	362,204	325,546
칠레	39,861	40,657	39,200	51,330	37,784
콜롬비아	48,402	53,174	59,039	58,588	56,340
멕시코	176,384	183,028	199,056	207,745	202,135
페루	60,288	68,370	74,909	78,539	74,031
라틴아메리카	868,029	852,243	891,560	934,271	866,660

주 | (a)는 2022년 9월 말 기준

출처 | ECLAC

7. 국가신용등급

:: 2021년에 이어 2022년에도 라틴아메리카 국가들의 전반적인 정치경제 상황 불안을 반영해 국가신용등급이 하락세를 보임.

| 라틴아메리카 국가 중에서는 페루, 아르헨티나, 볼리비아, 엘살바도르의 국가신용등급이 하향 조정됨.

| 그에 반해 대표적으로 코스타리카는 경제 상황 개선을 반영해 신용등급이 상향 조정됨.

:: 2023년 3월 말 기준으로 라틴아메리카 국가 중에서는 멕시코, 칠레, 콜롬비아, 파나마, 페루, 우루과이, 트리니다드토바고 등 7개국이 3개 국제 신용평가기관(Moody's, S&P, Fitch)으로부터 투자적격 등급의 평가를 받음.

| 그중에서도 3대 신용평가기관 모두로부터 투자적격 등급 판정을 받고 있는 국가는 멕시코, 칠레, 파나마, 페루, 우루과이 5개국임.

| 콜롬비아의 경우 2020년까지 3대 신용평가기관으로부터 투자적격 등급 판정을 받았으나 2021년 S&P와 Fitch가 신용등급을 투자등급에서 투기등급으로 강등함.

| 트리니다드토바고의 경우 3대 신용평가기관 중 S&P로부터만 유일하게 투자적격 등급을 받고 있음.

| 라틴아메리카 국가 중에서는 칠레가 투자등급이 가장 양호한 국가로 평가됨.

라틴아메리카 주요국의 국가신용등급

(2023년 3월 31일 기준)

국가	Moody's		S&P		Fitch	
	등급	일자	등급	일자	등급	일자
과테말라	Ba1 부정적	2020. 11. 10	BB– 안정적	2017. 10. 18	BB– 안정적	2020. 04. 03
도미니카 공화국	Ba3 안정적	2017. 07. 20	BB– 안정적	2021. 12. 8	BB 안정적	2023. 02. 16
니카라과	B3 안정적	2020. 02. 14	B+ 안정적	2016. 02. 11	B– 부정적	2020. 06. 17
멕시코	Baa1 부정적	2020. 04. 17	BBB 안정적	2022. 07. 06	BBB– 안정적	2020. 04. 15
베네수엘라	C 안정적	2018. 03. 09	SD 부정적	2017. 11. 14	NR 매우 취약	2019. 06. 27
볼리비아	B2 안정적	2020. 09. 22	B+ 부정적	2021. 03. 24	B– 부정적	2023. 03. 14
브라질	Ba2 안정적	2018. 04. 09	BB– 안정적	2020. 04. 06	BB– 안정적	2022. 07. 14
아르헨티나	Ca 부정적	2020. 04. 03	CCC+ 안정적	2020. 09. 07	CCC–	2022. 10. 26
에콰도르	Caa3 안정적	2021. 02. 06	B– 안정적	2020. 09. 01	B– 안정적	2020. 09. 03
엘살바도르	Caa2 부정적	2022. 05. 04	B– 안정적	2018. 12. 28	CC	2022. 09. 15
온두라스	B1 안정적	2017. 09. 22	BB– 안정적	2017. 07. 18	B+ 안정적	2020. 09. 03
우루과이	Baa2 안정적	2017. 07. 13	BBB 안정적	2017. 05. 30	BBB– 안정적	2019. 06. 27
칠레	A1 부정적	2020. 08. 25	A 안정적	2021. 03. 24	A– 안정적	2020. 10. 15

국가	Moody's		S&P		Fitch	
	등급	일자	등급	일자	등급	일자
코스타리카	B2 부정적	2020. 06. 02	BB- 안정적	2023. 03. 02	BB- 안정적	2023. 03. 02
콜롬비아	Baa2 부정적	2020. 12. 03	BB+ 안정적	2021. 05. 19	BB+ 안정적	2021. 07. 01
트리니다드 토바고	Ba1 부정적	2020. 05. 22	BBB- 안정적	2020. 03. 26		
파나마	Baa2 안정적	2021. 03. 21	BBB 안정적	2020. 11. 24	BBB- 안정적	2022. 01. 28
파라과이	Ba1 안정적	2016. 06. 21	BB 안정적	2016. 06. 15	BB+ 안정적	2019. 12. 06
페루	A3 부정적	2021. 05. 21	BBB+ 안정적	2013. 08. 19	BBB 부정적	2022. 10. 20

주 | 음영으로 표시한 부문은 투자적격 등급을 의미함.
출처 | Moody's, S&P, Fitch 홈페이지

2023 라틴아메리카 – 부상하는 제2의 좌파 물결

발행일 | 2023년 6월 30일
지은곳 | 서울대학교 라틴아메리카연구소/한·중남미협회
대표 편역자 | 임태균
펴낸곳 | 동명사 | 우 10881 경기도 파주시 회동길 50(문발동) | (031)955-7200(대표)~2

ISBN | 978-89-411-8231-3 93950

이 저서는 2013년 故이성형 교수의 뜻에 따라 설립된
'서울대학교 이성형 교수 학술기금'의 지원을 받아 수행된 연구임.